burda

Köstlich kochen für alle Tage

burda

Köstlich kochen für alle Tage

500 ausgewählte
burda-moden-Rezepte mit
farbigen Abbildungen

Rezepte: burda-Kochstudio, Ernst Birsner
Redaktion: Ute Meyer
Fotos: burda-Fotostudio
Gerd Feierabend
Titelgestaltung: Hans-Dieter Müller
Druck: Birografika, Subotica

D 7600 Offenburg
ISBN 3-920158-29-6
Printed in Yugoslavia (XII)

Vorwort

Köstlich kochen für alle Tage!

Anregungen dafür wird Ihnen dieses Kochbuch mit seinen 500 farbig bebilderten Rezepten sicherlich genügend geben. Es enthält ausgewählte Vorschläge für den alltäglichen Speisezettel ebenso wie für festliche Menüs. Darunter sind schnell zubereitete Gerichte, allerlei Preiswertes und manches Besondere für den Hobbykoch.

In dieser Sonderausgabe sind die schönsten burda-moden-Rezepte aus dem langbewährten Kochbuch Nummer 1 und den ergänzenden Bänden 17 und 18 zusammengefaßt. Die erprobten Rezepte, von der Vorspeise bis zu Dessert, Gebäck und Getränken werden auch den im Kochen Ungeübten Freude bereiten, weil sie bestimmt gelingen. Und erfahrene Köchinnen werden manches finden, das zum Ausprobieren und Nachahmen lockt. Und schmecken wird es gewiß allen.

Inhaltsübersicht

Vorspeisen und Salate
Kalte Platten

Suppen / Soßen

Fisch / Eierspeisen

Fisch

Eierspeisen

Fleisch / Wild / Geflügel

Fleisch

Beilagen / Hauptgerichte / Eintöpfe

Beilagen

Hauptgerichte

Vorspeisen
Kalte Platten
und Salate

Spargel-Ei-Salat „Prinzeß"

Ein vollwertiges Abendessen

4 Portionen à 240 Kalorien = 1004 Joule

1 kg Stangenspargel, Salz
2 Stück Würfelzucker
4 Eier, 1/2 Bund Kerbel oder Petersilie
3 Eßlöffel Weinessig
2 Eßlöffel Öl
weißer gemahlener Pfeffer
75 g Rauchfleisch
Gartenkresse.

Spargel dünn, gegen die Enden zu dicker schälen. In Stücke teilen. 1 l Salzwasser aufkochen. Spargel und Würfelzucker zugeben und ca. 25 Minuten kochen, in der Brühe erkalten lassen. Eier hart kochen, abschrekken, pellen und in Scheiben schneiden. Kerbel oder Petersilie waschen, fein hacken und mit Essig, Öl, Salz und Pfeffer verrühren. Spargel abtropfen lassen, mit der Salatsoße, Streifen von Rauchfleisch und Eischeiben vorsichtig mischen und in Glasschalen anrichten. Kresse kalt abbrausen und Spargelsalat damit garnieren. Mit Stangenbrot oder aufgebackenen Brötchen und Butter servieren.

Fischsalat „Jonathan“

Servieren Sie dazu Toast oder dunkles Vollkornbrot

4 Portionen à 260 Kalorien = 1088 Joule

400 g frisches oder tiefgekühltes Kabeljaufilet
Salz, 3 Gewürzgurken
2 Jonathan-Äpfel, 2 Eßlöffel Kapern, 1 Zwiebel, 1 Bund Petersilie, 1 Becher Joghurt scharfer Paprika, 2 Eßlöffel Mayonnaise, 2 Eßlöffel Tomatenketchup, 1 Teelöffel Senf, 2 Eßlöffel Weinessig
2 hartgekochte Eier.

Fischfilet in wenig heißes Wasser legen, mit Salz bestreuen, in etwa 10 Minuten gar dünsten, abkühlen lassen. Gewürzgurken und gewaschene, ungeschälte und entkernte Äpfel in kleine Stücke schneiden. Die Kapern fein schneiden, geschälte Zwiebel und gewaschene Petersilie fein hacken. Kapern, Zwiebel und Petersilie mit Joghurt, etwas scharfem Paprika, Mayonnaise, Tomatenketchup, Senf und Essig verrühren und mit Salz abschmecken. Kabeljaufilet in Stücke zerpflückt mit Gurken und Äpfel in die Soße geben. 1 Stunde durchziehen lassen, pikant würzen, garnieren.

Salat Astoria

Cape-Birnen von Februar bis April empfehlenswert

4 Portionen à 130 Kalorien = 546 Joule

**2 reife Birnen, 2 Grapefruits
1 grüne Paprikaschote
1/2 Bund Petersilie, 2 Eßlöffel Essig, 4 Eßlöffel Öl, Salz
Pfeffer, einige Haselnüsse und frische Salatblätter, 1 Eßlöffel fein gehackte Petersilie.**

Die Birnen schälen, in Achtel schneiden und entkernen. Die Grapefruits mit einem scharfen Messer dick abschälen und das Fruchtfleisch aus den Bindehäuten lösen. Die Paprikaschote vierteln, entkernen, waschen und in ganz feine Streifen schneiden. Essig, Öl, etwas Salz und Pfeffer in eine Salatschüssel geben, die zerkleinerten Zutaten hineingeben und gut vermischen. Die Haselnüsse in Scheibchen schneiden und über den Salat streuen. Die Salatblätter an den Schüsselrand stecken und alles mit frisch gehackter Petersilie bestreuen. Zum großen Menü als Vorspeise oder mit Toast abends essen.

Eiersalat

Ein Salat, den jeder gern mag

4 Portionen à 315 Kalorien = 1323 Joule

8 Eier, 125 g gekochter Schinken, 1 Bund Radieschen
50 g Kresse, 1 Becher Joghurt
2 Eßlöffel Mayonnaise
1 Teelöffel Senf, 1 Löffelspitze scharfer Paprika
Salz, Saft von 1/2 Zitrone.

Die Eier hartkochen, kalt werden lassen, schälen und mit dem Eiteiler schneiden. Den Schinken in Streifen schneiden, die Radieschen putzen, waschen und in Scheibchen schneiden. Die Kresse kurz waschen, gut abtropfen lassen und fein hacken. Eischeiben, Schinken und Radieschen in eine Schüssel geben. Die Kresse mit Joghurt, Mayonnaise, Senf, Paprika, Salz und Zitronensaft gut verrühren und diese Soße über die angerichteten Salatzutaten gießen. Den Eiersalat erst am Tisch mit der Soße vermischen und dazu Toastbrot und Butter essen. Kartoffelliebhabern schmeckt's auch mit Bratkartoffeln.

Roter Heringssalat

Dazu schmeckt kühles Pils und eiskalter Aquavit

4 Portionen à 280 Kalorien = 1176 Joule

3 Salzheringe, 1 Zwiebel
250 g gekochte Pellkartoffeln
1 Tasse frisch gekochte oder eingelegte Rote Beete
3 Gewürzgurken, 1 Apfel
Pfeffer, 1 Teelöffel getrockneter Dill
4 Eßlöffel Mayonnaise.

Die Heringe enthäuten, entgräten, gut waschen und quer in feine Streifen schneiden. Die Zwiebel schälen und fein hacken, die kalten Kartoffeln schälen und in Würfel schneiden. Rote Beete, Gewürzgurken und das Fruchtfleisch des Apfels auch würfeln. Diese vorbereiteten Zutaten in der Salatschüssel mischen, mit Pfeffer und in den Händen fein zerriebenem Dill würzen und zugedeckt etwa 30 Minuten durchziehen lassen. Dann die Mayonnaise darunterziehen und den Salat „solo" oder mit Brot und Butter servieren. – Wer Kalorien sparen möchte, nimmt nur 2 Eßlöffel Mayonnaise und mischt 2 Eßlöffel Joghurt oder Sauermilch darunter.

Nudelsalat „Dänische Art“

Eine kleine Mahlzeit für mittags und abends

4 Portionen à 465 Kalorien = 1953 Joule

200 g feine Suppenhörnchen
Salz, 1/3 Tasse Gurkenessig
4 Eßlöffel Öl, Pfeffer
125 g Kalbsbraten
150 g tiefgekühlte Erbsen
1 rote Paprikaschote
1/2 Tasse fein gehackte Zuckergurken, 4 Eßlöffel Mayonnaise
2 Teelöffel Senf.

Die Suppenhörnchen in reichlich kochendes Salzwasser geben, 8 Minuten kochen, in ein Sieb schütten, kalt überbrausen und abtropfen lassen. Gurkenessig und Öl mit etwas Salz und Pfeffer abschmecken, mit den Suppenhörnchen mischen und gut durchziehen lassen. Kalbsbraten in Streifen schneiden. Die Erbsen in wenig heißes Wasser geben, mit Salz bestreuen und zugedeckt 3 Minuten dünsten. Die Paprikaschote vierteln, entkernen, waschen und in kleine Würfel schneiden. Fleischstreifen, abgetropfte Erbsen, Paprikawürfel und Zuckergurken mit den Hörnchen mischen, Mayonnaise und Senf unter den Salat ziehen, dann abschmecken.

Bananen-Blumenkohl-Salat

Frischer Salat ist eine gute Zwischenmahlzeit

4 Portionen à 80 Kalorien = 336 Joule

200 g Blumenkohl, 1 große Banane, Saft von 1 Zitrone 1 Eßlöffel Korinthen, 4 Eßlöffel Sahne, etwas Salz oder Streuwürze, eventuell Mandarinenschnitze oder Kirschen zum Garnieren.

Den Blumenkohl waschen, abtropfen lassen und auf einem Gurkenhobel in feine Scheiben raffeln. Die Banane schälen, in Scheiben schneiden und mit dem Blumenkohl und dem Zitronensaft mischen. Die Korinthen in ein Sieb geben und unter einem heißen Wasserstrahl gründlich waschen. Die Sahne steifschlagen und zusammen mit den Korinthen unter den Salat heben, der mit wenig Salz oder Streuwürze (Aromat oder Fondor) abgeschmeckt wird. Dann anrichten und nach Wunsch mit Mandarinenschnitten oder Kirschen garnieren. Wer mag, kann diesen frischen Salat auch mit ganz wenig Curry abschmecken.

Möhren-Weißkraut-Salat

Eine gut bekömmliche, sehr leckere Vorspeise

4 Portionen à 140 Kalorien = 588 Joule

150 g Möhren, 150 g Weißkraut, 4 Eßlöffel Weinessig 3 Eßlöffel Öl, 1 Teelöffel Honig, 1 Teelöffel Senf 1 Prise Selleriesalz.

Die Möhren schälen, waschen und in lange dünne Stifte raffeln. Das Weißkraut putzen, waschen und sehr fein hobeln. Weißkraut und Essig in die Salatschüssel geben und mit einem Holzstößel stampfen, bis es ein wenig weicher geworden ist. Dann die Möhren, Öl, Honig und Senf daruntermischen und den Salat mit 1 Prise Selleriesalz abschmecken. Nach Belieben noch sehr fein gehackte Petersilie hinzufügen und diese erfrischende Vorspeise in hübschen Gläsern anrichten. Sie können für den Salat auch die gleiche Menge Zitronensaft statt Essig nehmen.

Chicorée-Champignon-Salat

Von Oktober bis März ist Saison für Chicorée

4 Portionen à 110 Kalorien = 460 Joule

1 kleines Bund Petersilie oder Schnittlauch
1 Zwiebel, 1 Knoblauchzehe
3 Eßlöffel Öl
4 Eßlöffel Kräuteressig
1 Teelöffel Senf
1 Prise Zucker
Salz, schwarzer Pfeffer
125 g geschnittene Champignons aus der Dose
4 Tomaten
4 Stangen Chicorée.

Petersilie oder Schnittlauch waschen, abtropfen und fein schneiden. Zwiebel schälen und würfeln, Knoblauchzehe schälen, fein schneiden und zerquetschen. Obige Zutaten in die Salatschüssel geben, dazu Öl, Essig, Senf, Zucker, etwas Salz und frisch gemahlenen Pfeffer. Die Champignons möglichst trocken daruntermischen. Tomaten kurz in kochendes Wasser tauchen, abziehen und in Achtel schneiden. Chicorée putzen, 2 cm breit schneiden, waschen und abtropfen lassen. Beides in die Salatschüssel geben, locker mit den anderen Zutaten vermischen. Zudecken, 20 Minuten durchziehen lassen, pikant abschmecken und als Vorspeise servieren.

Krabbensalat

Pikante Attraktion für ein kaltes Büfett

4 Portionen à 320 Kalorien = 1339 Joule

1 Wassermelone (ca. 1 kg)
375 g tiefgefrorene Krabben
2 Eier, 1/4 Dose Champignons
1 Orange, 1 grüne Paprikaschote
1 Zwiebel, 3 Eßlöffel Weinessig
4 Eßlöffel Öl, Salz
einige Tropfen Tabasco
1 Teelöffel Worcestersoße.

Von der Melone einen Deckel abschneiden. Fruchtfleisch mit einem Kartoffelbohrer in Kugeln herausstechen, dabei alle Kerne entfernen. Krabben nach Vorschrift auftauen. Eier hartkochen. Champignons abgießen. Geschälte Orange, Zwiebel und gewaschene Paprika entkernen und würfeln. Melonenfleisch, Champignons, Orangen-, Paprika- und Zwiebelwürfel mit Essig, Öl, Salz, Tabasco und Worcestersoße pikant anmachen. Zuletzt das aufgetaute Krabbenfleisch untermischen. Salat in der Melone anrichten, mit ausgestochenen Eischeiben garnieren. Sie können den Salat vor dem Einfüllen auch mit 1/2 Glas Mayonnaise anmachen; er schmeckt dann reicher. Dazu frisch gerösteter Toast mit Butter.

Salat „Gracia“

Dazu schmecken frisches Bauernbrot und Salami

4 Portionen à 310 Kalorien = 1297 Joule

1 Sellerieknolle, Salz
125 g Salatmayonnaise
½ Becher Joghurt
2 Eßlöffel Weinessig
schwarzer Pfeffer
1 Teelöffel Honig
2 Äpfel, 1 rote eingelegte Paprikaschote, 1 grüne Paprikaschote
etwas Petersilie.

Die Sellerieknolle schälen, waschen und in Würfel schneiden. Mit etwas Salz und Wasser 10 Minuten dünsten, abgießen und abkühlen lassen. Salatmayonnaise in eine Schüssel geben, dazu Joghurt, Weinessig, etwas frisch gemahlenen schwarzen Pfeffer und 1 Teelöffel Honig. Die Soße gut verrühren. Die Äpfel vierteln, entkernen, in sehr feine Spalten schneiden und sofort unter die Salatsoße geben. Die rote Paprikaschote in feine Würfelchen schneiden, die grüne waschen, vierteln, entkernen und in feine Streifen schneiden. Geschnittenen Paprika und Sellerie unter den Salat mischen, zudecken, 1 Stunde kühlen und mit Salz leicht nachwürzen.

Delikateß-Bohnensalat

Sie können dafür auch weiße Bohnenkerne verwenden

4 Portionen à 210 Kalorien = 879 Joule

1 große Dose grüne Bohnenkerne (Flageolets)
100 g rote eingelegte Paprikaschoten
1 Zwiebel, 4 Eßlöffel Öl
6 Eßlöffel Kräuteressig
2 Eßlöffel scharfer Senf
½ Teelöffel Thymian
etwas Knoblauchsalz
2 hartgekochte Eier
einige Salatblätter.

Die Bohnenkerne in ein Sieb schütten und gut abtropfen lassen. Die Paprikaschoten in feine Streifen schneiden, die Zwiebel schälen und in sehr feine Würfel schneiden. Öl in die Salatschüssel geben, dazu Kräuteressig, Senf, Thymian und Knoblauchsalz. Die Soße gut verrühren, dann Bohnen, Paprikastreifen und Zwiebelwürfel daruntermischen. Zudecken, 1 Stunde kalt stellen, dann abschmecken und in Schälchen füllen, die mit Salatblättern ausgelegt sind. Die Eier schälen, in Spalten schneiden und den Salat damit garnieren. Vielleicht noch mit reichlich geschnittenem Schnittlauch bestreuen und dann mit kräftigem Vollkorn- oder Bauernbrot servieren.

Blumenkohl-Erbsen-Karotten-Salat

Mit Schinken ein vollwertiges Mittagessen

Zutaten für 4 Portionen:
1 kleiner Kopf Blumenkohl, 1/2 Tasse Milch, Salz, Muskat, 1/2 Teelöffel Streuwürze, 1 Paket Erbsen/Karotten (tiefgekühlt), 1 Zwiebel, 1/2 Bund Schnittlauch, Essig, 1/2 Glas Mayonnaise, 1 Becher Joghurt, 1 Prise scharfer Paprika, Zucker.
Pro Portion ca. 280 Kalorien = ca. 1170 Joule

Den Blumenkohl in 1 bis 2 cm große Röschen teilen, in einen Topf geben und dazu 1 Tasse Wasser, 1/2 Tasse Milch, Salz, Muskat und Streuwürze. Aufkochen und nach 13 Minuten Erbsen und Karotten dazugeben. Das Gemüse noch 8 Minuten kochen und dann in der Flüssigkeit erkalten lassen. Das Gemüse mit geriebener Zwiebel, geschnittenem Schnittlauch, etwas Essig, Mayonnaise und Joghurt mischen. Mit Salz, Paprika und 1 Prise Zucker abschmecken. Nach Wunsch auch noch etwas Kerbel, Dill, Estragon oder Pimpinelle unter den Salat mischen.

Mais-Paprika-Salat

Ein sommerliches Essen für mittags und abends

Zutaten für 4 Portionen:
2 Dosen Maiskörner, 2 grüne Paprikaschoten, 1 Zwiebel, 1 Bund Radieschen, Saft von 1 Zitrone, Öl, Salz, Pfeffer.
Pro Portion ca. 160 Kalorien = 670 Joule

Die Maiskörner gut abtropfen lassen. Die Paprikaschoten vierteln, entkernen und in $^1/_2$ cm große Würfel schneiden, die geschälte Zwiebel fein hacken und die Radieschen in Scheiben schneiden. Den Mais mit Paprikaschoten und Zwiebel mischen und mit Zitronensaft, Öl, Salz und Pfeffer würzen. Den Salat $^1/_2$ Stunde durchziehen lassen und eventuell noch mit 1 Prise Zukker abschmecken. Den Mais-Paprika-Salat in eine Schüssel füllen, mit den Radieschenscheiben umlegen und dazu Salami in Scheiben essen. — Sie können den Maissalat auch mit Joghurt, Mayonnaise oder auch saurer Sahne anmachen.

Zutaten für 4 Portionen:
250 g gekochtes Rindfleisch,
1 Vierteldose Champignons,
2–3 Essiggurken, 1 Zwiebel,
$^1/_2$ Bund Petersilie, Essig, Öl,
Salz, Pfeffer, $^1/_2$ Teelöffel Senf.
Pro Portion ca. 175 Kalorien
= ca. 735 Joule.

Rindfleischsalat

Beliebte Varianten zu jedem Kalten Büfett

Das Fleisch in kleine Würfel, Champignons und Essiggurken in Scheiben schneiden. Mischen, mit geh. Zwiebel, Petersilie sowie Essig, Öl, Salz, Pfeffer und Senf pikant anmachen.

Zutaten für 4 Portionen:
250 g gekochtes Rindfleisch,
2 rote Paprikaschoten in Essig,
3–4 Tomaten, 1 kleine Zwiebel,
1 zerdrückte Knoblauchzehe,
Salz, Pfeffer, Essig, Öl,
gehackte Petersilie.
Pro Portion ca. 200 Kalorien
= ca. 840 Joule.

Budapester Salat

Rindfleisch, Paprikaschoten und Tomaten in 2 cm große Würfel schneiden und mit Zwiebelwürfeln, zerdrücktem Knoblauch, Salz, Pfeffer, Essig und Öl pikant anmachen, gut durchziehen lassen. Zuletzt gehackte Petersilie untermischen.

Für 4 Portionen: 2 Sellerieknollen, 2 Äpfel, Saft 1 Zitrone, Salz, Zucker, $^1/_8$ l saure Sahne, 1 Beutel gehobelte Mandeln, etwas abgeriebene Orangenschale.
Pro Portion ca. 200 Kalorien = ca. 837 Joule

Sellerie-Rohkost

Mit Mandeln und Haselnüssen verfeinern

Sellerie ist reich an Mineralstoffen wie Natrium, Kalzium und Phosphor und deshalb besonders für Schulkinder von großer Bedeutung. Sellerieknollen und Äpfel schälen, raffeln, mischen, mit Zitronensaft, Salz, Zucker und Sahne anmachen. Mit den leicht gerösteten Mandeln und der abgeriebenen Orangenschale bestreuen.

Für 4 Portionen: 500 g Karotten, Saft $^1/_2$ Zitrone, Saft 1 Orange, 1 Eßl. Honig, 50 g gehackte geröstete Haselnüsse, 1 Prise Salz.
Pro Portion ca. 140 Kalorien = ca. 640 Joule

Karotten-Rohkost

Karotten schälen, raffeln, mit Zitronensaft (verrührt mit Orangensaft und Honig) und Haselnüssen mischen, salzen. Geraffelte Karotten sofort mit Zitronensaft beträufeln, damit keine Verfärbung eintritt. Karotten enthalten viel Provitamin A, nämlich Karotin, das dann im Körper zu Vitamin A (Schönheitsvitamin) aufgebaut wird.

Salat „Florida“

Köstlich als Vorspeise — oder Hauptgang

Zutaten für 4 Portionen:
2 Äpfel, 1 Sellerieknolle, 1 Tasse grüne Erbsen, 1 Beutel gehobelte Mandeln, 2 Orangen, 1 Beutel Mayonnaise, Salz, etwas scharfer Paprika, Saft 1/2 Zitrone.
Pro Portion ca. 430 Kalorien = ca. 1800 Joule

Äpfel schälen, entkernen. Rohe Sellerieknolle schälen, in Streifen schneiden (oder auch raffeln) und mit Erbsen und Mandeln mischen. 2 Orangen ringsum mit einem spitzen Messer zickzackförmig einschneiden. Das Fruchtfleisch der 4 Hälften mit einem Löffel herausnehmen, in Würfel schneiden. Zu den obigen Zutaten geben und mit Mayonnaise, Salz, scharfem Paprika und Zitronensaft pikant anmachen. Salat in Orangenschalen füllen, Toast und Butter dazu reichen.

Stangensellerie mit pikanter Käsecreme

Zu Cocktails, kalten Büfetts oder Käseplatten

4 Portionen à 380 Kalorien = 1590 Joule

1 Staude Stangensellerie
200 g Edelpilzkäse, 75 g Butter
1 bis 2 Eßlöffel trockener Sherry.

Tip: Die verschiedenen Edelpilzkäsesorten: Bluefort aus Holland, Danablu aus Dänemark, Roquefort oder Fromage Bleu aus Frankreich, Gorgonzola aus Italien, Stilton aus England.

Vom Sellerie Wurzelenden abschneiden. Harte Fasern von äußeren Stangen mit Kartoffelschäler abschälen. Sellerie waschen, lange Stangen quer halbieren. Bis zur Verwendung in ein Glas mit etwas Wasser stellen, einen Frischhaltebeutel überstülpen und in den Kühlschrank stellen. Vor dem Servieren Frischhaltebeutel entfernen und Wasser ausgießen. – Geschmeidige Butter schaumig rühren. Edelpilzkäse durch Sieb drücken und mit Sherry unter die Butter rühren. Käsecreme zu Sellerie servieren. So wird's gegessen: Sellerie in Käsecreme „dippen".

Spargel-Cocktail „Frühlingsabend"

Für den kleinen Imbiß zu zweit

2 Portionen à 240 Kalorien = 1008 Joule

300 g Spargel, Salz, Zucker
1 kleines Päckchen tiefgekühlte Krabben oder Shrimps
2 Eßlöffel Sahne, 3 Eßlöffel Tomatenketchup, 1 Spritzer Weinbrand, 1 Eßlöffel Zitronensaft, scharfer Paprika oder Cayennepfeffer, 1 Scheibe Ananas, 1 hartgekochtes Ei
2 Salatblätter.

Tip: Das Spargelwasser ist gut für ein Süppchen am nächsten Tag!

Die Spargel schälen, in 5 cm lange Stücke schneiden. Knapp mit Wasser bedeckt und mit Salz und ganz wenig Zucker gewürzt in etwa 25 Minuten gar kochen. Dann abgießen und abtropfen lassen. Inzwischen die Krabben oder Shrimps auftauen lassen. Die Sahne steifschlagen, mit Tomatenketchup mischen, mit Weinbrand, Zitronensaft und scharfem Paprika oder Cayennepfeffer abschmecken. Die sauberen Salatblätter in zwei gut gekühlte Cocktailgläser legen und die Salatzutaten hübsch darin anordnen: Spargel, Krabben oder Shrimps und Ananasstückchen. Die Soße darübergeben, den Cocktail mit Eisstückchen garnieren. Mit knusprig geröstetem Toast und Butter servieren.

Salat „Café Anglais"

Festlicher Imbiß und gut für ein kaltes Büfett

4 Portionen à 335 Kalorien = 1407 Joule

750 g neue Kartoffeln
1 Teelöffel Kümmel oder Dillsaat, Salz, 1 Salatgurke
4 Tomaten, 1 Zwiebel
3 Eßlöffel Weinessig
4 Eßlöffel Öl, 1/2 Bund frischer Dill, 1 Teelöffel Senf, etwas Aromat oder Fondor, Pfeffer
200 g tiefgekühlte Krabben oder Shrimps.

Kartoffeln waschen, mit Wasser bedeckt aufsetzen, mit Kümmel oder Dillsaat und 1 Teelöffel Salz bestreuen. Zudecken, knapp 20 Minuten kochen, abgießen, mit kaltem Wasser überbrausen, schälen und etwas abkühlen lassen. Gurke waschen, die Schale längs einige Male einritzen, dann Scheiben davon schneiden. Tomaten waschen und in Achtel schneiden. Zwiebel schälen, hacken und mit Essig, Öl, geschnittenem Dill, Senf, Aromat oder Fondor und Pfeffer mischen. Die Kartoffeln in diese Marinade schneiden und daruntermischen. Dann Gurken, Tomaten und aufgetaute Krabben oder Shrimps unter den Salat ziehen. 1 Stunde ziehen lassen, abschmecken.

Chicorée mit French Dressing

Essen Sie den leckeren Salat als Vorspeise

Zutaten für 4 Portionen:
5 Stück Chicorée, 1 Prise Salz, 1 Teelöffel milder Paprika, 1/2 Teelöffel Zucker, 1/2 Teelöffel Senf, 1 1/2 Eßlöffel Weinessig, 1 Eiweiß, 1/2 Tasse Öl, 1 Eßlöffel Dosenmilch.
Pro Portion ca. 130 Kalorien = ca. 545 Joule

Den Chicorée entblättern, waschen und gut abtropfen lassen. Salz, Paprika, Zucker, Senf, Weinessig und das Eiweiß in eine hohe Schüssel geben und mit einem Handrührgerät gut mixen. Dann das Öl tropfenweise darunterrühren und zuletzt die Dosenmilch hinzufügen. Die Chicoréeblätter in eine Salatschüssel oder auf Portionsteller geben und mit der Soße übergießen. Dazu Toast oder Stangenbrot essen. Tip: Wenn es schnell gehen soll, können Sie Französische Salatsoße, Remoulade oder eine Mischung aus Ketchup und saurer Sahne verwenden.

Zutaten für 4 Portionen:
. . . mit Thunfisch:
1 Dose Thunfisch in Öl, 1 kleine Zwiebel, 1/4 Sellerieknolle, Schnittlauch, 3 Eßlöffel Mayonnaise, je 2 Eßlöffel Zitronensaft und Dosenmilch, Salz, Pfeffer, Zucker, Senf, 8 Tomaten.
165 Kalorien pro Tomate = ca. 690 Joule.
. . . mit Schinken:
125 g roher Schinken, 2 hartgekochte Eier, 1 Zwiebel, 1/2 Tasse grüne Erbsen, 1 Teelöffel Petersilie, 4 Eßlöffel Öl, 2 Eßlöffel Essig, 8 Tomaten.
150 Kalorien pro Tomate = ca. 630 Joule.

Gefüllte Tomaten

Tomaten vor dem Füllen innen salzen und pfeffern

Thunfisch-Füllung

Thunfisch fein zerquetschen, geschälte Zwiebeln fein hacken, geputzten Sellerie in feine Streifen schneiden, Schnittlauch fein schneiden. Mayonnaise mit den übrigen Zutaten mischen und dann Thunfisch, Zwiebel, Sellerie und Schnittlauch daruntergeben. Abschmecken, in Tomaten füllen. Mit Sellerie und Thunfisch anrichten.

Schinken-Füllung

Schinken in feine Streifen schneiden. Eier schälen und würfeln. Zwiebel schälen und fein hacken. Schinken mit Eiern, Zwiebel, Erbsen und Petersilie mischen. Öl und Essig darübergeben, mit Salz und Pfeffer abschmecken und in die Tomaten füllen. Eventuell auf Salat anrichten.

Schwedenplatte

Für unerwartete Gäste ideal, denn alles kommt aus Dosen.
Pro Portion ca. 310 Kalorien = ca. 1295 Joule

1 Räucherlachsröllchen auf Zitronenscheiben mit Zwiebelringen.
2 Ölsardinen, auf Salatblättern angerichtet, mit gefüllten Oliven und Butterröllchen.
3 Muscheln aus der Dose, angemacht in einer Soße aus Tomatenketchup und etwas Weißwein.
4 Sauer eingelegte Kronsardinen auf frischen, mit Salz und weißem Pfeffer bestreuten Gurkenscheiben.
Dazu: Mayonnaise.
5 Thunfisch in Öl aus der Dose, gemischt mit Kapern, angerichtet auf Salatblättern.
Zwei weitere Leckerbissen: Schwedenhappen, gemischt mit Apfel- oder Gurkenscheiben. Bücklingsfilets mit gehackten Zwiebeln, Eigelb, Pfeffer.

Matjesfilets „Hausfrauen-Art"

Ganz frische Matjes gibt's im Mai und Juni

Zutaten für 4 Portionen:
8 Matjesfilets, 1/4 l Milch, 1/8 l Sahne, 1/2 Glas Mayonnaise, 1 Becher Joghurt, gemahlener Piment, 3 Zwiebeln, 3 Äpfel.
Pro Filet ca. 410 Kalorien = ca. 1715 Joule

Matjesfilets in die Milch legen, darin etwa 1 Stunde liegen lassen und dann herausheben. Sahne mit Mayonnaise und Joghurt verrühren und diese Soße mit etwas gemahlenem Piment würzen. Zwiebeln schälen und in Ringe schneiden. Äpfel schälen, entkernen und in feine Scheiben schneiden. Zwiebelringe und Apfelscheiben in die Soße geben. Matjesheringe anrichten und die Soße darübergeben. Dazu Weißbrot, Butter und grünen Salat servieren. Gut schmecken dazu auch Salzkartoffeln und Salat. Matjes gibt's das ganze Jahr — ganz frische gibt's im Mai und Juni.

Spargelsalat „Bündner Art“

Ein Frühlingsessen, das die Schweizer lieben

4 Portionen à 335 Kalorien = 1407 Joule

1,5 kg Spargel, Salz, 1 Stück Würfelzucker, 3 Eßlöffel Salatöl, 4 bis 6 Eßlöffel milder Weinessig, Pfeffer
1 Prise Zucker
1 Teelöffel Petersilie oder Kerbel (fein gehackt)
125 g Bündner Fleisch, einige Salatblätter, 4 hartgekochte Eier, einige Kapern
1 Scheibe Räucherlachs.

Tip: Servieren Sie dazu Toast, Butter und leichten Weißwein.

Die Spargel von der Spitze bis zum Ende hin schälen und das untere Ende abbrechen – ein glatter Bruch bestätigt, daß alle holzigen Fasern entfernt sind. Genügend Wasser mit Salz und Würfelzucker aufkochen, die Spargel hineinlegen und nach 30 Minuten prüfen, ob die Köpfe weich – also die Spargel gar sind. Öl mit Essig mischen, mit Pfeffer, Zucker und Petersilie oder Kerbel abschmecken, den noch warmen Spargel damit übergießen, auf einer Platte anrichten. Bündner Fleisch zu Tütchen aufrollen, auch auf eine Platte legen. Die übrige Fläche mit Salatblättern zudecken, die halbierten Eier darauflegen. Mit Kapern und Lachsröllchen garnieren.

Tilsiter Käsetoast

Ein duftender Imbiß, der immer schmeckt

4 Portionen à 570 Kalorien = 2394 Joule

4 Scheiben Toastbrot
1 Eßlöffel Margarine oder Butter, 1/2 Teelöffel Senf
4 Scheiben bayerischer Tilsiter, 4 Scheiben durchwachsener Räucherspeck
4 Eier, Schnittlauch
4 Petersiliensträußchen.

Das Brot knusprig toasten und mit Butter oder Margarine streichen, dann mit Senf. Die Käsescheiben darauflegen und im heißen Backofen oder im vorgeheizten Grill etwa 7 bis 8 Minuten backen. Inzwischen schnell die Speckscheiben wellenartig auf Zahnstocher stecken, in der Pfanne knusprig braten und herausnehmen. Die Eier hineinschlagen und bei milder Hitze braten, bis das Eiweiß fest ist. Die fertigen Käsetoaste auf Portionsteller oder rustikale Bretter legen, darauf je 1 Spiegelei und die wellig gebratene Speckscheibe. Mit Schnittlauchringen bestreuen, mit einem Petersiliensträußchen schmücken und dazu einen Krug mit kühlem Bier genießen.

Käsetoast mit Birne

Ein leckerer Imbiß, den Sie oft servieren sollten

4 Portionen à 450 Kalorien = 1890 Joule

8 Scheiben Toastbrot
1 Eßlöffel Butter, 8 Scheiben Allgäuer Emmentaler
4 Scheiben gekochter Schinken, 4 halbe Kompottbirnen aus der Dose
2 Eßlöffel Preiselbeeren etwas schwarzer Pfeffer.

Das Brot toasten, etwas abkühlen lassen, dann mit der Butter bestreichen. Käse- und Schinkenscheiben darauflegen und die Schnitten auf das Grillgitter des Backofens legen. In den Ofen schieben, den Sie auf etwa 250 Grad vorgeheizt haben. (Darunter ein Stück Alufolie legen, damit der Ofen sauber bleibt!) Die Schnitten 7 bis 8 Minuten backen. Inzwischen die Birnen im Kompottsaft erhitzen. Je 2 Käsetoaste übereinander auf die Teller legen, darauf eine halbe Birne, die mit Preiselbeeren gefüllt wird. Mit Pfeffer bestreut genießen, solange die Schnitten schön heiß sind. Und dazu Weißwein spendieren.

Spargeltoast mit Lachs und Rührei

Mit echtem Räucherlachs ein noch größerer Genuß!

4 Portionen à 235 Kalorien = 987 Joule

4 Scheiben Toastbrot
500 g frischer gekochter Spargel
1 kleines Stück Butter
4–6 Eier, 1 kleine Dose Räucherlachs
weißer Pfeffer, einige Kapern
Salatblätter, 1 Tomate.

Das Brot toasten und auf 4 vorgewärmte Teller legen. Die Spargel ohne Flüssigkeit in etwas Butter schwenken und erhitzen. Aus der Butter heben und auf die Toastschnitten legen. Schnell die verquirlten Eier in die Butter geben, Räucherlachsstreifen hineinstreuen und mit weißem Pfeffer übermahlen (nicht salzen, da der Lachs reichlich salzig ist!). Das Rührei mit einem Spatel zusammenschieben und stocken lassen, bis die Oberfläche noch feuchtglänzend ist. Dann auf die Spargeltoaste verteilen und mit einigen Kapern bestreuen. Mit marinierten Salatblättern und gewürzten Tomatenschnitzen garnieren.

Käsetoast Karoline

Mit Rotwein ein herzhafter Abend-Imbiß für Gäste

4 Portionen à 590 Kalorien = 2469 Joule

4 Scheiben Weißbrot
etwas Margarine
200 g gekochtes Kasseler ohne Knochen
250 g mild-würzigen Schnittkäse (Esrom)
4 Tomaten, 1 grüne Paprikaschote
Thymian, schwarzer Pfeffer
Perlzwiebeln.

Das Brot toasten, etwas abkühlen lassen, mit Margarine bestreichen und auf das Backblech legen. Kasseler und Esrom in 3 mm dicke Scheiben schneiden, zuerst Kasseler, dann Esrom schräg übereinander auf die Brotschnitten schichten. Bei 225 Grad in den Backofen geben und etwa 6 Minuten überbacken. Inzwischen die Tomaten waschen und in Scheiben schneiden, die Paprikaschote vierteln, entkernen und in sehr feine Streifen schneiden. Den gebackenenen Toast auf vorgewärmte Portionsteller legen, mit Tomatenscheiben, Paprikastreifen und Perlzwiebeln hübsch garnieren, mit fein zerriebenem Thymian und gemahlenem Pfeffer überstreuen.

Chesterbrot mit Spargel

Zu einem Glas Weißwein ein guter kleiner Imbiß

4 Portionen à 245 Kalorien = 1025 Joule

4 Scheiben Toastbrot
4 große Scheiben magerer gekochter Schinken
500 g frischer gekochter Spargel
schwarzer Pfeffer
1 Teelöffel fein geschnittener Dill, 4 Chester-Scheibletten
2 Tomaten, Petersilie.

Das Brot toasten und abkühlen lassen, den Grilltoaster oder den Backofen auf gute Hitze (225 Grad) einschalten. Die Toastschnitten auf den Grillrost legen, mit Schinkenscheiben zudecken und die Spargel darauf verteilen. Mit schwarzem Pfeffer übermahlen, mit Dill bestreuen und die Käsescheiben darauflegen. Die Brote überbacken, bis der Käse zu zerlaufen beginnt. Dann mit Petersiliensträußchen und Tomatenschnitzen garnieren, sofort servieren.

Tip: Gut schmeckt es auch, wenn Sie den Spargel in den gekochten Schinken einwickeln und den Käse auf dem Schinken zerlaufen lassen.

Danablu-Birnen

Zur warmen Vorspeise bekommt eiskalter Aquavit

4 Portionen à 185 Kalorien = 774 Joule

2 reife Birnen oder 4 halbe Kompottbirnen aus der Dose
125 g Edelpilzkäse (Danablu)
1 Ecke Sahne-Schmelzkäse
Petersilie, etwas Kümmel
Rosenpaprika oder Cayennepfeffer
nach Wunsch einige Tropfen Sherry oder Weinbrand
4 Scheiben Toastbrot
Salatblätter.

Reife Birnen schälen, halbieren und entkernen oder Kompottbirnen abtropfen lassen. Edelpilzkäse und Schmelzkäse auf ein Holzbrett geben, mit der Gabel zerkleinern und leicht mischen. Etwas gehackte Petersilie, gemahlenen Kümmel, ganz wenig Rosenpaprika oder Cayennepfeffer und nach Wunsch Sherry oder Weinbrand daruntermischen. Das Toastbrot rösten, auf ein Backblech legen, die Birnen darauflegen und mit der Käsemischung bedecken. Bei 225 Grad in den Backofen schieben und 10 Minuten überbacken. Mit Rosenpaprika oder Cayennepfeffer bestäuben und mit Salatblättern anrichten.

Überbackener Camembert

Pikanter Happen für Genießer

4 Portionen à 225 Kalorien = 941 Joule

250 g Camembert
Cayennepfeffer
1/2 Tasse Preiselbeeren

Reifen Camembert längs halbieren. Unter dem Grill etwa 3 Minuten rösten, zuletzt mit Cayennepfeffer bestäuben und je 1 Teelöffel Preiselbeeren belegen. Mit Petersilie garnieren. Heiß mit Toastbrot oder Salzkräckern servieren. Für Camembert gebacken: Käse im ganzen zuerst in Ei, dann in Semmelbröseln und dann nochmal in Ei und Bröseln panieren. Danach schwimmend im heißen Fett 2 Minuten ausbacken. Ebenfalls Preiselbeeren dazu reichen.

Welsh Rarebits

Waliser Käsebrötchen: Spezialität aus England

8 Stück à 260 Kalorien = 1088 Joule

4 Toastscheiben
1 Eßlöffel Butter oder Margarine, je 200 g Emmentaler und Chesterkäse, 1 Prise Salz
2 Eigelb, 3–4 Eßlöffel Bier
Cayennepfeffer.

Halbierte Toastscheiben in einer Pfanne im Fett anbraten. Feingeriebenen Käse mit Salz, Eigelb und Bier vermischen. Dick auf die Brothälften streichen und leicht mit Cayennepfeffer bestäuben. Käsebrötchen im vorgeheizten Backofen bei 200 Grad (Gas-Backofen Stufe 3) 15 Minuten backen. Zu Wein und Bier oder als kleinen abendlichen Imbiß reichen.

Tip: Auf die Brotscheiben zuerst etwas gekochten Schinken, Ananas, feingehackte Perlzwiebeln, Champignonscheiben oder Sardellenfilets legen. Dann erst die Käsemasse aufstreichen.

Schlesisches Häckerle

Als Aperitif bekommt ein eiskalter Aquavit

4 Portionen à 330 Kalorien = 1386 Joule

**3 Salzheringe, 1 Flasche Mineralwasser, 125 g magerer Räucherspeck, 2 Zwiebeln
1 Glas Salz-Dill-Gurken
Essig und schwarzer Pfeffer
Schnittlauch.**

Die Salzheringe in das Mineralwasser legen und bis zum nächsten Tag darin liegen lassen. Dann aus dem Wasser nehmen und auf einem Brett zerlegen: die Haut abziehen und die Fische am Rücken entlang ein- und durchschneiden. Die Gräten abziehen und das Fischfleisch in kleine Würfel schneiden. Speck, geschälte Zwiebeln und Salz-Dill-Gurken fein hacken und mit den Salzheringen mischen. Mit Essig und möglichst frisch gemahlenem schwarzen Pfeffer abschmecken. Auf gebutterte Bauernbrotscheiben häufen und vielleicht noch mit etwas Schnittlauch bestreuen. Oder zu heißen Pellkartoffeln anrichten.

Pastetchen mit Ragoût fin

Köstlich ist dazu ein Glas kühler Riesling

4 Portionen à 455 Kalorien = 1911 Joule

4 Pastetchen, 1 Paket tiefgekühlte Hähnchenbrüste
1 Zwiebel, 1 Lorbeerblatt
2 Nelken, Aromat oder Fondor, Salz, 1/2 Dose Champignons, Saft von 1/2 Zitrone
1/8 l frische Sahne, 1 Teelöffel Worcestersoße
2 Eigelb, 2 gestrichene Eßlöffel Speisestärke.

Die Pastetchen bei 50 Grad im Backofen erwärmen. Die aufgetauten Hähnchenbrüste mit wenig Wasser, geschälter Zwiebel, Lorbeerblatt, Nelken, etwas Aromat oder Fondor und wenig Salz 30 Minuten kochen, aus der Brühe heben, von Haut und Knochen befreien und würfeln. Hähnchen- und Champignonbrühe in einen Meßbecher geben und wenn nötig auf 1/4 l Flüssigkeit ergänzen. Zitronensaft mit Sahne, Worcestersoße, Eigelb und Speisestärke verquirlen. In die heiße Brühe rühren und kurz aufkochen. Fleisch und halbierte Champignons hineingeben und die Pastetchen damit füllen. Dann mit Zitronenschnitzen und Worcestersoße servieren.

3 kleine Vorspeisen

1 Schinkenrollen mit Palmenmark
Palmenmark von einer Dose (etwa 500 g) in eine Schüssel legen. Mit 2 Eßlöffel Öl, wenig Knoblauchpulver und Cayennepfeffer würzen. In gekochten Schinken einrollen, mit Eischeiben, Gürkchen und Oliven garnieren.

2 Pikante Törtchen mit buntem Salat
Je eine große Tasse junge Erbsen und gewürfelte Möhren in wenig Wasser geben, mit Salz und etwas Streuwürze etwa 10 Minuten kochen. Abgekühlt mit 1 Eßlöffel Mayonnaise mischen, mit Salz und Pfeffer abschmecken und in fertige Törtchen füllen.

3 Gefüllte Tomaten mit Maissalat
8 Tomaten aushöhlen, mit Pfeffer und Salz ausstreuen, umgedreht austropfen lassen. $^{1}/_{2}$ entkernte Paprikaschote in Würfel schneiden, 1 Zwiebel mit 1 Tasse Maiskörnern aus der Dose und 150 g gewürfelter Salami mischen. Etwas Zitronensaft und $^{1}/_{2}$ Eßlöffel Öl hinzufügen, mit Salz und Pfeffer abschmecken, in die Tomaten füllen.

Mit Sahnemeerrettich gefüllt

Servieren Sie dazu frisch gerösteten Toast

Zutaten für 4 Portionen:
1/2 Stange Meerrettich, 1/4 l Schlagsahne, 1 Prise Salz, etwas Zitronensaft, einige Körnchen Zucker, 250 g Aufschnitt (roher oder gekochter Schinken, Hamburger Rauchfleisch, Rinderzunge, Cervelat, Salami oder Räucherlachs).
Pro Portion ca. 385 Kalorien = ca. 1610 Joule

Meerrettich waschen, schälen und auf einer Reibe fein raspeln. Die gut gekühlte Sahne salzen und mit Handmixer oder Schneebesen ganz steif schlagen. Geriebenen Meerrettich darunterziehen und mit etwas Zitronensaft und ganz wenig Zucker abschmecken. Die dünnen Fleisch-, Wurst- oder Lachsscheiben zu Tüten aufrollen und mit Sahnemeerrettich füllen. Servieren Sie dazu frisch gerösteten Toast und einen leichten Weißwein, für Biertrinker ein kühles „Helles“.

Kasseler im Teig

Dazu gibt's einen herzhaften Kartoffelsalat

Zutaten für 8 Portionen:
1 kg Kasseler ohne Knochen, 2 Eßlöffel Öl, 2 Pakete Tiefkühl-Blätterteig, 1 Ei.
Pro Portion ca. 1040 Kalorien = ca. 4350 Joule

Das Kasseler auf der Knochenseite in Öl ca. 2—3 Minuten anbraten, erkalten lassen. Den aufgetauten Blätterteig zu zwei Platten ausrollen, eine auf ein mit etwas Wasser befeuchtetes Blech legen, Teigränder mit Wasser bepinseln, darauf das Kasseler (Fettseite nach oben) setzen, mit der zweiten, größeren Teigplatte bedecken. Zwei runde Öffnungen an der Oberseite aus dem Teig stechen und Röllchen aus weißem Papier einsetzen, damit der Dampf abzieht. Pastete mit Teigstreifen verzieren, mit Ei bepinseln und in der Backröhre bei 180 Grad ca. 40 Minuten auf Unterschiene backen. Kasseler warm servieren.

Belegte Brote

Zum Abendbrot oder als kleiner Imbiß

1. Graubrot mit Butter oder Margarine, scharfem Senf und Kalbsleberwurst bestreichen. Mit Oliven- und Perlzwiebelscheiben umranden, mit feingeschnittenen Haselnüssen bestreuen. 150 Kalorien pro Stück.

2. Bauernbrot mit Butter oder Margarine bestreichen, mit rohen Schinkenscheiben belegen. Dosen-Champignonscheiben mit Mayonnaise, etwas Zitronensaft anmachen. Brote damit garnieren, grobgemahlenen Pfeffer überstreuen. 215 Kalorien pro Stück.

3. Toastbrot mit Butter oder Margarine bestreichen, gehackte Kräuter überstreuen, mit Ei und Tomatenscheiben belegen, würzen und mit Sardellenringen und Petersilie garnieren. 200 Kalorien pro Stück.

4. Schwarzbrot mit Mayonnaise bestreichen, mit Paprika bestäuben. Salamischeiben mit Paprikastreifen, Zwiebelringen und Kapern garnieren. 240 Kalorien pro Stück.

5x lecker belegte Brote („Smorrebrod")

Hübsch garniert schmeckt's doppelt gut

① 2 Ecken Doppelrahm-Frischkäse mit 1/2 Becher Joghurt, etwas schwarzem Pfeffer und etwas Knoblauchpulver glattrühren. Auf runde Knäckebrotscheiben häufen und mit Kümmel bestreuen. Schinkenstreifen daraufgeben. ② Weißbrotscheiben zuerst mit Senf, dann mit etwas Margarine bestreichen. Fein geschnittenen Dill auf die Schnitten streuen, Salatblätter darauflegen und je 1/2 Bismarckhering hineinlegen. Mit Zwiebelscheiben und Dill garnieren. ③ Graubrot buttern, mit etwas Pfeffer übermahlen, mit etwas Paprika edelsüß bestäuben. Salami- und frische Gurkenscheiben schräg daraufschichten. ④ Dunkle Roggenbrotscheiben mit Butter bestreichen, Räucherlachs darauflegen. Eier mit etwas Mineralwasser, Zwiebelpulver, Muskat und Pfeffer verquirlen, in etwas heißer Butter stocken lassen. Warm oder kalt auf die Brote geben, mit Schnittlauch bestreuen. ⑤ Roggenbrotscheiben dünn mit Margarine bestreichen. Feine Leberpastete in 1/2 cm dicke Scheiben schneiden und darauflegen. Mit Apfelschnitzen, Einmachkirschen und Pistazienkernen garnieren.

Schinkensülze mit Palmenmark

Bei Sülze weiß man mit einem Blick, woran man „ißt"

4 Portionen à 365 Kalorien = 1527 Joule

10 Blatt helle Gelatine
$^{1}/_{4}$ l Weißwein, 1 Zwiebel
1 Lorbeerblatt, 1 Teelöffel Pfefferkörner, Petersilie
1 Eßlöffel Flüssigwürze
2 Eßlöffel Weißweinessig
1 Tomate, 1 Dose Palmenmark oder Spargel, 250 g gekochter Schinken, 2 harte entpellte Eier, 1 Packung gefrorenes mexikanisches Gemüse.

Weißwein, $^{3}/_{8}$ l Wasser, Zwiebel, Lorbeerblatt, Pfefferkörner und Petersilie 5 Minuten kochen, durchseihen, mit Würze, Salz und Essig kräftig abschmecken. Eingeweichte, ausgedrückte Gelatine zugeben, Aspik kalt stellen. Palmenmark in Schinkenscheiben einrollen, quer halbieren. Eier in Scheiben schneiden. Gemüse auftauen, abtropfen lassen, salzen und pfeffern. Metallformboden mit etwas Aspik ausgießen, stocken lassen. Tomatenhälften und Schinkenrollen daraufgeben. Form halbvoll mit Aspik füllen, stocken lassen. Rand mit Eischeiben belegen, Gemüse in die Mitte geben, Aspik auffüllen. 2 Stunden stocken lassen. Garnieren.

Sülzkoteletts

Dazu schmeckt saftiger Kartoffelsalat oder frisches Brot

4 Portionen à 420 Kalorien = 1764 Joule

**4 Schweinekoteletts, 1/2 l klare Fleischbrühe (Würfel)
1 Zwiebel, 1 Teelöffel Pfefferkörner, 2 Lorbeerblätter
2 Nelken, 8 Blatt helle Gelatine
1/8 l Weißwein
1 eingelegte rote Paprikaschote
2 kleine Essiggurken
1 hartgekochtes Ei.**

Die Fleischbrühe mit geschälter Zwiebel, Pfefferkörnern, Lorbeerblättern und Nelken aufkochen. Die Koteletts darin 40 Minuten schwach kochen. Inzwischen die Gelatine in kaltes Wasser legen. Die Koteletts abkühlen lassen, die heiße Brühe durchseihen und die ausgedrückte Gelatine darin auflösen. Den Weißwein hinzufügen, etwas Gelee in 4 Sülzkotelettformen geben und fest werden lassen. Das Gelee in den Formen mit Paprika, Gurken- und Eischeiben garnieren. Mit etwas Gelee bedecken, stocken lassen, die Koteletts darauflegen und das übrige Gelee darüber verteilen. Kalt stellen und zum Stürzen kurz in heißes Wasser tauchen.

Eier in Gelee

Vorspeise, Imbiß oder kleines Abendbrot

4 Portionen à 385 Kalorien = 1 611 Joule

8 Eier, 3/8 l Hühnerbrühe (Würfel), 1/8 l Weißwein
Salz, Pfeffer
2–3 Eßlöffel Estragon- oder Kräuteressig, 7 Blatt helle Gelatine
10 gefüllte Oliven
250 g gekochter Schinken.

Eier hartkochen. Hühnerbrühe mit Weißwein, Salz, Pfeffer und Essig abschmecken. Kalt eingeweichte und gut ausgedrückte Gelatine zugeben, auflösen lassen und das Gelee durch ein feines Sieb gießen. Abkühlen, aber nicht stocken lassen! 4 Suppentassen 1 cm hoch mit Gelee füllen, im Kühlschrank fest werden lassen. 3 Eihälften mit Dotter nach unten in die Tassen legen, mit Olivenscheiben garnieren, etwas Gelee aufgießen und wieder stocken lassen. Schinkenwürfel auffüllen, restliches Gelee darauf verteilen und kalt stellen. Durch Eintauchen in heißes Wasser stürzen. Mit Toastbrot reichen.

Cumberland-Bananen

Bewährte Mischung: Süß und pikant

4 Portionen à 200 Kalorien = 837 Joule

4 Bananen, gemahlener weißer Pfeffer
1 Eßlöffel Butter oder Margarine
6 Scheiben gekochter Schinken
2 Teelöffel Senf
Cumberland-Soße.

Bananen schälen und gut pfeffern. Butter oder Margarine in einer Pfanne aufschäumen lassen. Bananen darin 3 Minuten bei mittlerer Hitze braten. Schinkenscheiben auf einer Seite mit Senf bestreichen, Bananen darin einwickeln. In eine feuerfeste Form setzen. Im vorgeheizten Backofen bei 200 Grad, Gas-Backofen Stufe 3, 20 Minuten garen. Heiß mit kalter Cumberland-Soße servieren. Dazu schmeckt Kartoffelpüree oder Weißbrot oder eine Scheibe Toast.

Tip: Die Bananen können vor dem Überbacken mit Käsescheiben belegt werden. Dann am besten ein Schälchen Preiselbeeren dazu reichen.

Käse-Würstchen

Für hungrige Gäste schnell zubereitet!

4 Portionen à 390 Kalorien = 1638 Joule

3 Paar Wiener Würstchen
3 Käsescheiben
6 dünne Scheiben durchwachsener Räucherspeck
etwa 2 Teelöffel Senf.

Die Würstchen mit einem spitzen Messer der Länge nach etwa 1 cm tief einschneiden. Den Käse in passende Streifen schneiden und in die Schlitze stecken. Dann jedes Würstchen mit einer Speckscheibe umwickeln und die Enden mit kleinen Holzspießchen befestigen. Auf das Drahtgitter des Bratofens legen und über der Bratenpfanne in den vorgeheizten Backofen schieben. Bei 200 Grad bakken, bis der Käse leicht schmilzt und die Speckscheiben knusprig sind. Beim Essen mit Senf bestreichen oder Senfsoße darübergeben. Dazu Mixed Pickles, saftigen Kartoffelsalat oder einfach Brot servieren.

Kalte Ochsenzunge mit Artischockenherzen

Dazu Toast und nach Wunsch eine feine Remoulade

8 Portionen à 410 Kalorien = 1722 Joule

1,5 kg Ochsenzunge
1 Zwiebel, 1 Möhre, 1 Teelöffel weiße Pfefferkörner
1 Lorbeerblatt, 2 Dosen Artischockenherzen
2 hartgekochte Eier, 1 Zwiebel
4 Eßlöffel Öl, 1 Eßlöffel Essig, 1/2 Bund Petersilie
etwas schwarzer Pfeffer.

2 l Wasser in einen passenden Topf geben, dazu geschälte und geschnittene Zwiebel und Möhre, Pfefferkörner und Lorbeerblatt. Aufkochen, die Zunge hineinlegen und kochen, bis die Zungenspitze sich eindrücken läßt. Das dauert 2 1/2 Stunden und länger. Die Artischockenherzen in ein Sieb schütten und abtropfen lassen. Geschälte Eier und Zwiebel in Würfel schneiden. Öl mit Essig, gehackter Petersilie und Zwiebelwürfeln mischen, die Artischockenherzen hineingeben, anrichten, mit den gewürfelten Eiern bestreuen und mit schwarzem Pfeffer übermahlen. Die kalte Zunge abziehen, schräg in Streifen schneiden und auf eine Platte legen.

Kalte Truthahnbrust mit kalifornischem Salat

Ein Festessen, das auch abends gut bekommt

4 Portionen à 450 Kalorien = 1883 Joule

1 kg tiefgekühlte Truthahnbrust oder Truthahnrolle, Salz, Pfeffer
1 Löffelspitze Salbei
1 Eßllöffel Butter
1 Eßlöffel Öl
3 Tassen gekochte Blumenkohlröschen, 2 Tassen gekochte grüne Bohnen, 3 Orangen
3 Scheiben Ananas, Salatblätter
4 Eßlöffel Mayonnaise
einige Kirschen.

Das Fleisch wie empfohlen auftauen lassen, mit Salz, Pfeffer und Salbei einreiben und in Butter und Öl anbraten. Bei 200 Grad in den Backofen schieben und 1 Stunde garen. Blumenkohlröschen und Bohnen in eine Schüssel geben, dazu die Filets von den Orangen und in Stücke geschnittene Ananas. Alles mischen und auf frischen Salatblättern anrichten oder ausgehöhlte Ananashälften damit füllen. Die Mayonnaise darübergeben. Das kalte Truthahnfleisch quer zur Faser in schöne Scheiben schneiden, auf eine Platte legen und mit den Kirschen garnieren. Den kalifornischen Salat dazu anrichten und außerdem Toast und Butterröllchen servieren.

Kalter Rehbraten mit Waldorfsalat

Mit einem vollmundigen Rotwein ein köstliches Mahl

4 Portionen à 290 Kalorien = 1218 Joule

750 g Rehkeule ohne Knochen (vom Wildhändler entsehnen und binden lassen!), Salz, Pfeffer, einige Wacholderbeeren, 2 Eßlöffel Öl, 1 Sellerieknolle
Saft von 1/2 Zitrone, 1 Apfel
1/16 l frische Sahne
Mandarinenspalten
Walnußkerne und Kirschen.

Das Fleisch mit Salz, Pfeffer und zerdrückten Wacholderbeeren einreiben, in heißem Öl braun anbraten, bei 200 Grad in den Backofen geben und 1 Stunde braten. Kalt werden lassen, in Scheiben schneiden und anrichten. Sellerie schälen, waschen, zuerst in hauchdünne Scheiben und dann in feine Streifen schneiden. Den geschälten und entkernten Apfel auch in Streifen schneiden. Beides mit Zitronensaft, etwas Salz, Pfeffer und der steifgeschlagenen Sahne mischen. Mit Mandarinenspalten, Walnußkernen und Kirschen garnieren. Die Bratenplatte mit Kirschen und Mandarinenspalten schmücken, dazu Cumberlandsoße (fertig kaufen!) anrichten.

Zutaten für 4 Portionen:
800 g Tatar, 1 Zwiebel, etwas Petersilie, 1 Teel. Kapern, 1 Teel. geriebener Meerrettich, 1/2 Teel. Paprika, 2 Eßl. Öl, 1 Eßl. Tomatenketchup, 1 Teel. Salz, 1 Löffelspitze Curry, 1 Spritzer Worcestersoße, 1/2 Pariser Brot, Butter.
Zum Garnieren: Zwiebelringe, Olivenscheiben, Sardellen, Kaviar, 4 Eigelb, Gurkenscheiben, Zitronenschnitze.
Pro Portion ca. 670 Kalorien = ca. 2800 Joule

Tatar garniert

Achten Sie auf frisch durchgedrehtes Fleisch

Zwiebel schälen und fein reiben. Gewaschene Petersilie und Kapern fein hacken, mit dem Tatar in eine große Schüssel geben und alle Würzzutaten hinzufügen. Mit zwei Gabeln kneten, bis alles gut vermischt ist. Dann Pariser Brot in Scheiben schneiden und mit Butter bestreichen. Gewürztes Tatar locker daraufgeben und verschieden garnieren: mit großen Zwiebelringen, Eigelb und grobem Pfeffer; mit Zwiebelring und Kapern; mit Sardellenringen und Olivenscheiben; mit kleinen Zwiebelringen und Kaviar; mit geriebenem Meerrettich. Alles hübsch anrichten. Achten Sie beim Einkauf von Tatar darauf, daß es immer frisch durchgedreht ist.

Liptauer Käse

Auf kräftigem Bauernbrot: einfach zum Reinbeißen

4 Portionen à 430 Kalorien = 1799 Joule

175 g Butter oder Margarine
1 Zwiebel
1 Eßlöffel Kapern
1 Teelöffel Kümmel
1 Teelöffel Senf, Salz
gemahlener schwarzer Pfeffer
1 Eßlöffel Edelsüß-Paprika, 500 g Magerquark
1 Bund Schnittlauch.

Geschmeidige Butter auf Stufe 1 eines Handrührgerätes mit feingehackten Zwiebeln und Kapern und allen Gewürzen gut mischen. In einem Tuch ausgedrückten Quark daruntermischen. Auf Stufe 2 zu einer cremigen Masse rühren. Zuletzt geschnittenen Schnittlauch unterheben. Auf Holzbrett zu einem Turm aufstreichen und 2 Stunden kalt stellen. Mit Tomatenachteln und Zwiebelscheiben garnieren.

Obatzda

Scharf gewürzte Spezialität aus Bayern

4 Portionen à 375 Kalorien =1569 Joule

250 g reifer Camembert oder Romadur, 75 g Butter oder Margarine, 2 Zwiebeln 1 Teelöffel Edelsüß-Paprika Salz, Pfeffer 2 Eßlöffel Bier, 1 Eigelb Salatblätter, Radieschen Salzletten und Brezeln Kümmel.

Camembert und weiches Fett mit einer Gabel zerdrükken. 1 feingehackte Zwiebel, Gewürze, Bier und Eigelb unter den Käse kneten. Mit einem in Wasser getauchten Eßlöffel acht ovale Klöße formen und auf Salatblätter anrichten. Mit Radieschen, Zwiebelringen, Salzletten und Brezeln anrichten. Kümmel zum Nachwürzen bereitstellen.

Übrigens: „Obatzda" ist ein Wort aus dem bayerischen Sprachgebrauch und bedeutet – ganz frei übersetzt – soviel wie „Angemachter".

Pikante Herrentorte

Reich garnierte Überraschung für hungrige Skatspieler

12 Stück à 440 Kalorien = 1841 Joule

**1 rundes Bauernbrot (25 cm ∅)
500 g Quark, 200 g Doppelrahm-Frischkäse, Salz
1 Zwiebel, Knoblauchpulver
Cayennepfeffer, 100 g Butter
2 Teelöffel grüne Pfefferkörner
1 Teelöffel scharfer Senf
1 Eßlöffel Weinbrand
375 g Lachsschinken
2 Scheiben Pumpernickel
1 blaue Zwiebel, 1 Glas Pfeffergürkchen
2 Bund Radieschen und je
1 Bund Petersilie und Schnittlauch.**

Vom Brot Deckel abschneiden und anderweitig verwenden. Brot waagrecht halbieren. Quark mit Frischkäse verrühren, mit Salz, feingehackter Zwiebel, Knoblauchpulver und Cayennepfeffer kräftig abschmecken. Butter, Pfefferkörner, Senf, Weinbrand und 1 Prise Salz mit einer Gabel zerdrücken. Die untere Brotplatte mit Butter bestreichen und mit Schinkenscheiben belegen. Zweite Brotplatte daraufsetzen, Brot ringsum und oben mit Käsecreme bestreichen. Oberfläche in 12 Stücke teilen. Mit Schinkenröllchen, Zwiebelscheiben, Gurken, Pumpernickelhalbmonden garnieren, mit Schnittlauch bestreuen, mit Radieschen, Petersilie umlegen.

Weinbergschnecken

Feine Vorspeise aus Frankreich

4 Portionen à 380 Kalorien = 1590 Joule

2 Dutzend Weinbergschnecken in der Dose mit 24 Schneckenhäuschen
175 g Butter, 1 Schalotte und 2 Knoblauchzehen oder nur 3 Knoblauchzehen
$^1/_2$ Bund Petersilie, Salz
Pfeffer, Muskat
Saft von $^1/_8$ Zitrone
nach Wunsch etwas Aromat oder Fondor.

Schnecken abtropfen lassen, Saft auffangen. In die Häuschen jeweils zuerst etwas Saft und 1 Schnecke geben. Butter cremig rühren, sehr fein gehackte Schalotte, Knoblauch und Petersilie untermischen und mit Salz, Pfeffer und einem Hauch Muskat würzen. Zitronensaft zugeben. Schneckenhäuschen mit der Butter verschließen. Schnecken in eine Schneckenpfanne setzen und im Backofen bei 170 Grad (Gas: Stufe 2) so lange (etwa 10 Minuten) erhitzen, bis die Butter aufschäumt.

Tip: So werden Schnecken gegessen: Häuschen mit Schneckenzange fassen, Schnecke mit der Schneckengabel herausnehmen, auf Eßlöffel geben und die Butter daraufgießen. Dazu: Weißwein und Weißbrot.

Melone „Kingston"

Eine exklusive Vorspeise für den festlichen Anlaß

4 Portionen à 205 Kalorien = 858 Joule

1 Zuckermelone (etwa 750 g)
200 g tiefgekühlte Tiefseekrabben oder Shrimps
$^{1}/_{16}$ l frische Sahne
3 Eßlöffel Tomatenketchup
1 Teelöffel Orangensaft
1 Löffelspitze scharfer Paprika oder 4 Tropfen Tabasco
1 Teelöffel Weinbrand
Saft von $^{1}/_{4}$ Zitrone
Salz, Schnittlauch.

Die Melone 2 Stunden in den Kühlschrank legen, dann längs in Viertel schneiden, entkernen und mit der Schale nach unten auf eine hübsche Platte legen. Die Krabben oder Shrimps inzwischen wie empfohlen auftauen lassen. Danach die Sahne steifschlagen und mit folgenden Zutaten mischen: Tomatenketchup, Orangensaft, scharfem Paprika oder Tabasco, Weinbrand, 1 Teelöffel Zitronensaft und etwas Salz. Die Krabben in die Melonen verteilen und die Sahnesoße darübergeben. Mit Zitronenrädchen garnieren, mit Schnittlauchringen bestreuen und möglichst bald servieren. Dazu knusprigen Toast, Butter sowie ein Glas Weißwein reichen.

Geflügelleber-Terrine

Festliches Präsent für einen Verehrer der feinen Küche

4 Portionen à 990 Kalorien = 4144 Joule

500 g Geflügelleber
250 g frischer fetter Speck
4 Schalotten oder
1 große Zwiebel
1 Teelöffel Thymian
schwarzer gemahlener Pfeffer, Salz
½ Weinglas guter Weinbrand
150 g Butter, 4 Eiweiß
Senffrüchte.

Leber in 2 cm große Stücke schneiden. Speckwürfel auslassen. Feingehackte Schalotten und Leberwürfel ins Speckfett geben, mit Thymian und Pfeffer würzen. Etwa 3 Minuten braten, salzen und herausnehmen. Pfanne mit Weinbrand ablöschen, anzünden und abbrennen lassen. Bratensatz lösen, mit Weinbrand zur Leber geben. Leber erkaltet durch ein Haarsieb drücken. Cremige Butter unterrühren. Eischnee zugeben. Einfüllen, kalt stellen. Garnieren.

Tip: Die Henne im Korb aus Porzellan nimmt nicht nur Geflügelleber, Ragouts und ähnliches unter ihre Fittiche, sie ist gleichzeitig auch eine lustige Dekoration für hübsch gedeckte Festtagstische.

Suppen
Soßen

Klare Fleischbrühe mit Schinkenklößchen

Sie können die Klößchen auch mit Salami zubereiten

Zutaten für 4 Portionen: 1 Zwiebel, 3 Scheiben gekochter Schinken, 2 Scheiben Toastbrot, 2 Eßlöffel Sahne, 1 Eßlöffel Margarine, 1 Ei, 1/2 Eßlöffel Mehl, 1 Eßlöffel gehackte Petersilie, Salz, Muskatnuß, weißer Pfeffer, 1 l Fleischbrühe.
Pro Portion ca. 230 Kalorien = ca. 960 Joule

Die Zwiebel schälen und fein hacken. Schinken in sehr kleine Würfel schneiden. Das Toastbrot entrinden und mit der Sahne übergießen. Margarine erhitzen und die Zwiebelwürfel darin glasig werden lassen. Dann mit Schinken, Toastbrot, Ei, Mehl und gehackter Petersilie gut vermischen. Den Teig mit Salz, etwas geriebener Muskatnuß und Pfeffer abschmecken. Etwa 1 l Salzwasser aufkochen, mit einem Teelöffel vom Teig Klößchen abstechen und hineingeben. Ziehen — nicht kochen! — lassen, bis die Klößchen oben schwimmen. In Fleischbrühe anrichten.

Klare Fleischbrühe mit Käsebiskuits

Das Gebäck schmeckt auch zu Wein und Bier

**Zutaten für 4 Portionen:
2 Eier, 1 Prise Salz,
2 Eßlöffel Mehl, 1 Löffelspitze Backpulver, 50 g geriebener Käse, Paprika,
1 l klare Fleischbrühe.
Pro Portion ca. 130 Kalorien = ca. 545 Joule**

Eiweiß mit Salz steifschlagen. Mehl mit Backpulver und geriebenem Käse (1 Eßlöffel Reibkäse zurückbehalten) mischen. Eigelb und Mehlgemisch unter den Eischnee ziehen. Ein Backblech mit Pergamentpapier belegen und den Teig 1/2 cm dick daraufstreichen. Mit Paprika und Käse bestreuen und bei 200 Grad (Backofen rechtzeitig vorheizen!) in etwa 10 Minuten goldgelb backen. Oder den Teig in eine kunststoffbeschichtete Pfanne geben (den Deckel mit geöffnetem Verschluß darauflegen!) und 8 Minuten backen. Klein schneiden, in Brühe anrichten.

Englische Gerstensuppe

Wer sich diese Suppe „einbrockt", löffelt sie gern aus

4 Portionen à 295 Kalorien =1234 Joule

250 g Rindfleisch (zum Kochen)
1 Lorbeerblatt
1 Teelöffel Salz
1½ l Wasser, 2 Zwiebeln
2 Möhren, 1 Stange Lauch
1 Sellerieknolle
½ Tasse Gerste (Graupen)
gemahlener weißer Pfeffer
½ Teelöffel Thymian
1 Teelöffel Aromat oder Fondor.

Rindfleisch und Lorbeerblatt in Salzwasser eine Stunde leicht kochen lassen. Fleisch herausnehmen und in Streifen schneiden. Zwiebel-, Möhren-, Lauch- und Selleriestreifen mit Fleisch und Graupen in die Brühe geben, 30–40 Minuten kochen. Mit Gewürzen herzhaft abschmecken.

Tip: Für eine „Schottische Graupensuppe" verwenden Sie Hammel- statt Rindfleisch und würzen mit etwas zerriebenem Knoblauch.

Schwammklößchensuppe

Eine heiße Brühe mit leckerer Einlage ist immer noch der beste Magenwärmer

4 Portionen à 340 Kalorien = 1423 Joule

100 g Butter, 1/2 Teelöffel Salz je 1 Löffelspitze Muskat und weißer Pfeffer, 2 Eier 100 g Mehl, 1 l Fleischbrühe (Würfel), 1 Bund Schnittlauch.

Die geschmeidige Butter in einer hohen schmalen Rührschüssel mit Salz, Muskat und Pfeffer schaumig schlagen. Eier und Mehl zugeben und noch 2–3 Minuten mit dem elektrischen Handrührer cremig rühren. Fleischbrühe aufkochen und von der Kochstelle nehmen. Von der Butter-Mehl-Masse mit einem jeweils in die heiße Brühe getauchten Teelöffel Klößchen abstechen. Klößchen in der Brühe bei geschlossenem Topf 10 Minuten ziehen – nicht kochen – lassen. Suppe anrichten, mit Schnittlauch bestreuen.

Tip: Die Masse für die Klößchen möglichst sofort verarbeiten, sonst werden die Klößchen nicht locker.

Chinesische Hühnersuppe

Beliebte Kombination der Küche Chinas: Hühnerfleisch mit viel Gemüse

4 Portionen à 285 Kalorien = 1193 Joule

2 Hähnchenbrüste, Salz
Pfeffer, 1 Stange Porree
2 Zwiebeln, 2 Möhren
1 Knoblauchzehe
1 Tasse feingeschnittener Weißkohl
2 Eßlöffel Öl, 3/4 l Hühnerbrühe (Würfel), 100 g Glasnudeln
12 schwarze chinesische Pilze
2 Eßlöffel Sojasoße
1 Prise Zucker.

Hähnchenfleisch abspülen, trockentupfen, salzen, pfeffern und kleinschneiden. Gemüse putzen oder schälen und waschen. Porree und Zwiebeln in Streifen, längs eingekerbte Möhren in dünne Scheiben schneiden, Knoblauch fein hacken. Öl erhitzen, alles Gemüse 2 Minuten darin dünsten, danach mit Brühe auffüllen. Hähnchenfleisch zugeben und 15 Minuten bei geringer Hitze kochen lassen. Glasnudeln und Pilze 10 Minuten im warmen Wasser einweichen. Danach abgießen und in der Suppe noch 5 Minuten erhitzen. Die Suppe mit Sojasoße, Salz, Pfeffer, 1 Prise Zucker würzen.

Mockturtlesuppe

Die sogenannte „falsche“ Schildkrötensuppe

4 Portionen à 195 Kalorien = 816 Joule

375 g Kalbskopffleisch
1 Teelöffel Salz
1 1/2 l Wasser, 1 Lorbeerblatt
1/2 Knoblauchzehe
je 1 Teelöffel Thymian
Koriander
weiße Pfefferkörner, Basilikum und Majoran, 4 Nelken
2 Möhren, 1/2 Sellerieknolle
1 Zwiebel, 1 Würfel Bratensaft
1/2 Weinglas Sherry, Madeira oder Portwein
Cayennepfeffer.

Fleisch in Salzwasser aufkochen. Gewürze zugeben, 1 Stunde kochen lassen. Durch ein Sieb gießen. Gewürfeltes Gemüse und Fleisch (ohne Knorpel und Fett) mit dem Bratensaftwürfel zur Brühe geben und 30 Minuten kochen lassen. Mit dem Alkohol und Cayennepfeffer abschmecken.

Tip: Durch die Verwendung von Bratensaftwürfel ersparen Sie sich das zeitraubende und kostspielige Anbraten von Knochen oder Fleisch!

Ochsenschwanzsuppe „Moderne"

Wenn Sie Ihren Gästen etwas Besonderes bieten wollen

Zutaten für 4 Portionen:
1/1-Dose klare Ochsenschwanzsuppe, 1—2 Likörgläser Sherry (kein Cherry!), Weinbrand oder Madeira, 1 Stück rohe Bratwurst, 1 Eigelb, 1/4-Dose Champignons, Kerbel- oder Petersilienblätter.
Pro Portion ca. 210 Kalorien = ca. 879 Joule

Ochsenschwanzsuppe nach Dosenvorschrift erhitzen, aber nicht kochen lassen, Sherry, Weinbrand oder Madeira zugeben. Das Bratwurstfleisch mit Eigelb, etwas Sherry, feingehackten Champignons vermischen, kleine Klößchen abstechen und diese in Salzwasser 5 Minuten ziehen, aber nicht kochen lassen. Die Champignonbrühe mit zur Suppe verwenden. Die Ochsenschwanzsuppe mit Klößchen, in Scheiben geschnittenen Champignons und Kerbel- oder Petersilienblättern anrichten. Dazu knabbert man Käsestangen, Salzgebäck oder Kräckers.

Fleischbrühe mit Eierstich

Mit Kräckers oder einer Scheibe Toast ein beliebter Imbiß

Zutaten für 4 Portionen:
1/8 l Milch, 2 Eier, etwas Salz, Muskat, Fleischbrühe.
Pro Portion ca. 70 Kalorien = ca. 290 Joule

Milch, Eier, Salz, Muskat gut miteinander verquirlen. Eine kleine feuerfeste Form mit Butter oder Margarine ausfetten, die Eier-Milch durch ein Haarsieb eingießen, den Eierstich im Wasserbad ohne zu kochen fest werden lassen. Den Eierstich an den Seiten mit einem Messer aus der Form lösen, die Form stürzen, den Eierstich danach in schräge Vierecke, Würfel oder Streifen schneiden. In einer guten Fleischbrühe, aus Knochen oder Brühwürfeln bereitet, servieren. Eierstich kann auch mit Petersilie, Curry oder etwas Paprika abgeschmeckt zubereitet werden.

Suppe à la Gärtnerin

Dazu schmeckt ein überbackenes Käsebrot

4 Portionen à 240 Kalorien = 1008 Joule

2 Zwiebeln, 1/2 Sellerieknolle
2 Möhren, 125 g Spinat
1 Eßlöffel Butter oder Margarine, 1 l Fleischbrühe (Würfel), 2 rohe Bratwürste
1 Bund frische Kräuter (Petersilie, Dill, Schnittlauch und Borretsch)
1 Tasse grüne Erbsen (tiefgekühlt oder aus der Dose)
etwas Salz und Muskat.

Zwiebeln, Sellerie und Möhren schälen und in 1/2 cm große Würfel schneiden. Den Spinat waschen und in Streifen schneiden. Butter oder Margarine im Suppentopf zerlassen, Zwiebeln und Gemüse darin 5 Minuten andünsten. Dann die Fleischbrühe dazugießen und die Suppe 15 Minuten kochen. Die Kräuter waschen, fein hacken und mit der Bratwurstfarce vermischen. Mit Muskat und Salz abschmecken, Klößchen formen und in die Suppe geben. Die Erbsen jetzt auch hinzufügen und die Suppe noch so lange ziehen lassen, bis die Klößchen an der Oberfläche schwimmen, das heißt gar geworden sind.

Leberknödelsuppe

Bayerische Suppenspezialität

4 Portionen à 245 Kalorien = 1029 Joule

150 g gemahlene Leber
50 g durchwachsener Räucherspeck, 2 Zwiebeln
½ Bund Petersilie
1 Teelöffel Majoran
75 g Semmelbrösel
1 Ei, Salz, Pfeffer, Muskat
1 l Fleischbrühe (Würfel).

Speck fein würfeln und ausbraten. Gehackte Zwiebeln darin gelb werden lassen, dann gehackte Petersilie und Majoran untermischen, kalt stellen. Mit Leber, Semmelbröseln, Ei, Salz, Pfeffer und Muskat vermischen. Von dieser Masse mit zwei Löffeln Klößchen formen. Ein Probeklößchen in die heiße Fleischbrühe geben. Werden die Klößchen zu weich, 1 Eßlöffel Grieß zufügen; sind sie zu fest, noch etwas Semmelbrösel untermischen. Klößchen 10 Minuten ziehen lassen und in der Brühe servieren. Suppe eventuell mit gehackter Petersilie oder Schnittlauch bestreut servieren.

Gemüsesuppe mit Fleischklößchen

Mit einem kräftigen Dessert eine ganze Mahlzeit

4 Portionen à 245 Kalorien = 1029 Joule

1 Zwiebel, 1 Eßlöffel Butter oder Margarine, 1 Paket tiefgekühltes Suppengemüse 1 l Fleischbrühe (Würfel!) Muskat, etwas Majoran 1 Stück rohe feine Bratwurst 50 g gemischtes Hackfleisch, 1 Eßlöffel gehackte Petersilie.

Die Zwiebel schälen, würfeln und in Butter oder Margarine hellgelb dünsten. Dann das Suppengemüse, die Fleischbrühe und die Gewürze hinzufügen, zudekken und auf kleiner Flamme etwa 20 Minuten leise kochen. Die Bratwurstfarce mit Hackfleisch und Petersilie verkneten und mit 2 Teelöffeln kleine Klößchen abstechen – dabei die Löffel immer in die heiße Suppe tauchen. Noch etwa 5 Minuten ziehen lassen, bis die Klößchen oben schwimmen. Dann abschmecken und als Vorsuppe servieren. Oder einen Käsetoast dazu machen und zum Abendessen anbieten. Oder einen Früchtequark danach essen.

Kräutercremesuppe

Mit einem Schinkenbrot so ein richtiges Frühlingsessen

4 Portionen à 210 Kalorien = 882 Joule

1 Zwiebel, 3 Kartoffeln, 2 Scheiben durchwachsener Räucherspeck, 1/2 l Fleischbrühe (Würfel), 1/2 l Milch
125 g frische Kräuter (Spinat, Kresse, Sauerampfer, Petersilie, Schnittlauch), 1 Päckchen Helle Soße, 1 gehäufter Teelöffel Speisestärke
etwas Muskat, Salz und Pfeffer.

Zwiebel und Kartoffeln schälen, Zwiebel hacken und Kartoffeln in kleine Würfel schneiden. Den Speck in einen Suppentopf geben, knusprig braten und wieder herausnehmen. Zwiebel und Kartoffeln ins Speckfett geben und hell andünsten. Fleischbrühe und 1/4 l Milch dazugeben und die Suppe 20 Minuten kochen. Die Kräuter waschen, abtrocknen, fein hacken, in die Suppe geben und 2 bis 3 Minuten darin ziehen lassen. Das Soßenpulver mit 1/4 l Milch und Speisestärke verquirlen, zur Suppe rühren und einmal aufkochen. Mit Muskat, Salz und Pfeffer abschmecken, mit zerbröckeltem Speck bestreuen, mit frischem Bauernbrot servieren.

Kartoffel-Porree-Suppe

Dazu ein gutes Dessert ergibt eine ganze Mahlzeit

Zutaten für 4 Portionen:
2 Stangen Porree (Lauch), 4 Scheiben durchwachsener Räucherspeck, $^{3}/_{4}$ l klare Fleischbrühe, $^{1}/_{4}$ l Milch, $^{1}/_{4}$ Paket Kartoffelpüreepulver oder -flocken, etwas saure Sahne, weißer Pfeffer, Salz, etwas Streuwürze.
Pro Portion ca. 320 Kalorien = ca. 1344 Joule

Porree putzen, in Scheiben schneiden und waschen. Speck in einer tiefen Pfanne knusprig braten und dann wieder herausheben. Die Porreeringe in das Speckfett geben und kurz andünsten. Dann Fleischbrühe hinzugießen und die Suppe 10 Minuten kochen. Milch mit Kartoffelpüreepulver oder -flocken verrühren, zur Suppe geben und erhitzen. Speckscheiben zerkrümeln und hineingeben. Dann mit saurer Sahne, Pfeffer, Salz und Streuwürze abschmecken. Wenn's einmal schnell gehen soll: Kartoffelsuppe gibt es auch als Fertiggericht.

Tomatensuppe mit Mais

Ein Imbiß, der Gästen imponieren wird!

4 Portionen à 260 Kalorien = 1092 Joule

1 Zwiebel, 50 g durchwachsener Räucherspeck $^{3}/_{4}$ l Tomatensaft, 1 kleine Dose Maiskörner, 1 Prise scharfer Paprika, etwas Worcestersoße, 1 Eßlöffel gehackte Petersilie $^{1}/_{8}$ l frische Sahne.

Die geschälte Zwiebel und den Räucherspeck in kleine Würfel schneiden, in einen kleinen Suppentopf geben und auf mittlerer Hitze glasig werden lassen. Tomatensaft, Maiskörner mit der Flüssigkeit, Paprika und Worcestersoße dazugeben und die Suppe etwa 5 Minuten kochen. Unmittelbar vor dem Servieren Petersilie und Sahne hinzufügen und so abschmecken, wie Sie es mögen. Dafür können Sie zum Beispiel einige Tropfen Zitronensaft verwenden. Oder noch mehr Petersilie, mehr Sahne oder Joghurt, mehr Tomate (Mark!) oder mehr Paprika. Und dann servieren Sie die Suppe zu knusprigem Röstbrot.

Spinatsuppe

Eine Suppe, die Frühling auf den Speisezettel bringt

4 Portionen à 180 Kalorien = 756 Joule

250 g frischer Spinat
1 Zwiebel, 1/2 Knoblauchzehe
1 Eßlöffel Butter oder Margarine, Muskat, Streuwürze, 3/4 l Fleischbrühe (Würfel!), 1/4 l Milch
1 Eigelb, 4 gestrichene Eßlöffel Speisestärke.

Den Spinat gut waschen und etwas abtropfen lassen. Dann auf ein großes Brett geben, etwas zusammendrücken und in Streifen schneiden. Zwiebel und Knoblauchzehe schälen, fein hacken und in Butter oder Margarine hellgelb dünsten. Den Spinat dazugeben, mit Muskat und Streuwürze (Aromat oder Fondor) bestreuen und 2 bis 3 Minuten dünsten. Die Fleischbrühe dazugießen und zum Kochen bringen. Schnell Milch mit Eigelb und Speisestärke verquirlen, zur Suppe rühren und einmal aufkochen. Tip: Sie können auch ein kleines Päckchen mit tiefgekühltem Spinat für die Suppe verwenden.

Champignoncremesuppe

Ein Süppchen, das einen Imbiß ersetzt

Zutaten für 4 Portionen:
1/2 Dose Champignonsuppe, 1/4 l Milch, 1 Teelöffel Butter oder Margarine, 50 g roher Schinken, 1 Zwiebel, 4 Tomaten, 1 Löffelspitze Thymian, 1/2 Bund Schnittlauch.
Pro Portion ca. 220 Kalorien = ca. 892 Joule

Champignoncremesuppe nach Dosenvorschrift mit Milch und Wasser erhitzen. Kleine Schinkenwürfel in Fett kurz anbraten, Zwiebelwürfel zugeben, hellgelb dünsten, die abgezogenen, in Würfel geschnittenen Tomaten beifügen und mit Thymian würzen. Diese Masse kurz vor dem Anrichten unter die Suppe mischen, mit Schnittlauch bestreuen. Tip: Die Champignoncremesuppe kann mit frischen Champignons, welche man kurz in Butter angedünstet hat, angereichert werden. Außerdem kann man in Butter angeröstete Brotwürfel dazu reichen.

Kalte russische Rahmsuppe

Eine erfrischende Suppe an heißen Tagen

4 Portionen à 350 Kalorien = 1465 Joule

1/2 Bund Schnittlauch
1/2 Bund Dill, 4 Tomaten
1 Zwiebel, 2 Eßlöffel gewürfelte Rote Beete, 1/2 Fenchelknolle
1/2 Salatgurke, Saft von 3 Zitronen, 100 g gekochter Schinken, 2 hartgekochte Eier
5 Becher Joghurt
1/8 l saure Sahne, 1 Teelöffel Salz
2 Teelöffel scharfen Senf
etwa 10 Eiswürfel, 1 Schuß Mineralwasser, 2 Scheiben Toastbrot, 1 Eßlöffel Öl.

Schnittlauch und Dill feinschneiden. Tomaten abziehen, halbieren, entkernen und würfeln. Zwiebel schälen und würfeln. Fenchel und Gurke putzen, waschen und würfeln. Alles mischen, auch die Rote Bete, in eine Terrine geben, mit Zitronensaft begießen und etwa 1 Stunde kalt stellen. Schinken und Eier in Würfel schneiden und dazugeben. Joghurt, Sahne, Salz und Senf mischen und unter Rühren in die Terrine gießen. Vor dem Servieren Eiswürfel und Mineralwasser zufügen und einmal umrühren. Mit Brotwürfeln, in etwas Öl kurz geröstet, bestreuen.

Kalte spanische Salatsuppe (Gazpacho)

Kühle Spezialität aus Andalusien

4 Portionen à 195 Kalorien = 819 Joule

1/4 l Tomatensaft, 1/2 l kräftige fettfreie Fleischbrühe
3 Eßlöffel Olivenöl, Saft von 3 Zitronen, etwa 15 Eiswürfel
2 Knoblauchzehen, 2 Zwiebeln
1 Salatgurke, 2 grüne Paprikaschoten, 1 Fenchelknolle
Salz, Pfeffer.

Tomatensaft, Fleischbrühe, Olivenöl und Zitronensaft mit den Eiswürfeln verrühren und in eine Terrine geben. Knoblauch schälen und zerreiben. Zwiebeln und Salatgurke schälen, Paprika und Fenchel putzen, waschen und das Gemüse in 1 cm große Würfel schneiden. Alles gut mischen, etwa 1 Stunde kalt stellen und mit Salz und Pfeffer pikant abschmecken. Gazpacho mit Toast oder frischem Pariser Brot servieren.

4 Portionen à 275 Kalorien = 1155 Joule

1 Zwiebel, 3 Kartoffeln
1 Petersilienwurzel oder einige Petersilienstengel
1 Porree, 1 Eßl. Butter oder Margarine, 500 bis 750 g Fischabfälle (Kopf und Gräten), 1 Teel. Pfefferkörner
1 Lorbeerblatt, 2 Nelken
½ l Fleischbrühe, ½ l Milch
⅛ l saure Sahne, 1 Eigelb
1 Eßl. Zitronensaft, 1 Teel. Worcestersoße, 2 Teel. Speisestärke, 1 Tasse gekochtes Gemüse (Erbsen, Blumenkohl, Möhren oder Champignons)
Petersilie oder Kerbel.

Fischcremesuppe

Ein preiswertes, gut bekömmliches Abendessen

Zwiebel, Kartoffeln, Petersilie und Porree putzen, klein schneiden und in Butter oder Margarine andünsten. Die Fischabfälle hineingeben, ebenso Pfefferkörner, Lorbeerblatt, Nelken, Fleischbrühe, ¼ l Milch. Die Suppe auf schwacher Hitze 20 Minuten kochen. Die Fischabfälle herausheben und das weiße Fischfleisch ablösen. Die Suppe durch ein feines Sieb drücken und aufkochen. ⅛ l Milch mit Sahne, Eigelb, Zitronensaft, Worcestersoße und Speisestärke verquirlen, zur Suppe rühren und erhitzen, nicht kochen. Fischfleisch und Gemüse darin erhitzen, die Suppe mit frischer Petersilie oder Kerbel bestreuen und mit Salzkeksen servieren.

Fischsuppe „Mallorquina"

Gut für alle, die es würzig mögen

4 Portionen à 210 Kalorien = 882 Joule (ohne Brotwürfel)

2 Zwiebeln, 3 Eßlöffel Olivenöl oder anderes Öl, eine Prise Knoblauchpulver, 200 g Fischfilet, 1/4 l Weißwein Salz, Pfeffer, 1/2 Lorbeerblatt 1/2 Dose geschälte Tomaten 1/2 l Fleischbrühe, 1 gehäufter Teelöffel Speisestärke 1 Eßlöffel Schnittlauch 30 g geriebener Käse.

Tip: Gut schmecken dazu Brotwürfel, die in Öl knusprig geröstet werden.

Die Zwiebeln schälen und fein hacken. Das Öl erhitzen, Zwiebelwürfel darin hell andünsten. Das Fischfilet in 1 cm große Würfel schneiden, Knoblauchpulver dazugeben und verrühren. Weißwein, etwas Salz, Pfeffer und 1/2 Lorbeerblatt hinzufügen und die Suppe 5 Minuten ziehen lassen. Dann die Fischwürfel mit einer Siebkelle herausheben und in die Suppenterrine geben. Tomaten und Fleischbrühe in den Suppentopf geben und 5 Minuten stark kochen. Speisestärke mit wenig Weißwein verquirlen, dazurühren, kurz aufkochen lassen. Die Suppe anrichten und mit Käse und Schnittlauch bestreuen.

Hamburger Aalsuppe

Für Leute mit Appetit auf Ungewöhnliches

4 Portionen à 690 Kalorien = 2888 Joule

750 g frischer Aal, Salz
100 g durchwachsener Schinkenspeck
2 Zwiebeln, 3 Möhren
1 Sellerieknolle
2 Stangen Lauch
je ½ Teelöffel Majoran, Salbei, Estragon und Thymian
1 Fleischbrühwürfel für ½ Liter
2 Birnen, 1 Tasse gefrostete Erbsen, Petersilie Dill, 2 Eßlöffel Mehl.

Den Aal mit Salz abreiben und in 4 cm lange Stücke schneiden. Schinkenspeck und geschälte Zwiebeln würfeln. Den Speck ausbraten, Zwiebeln darin gelb dünsten. Übriges Gemüse putzen und waschen, Möhrenscheiben, Selleriewürfel, Lauchstreifen und die getrockneten Kräuter zugeben, 1 Minute dünsten und mit 1 l Wasser auffüllen. Salzen, Fleischbrühwürfel zugeben und aufkochen. Aal und geschälte, entkernte und geviertelte Birnen hineinlegen, bei schwacher Hitze 25 Minuten kochen. Erbsen, gehackte frische Kräuter zufügen, pfeffern. Mit angerührtem Mehl binden und noch 5 Minuten kochen. – Original „norddeutsch“: Backpflaumen mitkochen und mit Schwemmklößchen servieren.

Rotbarschsuppe

Frischer Fisch und viel Gemüse: gesunde Kost

4 Portionen à 360 Kalorien
= 1506 Joule

500 g Rotbarschfilet
Salz, 3 Zwiebeln
2 grüne Paprikaschoten
2 Äpfel, 2 Möhren
4 Eßlöffel Öl
1 Knoblauchzehe
2 Teelöffel Curry
$^3/_4$ l Fleischbrühe
$^1/_3$ Tasse Langkornreis
$^1/_4$ l Milch
2 gestrichene Eßlöffel Mehl.

Die Fischfilets in 3 cm große Stücke schneiden und leicht salzen. Geschälte Zwiebeln und gewaschene, entkernte Paprikaschoten in Streifen, geschälte Äpfel in Würfel und geputzte Möhren in Stifte schneiden. Zwiebeln, Paprika und Möhren in Öl 5 Minuten dünsten. Äpfel, geschälten, zerdrückten Knoblauch und Curry zugeben, umrühren und mit heißer Fleischbrühe auffüllen. Reis hineinstreuen und 25 Minuten zugedeckt kochen lassen. Milch mit Mehl verquirlen und Suppe damit binden. Jetzt die Fischstücke einlegen und 5 Minuten bei schwacher Hitze kochen. Suppe zuletzt pikant abschmecken.

Fisch-Chowder

Eine Suppe, die selbst Fisch-Muffel mögen

4 Portionen à 295 Kalorien = 1 234 Joule

200 g Fischfilet, Salz
Saft von 1/4 Zitrone, 2 Zwiebeln
1 Paprikaschote
1/2 Sellerieknolle
2 große Kartoffeln
50 g durchwachsener Räucherspeck
1 Eßlöffel Margarine
1/2 l Wasser, Pfeffer
etwa 1/2 Teelöffel Aromat oder Fondor, 1/2 l Milch.

Den Fisch waschen, würfeln, salzen und mit Zitronensaft beträufeln. Zwiebeln schälen und fein hacken. Die Paprikaschote halbieren, entkernen, waschen und würfeln. Sellerie und Kartoffeln schälen, waschen und würfeln, ebenso den Speck, der im Suppentopf ausgebraten wird. Dann Margarine, Zwiebeln, Paprika, Sellerie und Kartoffeln darin dünsten, bis die Zwiebelwürfel glasig sind. Das Wasser dazugießen und etwa 10 Minuten kochen. Mit Pfeffer und Streuwürze abschmecken, die Fischwürfel 5 Minuten darin ziehen lassen. Die Milch dazugießen und die Suppe erhitzen, aber nicht kochen lassen.

Gratinierte Muschelsuppe

Frische Muscheln sind im Winter preiswert und delikat

4 Portionen à 255 Kalorien = 1071 Joule

1 kg Miesmuscheln
1/2 Tasse Wasser
2 Knoblauchzehen, 1 Zwiebel
1 große Dose Tomaten
1 grüne Paprikaschote
4 Eßlöffel Öl, 1/4 l trockener Weißwein, Salz, Pfeffer
50 g geriebener Käse (Allgäuer Emmentaler).

Tip: Rohe geöffnete und nach dem Garen nicht geöffnete Muscheln wegwerfen. Sie sind schlecht.

Die Muscheln waschen, gut abbürsten, den Bart entfernen. In 1/2 Tasse kochendes Wasser geben, zugedeckt 8 Minuten garen, dann aus der Schale lösen. Geschälte Knoblauchzehen und Zwiebeln fein, Tomaten und Paprikaschote grob hacken. Öl erhitzen, Knoblauch und Zwiebeln darin goldgelb dünsten. Tomaten mit dem Saft, Paprika, Weißwein und Muschelbrühe dazugeben, etwa 10 Minuten langsam kochen lassen. Zuletzt die Muscheln daruntergeben, abschmecken, und alles in 4 feuerfeste Teller füllen. Mit geriebenem Käse bestreuen und kurz im Ofen überbacken. Dazu schmeckt getoastetes Weißbrot.

Weiße Grundsoße

Mit Abwandlungen geeignet für Fisch, Fleisch, Geflügel

Für 4 Portionen: 40 g Butter oder Margarine, 1 Zwiebel, 40 g Mehl, gut 1/2 l Flüssigkeit (je nach Verwendung: Brühe von Kalb, Fisch, Fleisch, Geflügel oder Milch), Salz, Aromat oder Fondor. Pro Portion ca. 120 Kalorien = ca. 500 Joule

Im Fett Zwiebelwürfel hell dünsten, das Mehl darin kurz anschwitzen, abkühlen lassen und mit heißer Flüssigkeit unter Rühren auffüllen, ca. 15—20 Min. leicht kochen. Die Soße mit Salz und Streuwürze abschmecken.

1 **Senfsoße,** zuletzt 1—2 Teel. Senf, 1 Prise Curry, etwas Zitronensaft zugeben.

2 **Meerrettichsoße,** zuletzt 2 Eßl. gerieb. Meerrettich zugeben, mit Essig und Zucker abschmecken.

3 **Currysoße,** zuletzt mit 2—3 Teel. Curry, 2—3 Eßl. Tomatenketchup, 1—2 Eßl. Apfelmus abschmecken.

4 **Kräutersoße,** zuletzt gehackte Kräuter zugeben.

Braune Grundsoße

Auch braune Fertigsoßen lassen sich so abwandeln

Für 4 Portionen: 40 g Fett, 1 Zwiebel, 1 Karotte, 50 g Mehl, 1/2 Lorbeerblatt, einige Pfefferkörner, 1 Löffelspitze Thymian, 2—3 Teel. Tomatenmark, gut 1/2 l Bratensaft oder Fleischbrühe, Salz, Aromat oder Fondor.
Pro Portion ca. 160 Kalorien = ca. 672 Joule

Im Fett Zwiebel- und Karottenwürfel anschwitzen, Mehl überstäuben, bräunen, Lorbeerblatt, Pfefferkörner und Thymian zugeben und abkühlen lassen. Tomatenmark mit heißer Fleischbrühe zur Einbrenne geben, unter Rühren aufkochen und ca. 20 Minuten weiterkochen lassen. Durchseihen, pikant abschmecken.

1. Paprikasoße: Zuletzt 2—3 Teel. milden Paprika, 1/2 Teel. Zwiebelpulver, etwas Knoblauchpulver, 2—3 Eßl. saure Sahne zugeben.

2. Wildsoße: Mit Wildknochenbrühe zubereiten. Die Soße mit Wacholderbeeren kochen, zuletzt mit 1/8 l saurer Sahne, 2—3 Teel. Johannisbeergelee und schwarzem Pfeffer abschmecken.

Tomatensoße

Nehmen Sie dazu die aromatischen Fleischtomaten

**Für 4 Portionen:
750 g reife Tomaten, 1 Zwiebel,
1 Knoblauchzehe,
2 Eßlöfel Olivenöl,
1/2 Lorbeerblatt, je 1 Teelöffel Oregano, Basilikum und Salbei,
1 Teelöffel Aromat oder Fondor,
2 Stücke Würfelzucker,
Salz, Pfeffer.
Pro Portion ca. 95 Kalorien = ca. 400 Joule.**

Bei den Tomaten die Stengelansätze herausstechen. Tomaten in kochendes Wasser tauchen. Häute abziehen. Tomaten halbieren und Kerne herausdrücken. Geschälte, gehackte Zwiebel und Knoblauch in Öl gelb braten. Tomaten, Lorbeerblatt, Oregano, Basilikum, Salbei, Aromat oder Fondor, Würfelzucker, Salz, Pfeffer zugeben. Im offenen Topf etwa 20 Minuten bei geringer Hitze kochen lassen. Evtl. durch ein Haarsieb passieren.

Sugo

Die Soße schmeckt besonders gut zu Spaghetti

Für 4 Portionen:
250 g gemischtes Hackfleisch,
3 Eßlöffel Öl, 2 Zwiebeln,
2 Knoblauchzehen,
1 Teelöffel Edelsüß-Paprika,
1/2 Dose geschälte Tomaten,
Salz, Pfeffer, 1 Prise Zucker und
1 Teelöffel Thymian.
Pro Portion ca. 290 Kalorien
= ca. 1210 Joule.

Das Hackfleisch in heißem Öl anbraten, dabei mit einer Gabel in erbsengroße Stückchen teilen. Geschälte, gehackte Zwiebeln und Knoblauch zugeben und 3 Minuten weiterbraten. Paprika unterrühren und Tomaten zugeben. Mit Salz, Pfeffer, Zucker und Thymian würzen und 15 Min. leicht kochen.
Tip: Probieren Sie die Soße mal mit gekochtem Schinken, statt Hackfleisch. Der Schinken wird nur kurz angebraten.

Krabbensoße

Eine Soße, mit der Teigwaren ein Festmahl werden

4 Portionen à 190 Kalorien = 798 Joule

2 Zwiebeln, 1 Knoblauchzehe
1 Löffelspitze gemahlener Kümmel, 1/8 l Weißwein
1/4 Dose Champignons
1 gestrichener Eßl. Speisestärke
1 Eigelb, 1/8 l süße Sahne
125 g Krabben, 1 Teelöffel Aromat oder Fondor
etwas Tabascosoße oder Cayennepfeffer, ausgepreßter Saft von 1/2 Zitrone.

Geschälte, gehackte Zwiebeln, Knoblauch und Kümmel mit Wein 2 Minuten dünsten. Champignonbrühe und 1/8 l Wasser zugeben und aufkochen. Speisestärke, Eigelb und Sahne miteinander verquirlen. Brühe damit binden, aber nicht mehr kochen lassen (das Eigelb gerinnt sonst!). Champignons und Krabben zugeben. Die Soße mit Aromat oder Fondor, Tabasco und Zitronensaft abschmecken. Soße über die Teigwaren gießen und mit geriebenem Parmesankäse bestreuen.

Sauce Hollandaise

Beliebt zu Spargel und Blumenkohl

Für 8 Portionen: 3 Eigelb, 1/2 Tasse Wasser, 1 Teel. Zitronensaft, 125 g Butter, 125 g Margarine, Salz, 1 Prise weißer Pfeffer.

Bei Sauce Béarnaise: Cayennepfeffer, Petersilie, Estragon, Kerbel zuletzt untermischen.
Pro Portion ca. 360 Kalorien = ca. 1505 Joule

Eigelb mit lauwarmem Wasser und Zitronensaft im Wasserbad schlagen, bis die Masse dickschaumig ist. Das warme Fett tropfenweise in die aus dem Wasserbad genommene Eigelbsoße rühren, würzen. Nicht stark erhitzen, da sie sonst gerinnt. Im Wasserbad warm halten. **Sauce Béarnaise:** 1/8 l Weißwein mit 3 Eßl. Estragonessig, 1 feingehackten Zwiebel und 1/2 Teel. grob zerdrückten weißen Pfefferkörnern aufkochen und 2/3 einkochen lassen. Danach abseihen, 3 Eigelb zugeben, wie bei der Hollandaise aufschlagen, zerlassenes Fett (125 g Butter und 125 g Margarine) tropfenweise zugeben.

Hummer- und Krabbencocktailsoße

Die Soße schmeckt auch zu kaltem Braten

Zutaten für 4 Portionen:
4 Eßlöffel Mayonnaise,
Saft von 1/4 Zitrone,
1 Eßlöffel Tomatenketchup oder Chilisoße, 3–4 Tropfen Tabasco-Soße, oder
1 Messerspitze Cayennepfeffer,
1 Eßlöffel Cumberlandsoße,
1/8 l süße Sahne, Salz.
Pro Portion ca. 280 Kalorien = ca. 1170 Joule.

Die Mayonnaise mit dem Zitronensaft, Ketchup oder Chilisoße, Tabasco und Cumberlandsoße verrühren. Geschlagene, ungesüßte Sahne zuletzt unterheben und mit etwas Salz abschmecken. Sektschalen mit Kopfsalatblättern auslegen, je einen Eßl. Cocktailsoße daraufgeben, Hummer- oder Krabbenfleisch darauf anordnen und mit Cocktailsoße überziehen.

$^{1}/_{2}$ Tasse Weißwein,
2 Schalotten,
$^{1}/_{2}$ Teelöffel gemahlener Pfeffer,
2 Eßlöffel Estragon-Essig,
$^{1}/_{2}$ Teelöffel Bratensaft-Extrakt (Würfel), 4 Eigelb, Salz, Pfeffer,
1 Eßlöffel Zitronensaft,
150 g Butter,
2–3 Teelöffel Tomatenmark,
je 1 Teelöffel getrockneter Estragon und Kerbel.
Pro Eßlöffel ca. 75 Kalorien = ca. 310 Joule.

Sauce Choron

Variationen der „Sauce Hollandaise"

Wein, gehackte Schalotten, Pfeffer und Estragon-Essig bis auf $^{1}/_{3}$ der Flüssigkeitsmenge einkochen. Abgekühlt mit Bratensaft-Extrakt, Eigelb, Salz, Pfeffer, Zitronensaft im Mixer 10 Sekunden auf Stufe II quirlen, erhitzte Butter in dünnem Strahl zugießen. Tomatenmark und Kräuter untermischen.

4 Eigelb, Salz, Pfeffer,
1 Eßlöffel Zitronensaft,
150 g Butter,
$^{1}/_{2}$ Blutorange (ungespritzt!).
Pro Eßlöffel ca. 70 Kalorien = ca. 295 Joule.

Malteser Soße

Eigelb, Salz, Pfeffer und Zitronensaft im Mixer 10 Sekunden auf Schaltstufe II verquirlen. Butter erhitzen, dann bei Stufe I in dünnem Strahl zugießen. Soße mit Saft und abgeriebener Schale der Orange vermischen.

Cocktailsoße

Auch als Dip-Soße für viele Gemüse geeignet

Zutaten für 8 Portionen:
1/2 Beutel Mayonnaise, 1/8 l süße Sahne, 4 Eßlöffel Tomatenketchup, 1 Teelöffel Paprika, 1 Teelöffel Zitronensaft, Saft 1/2 Orange, einige Tropfen Tabasco (scharfe Pfeffersoße).
Pro Portion ca. 120 Kalorien = ca. 500 Joule

Zubereitung: Die Mayonnaise mit der geschlagenen ungesüßten Sahne mischen, Tomatenketchup, Paprika, Zitronen- und Orangensaft untermischen und die Soße mit Tabasco pikant abschmecken. Möglichst 1–2 Stunden vor dem Verwenden bereiten und kalt stellen. Die Soße zum Anmachen von Shrimps- oder Hummercocktail oder -salat oder als Dip-Soße für Karotten-, Paprika-, Gurkenstreifen, Radieschen, Blumenkohl, Cocktailwürste und Shrimps verwenden.

Zutaten für 4 Portionen:
2 Bund grüne Kräuter
(z. B. Kerbel, Borretsch,
Petersilie, Schnittlauch, Kresse),
1 Becher Joghurt,
$^1/_4$ Glas Mayonnaise,
1 Teelöffel Senf,
$^1/_2$ Teelöffel Streuwürze,
1 hartgekochtes Ei.
Pro Portion ca. 200 Kalorien
= ca. 835 Joule.

Grüne Soße

Paßt zu gekochtem Rindfleisch

Kräuter waschen, fein zerkleinern. Mayonnaise, Joghurt, Senf, Streuwürze untermischen und zuletzt das gehackte Ei. Soße abschmecken, zu gekochtem Rindfleisch oder zu hartgekochten Eiern reichen.

Zutaten für 4 Portionen:
2 Äpfel, 2 Eßlöffel Essig,
1 Eßlöffel Zucker,
1–2 Eßlöffel geriebener
Meerrettich,
1 Prise Salz,
nach Wunsch $^1/_8$ l süße Sahne.

Apfelkren

Äpfel schälen, entkernen, fein reiben, mit Essig, Zukker, Meerrettich und Salz vermischen. Nach Wunsch noch steifgeschlagene Sahne daruntermischen.

Andalusische Soße

Eine herzhafte Geschmacksnuance für Fischgerichte

Zutaten für 8 Portionen:
1 kleine Dose Tomatenmark, 1/4 l Pflanzenöl, 1 rote Paprikaschote in Essig, 2 Eigelb, Pfeffer, Salz, etwas Zitronensaft.
Pro Portion ca. 300 Kalorien = ca. 1260 Joule

Zubereitung: Tomatenmark mit 2 Eßl. Pflanzenöl 1 bis 2 Min. unter ständigem Rühren in einem kleinen Topf erhitzen, anschließend vom Feuer nehmen. Die in Streifen geschnittene Paprikaschote zugeben. Das Eigelb mit Pfeffer und Salz cremig rühren, Zitronensaft und das restliche Pflanzenöl tropfenweise unter ständigem Rühren zugeben, so daß eine Mayonnaise entsteht. Hierunter das erkaltete Tomatenmark mit den Paprikaschoten mischen und diese Soße zu gekochtem oder als Beilage zu gebackenem Fisch servieren. Tip: Die Soße kann durch Zugabe eines geriebenen Apfels geschmacklich verändert werden.

Mayonnaise

Salate aller Art werden damit zur Delikatesse

Für 8 Portionen: 1—2 Eigelb, 1 Löffelspitze Salz, 1 Teel. Senf, 2 Teel. Essig oder Zitronensaft, 1/4 l Öl. Pro Portion ca. 260 Kalorien = ca. 1090 Joule

Eigelb mit Salz verrühren, unter ständigem Weiterrühren Senf, dann Essig oder Zitronensaft, zuletzt tropfenweise Öl zugeben, pikant abschmecken. Eigelb und Öl müssen gleiche Temperatur haben.

1. Remouladensoße: Zuletzt 2 Essiggurken, 1 Eßl. Kapern, 3—4 Sardellenfilets und frischgehackte Kräuter, alles feingehackt, daruntergeben. Mit Senf abschmecken.

2. Tatarensoße: Wie Remouladensoße, zusätzlich 1 hartgekochtes, gehacktes Ei untermischen und mit Cayennepfeffer würzen.

3. Schwedische Mayonnaise: Zuletzt 1—2 Eßl. dickes Apfelmus, 2 Eßl. geriebenen Meerrettich und etwas frischen Orangensaft untermischen.

Zwei scharfe Soßen für Fischgerichte

Ailloli

4 Portionen à 125 Kalorien = 523 Joule

3 geschälte, zerquetschte Knoblauchzehen, 1 Eigelb
1 Teelöffel Zitronensaft oder Essig, etwas Salz, Pfeffer
1/8 l Olivenöl.

Knoblauchzehen, Eigelb, Zitronensaft, Salz und Pfeffer verrühren. Öl tropfenweise zufügen. 2 Teelöffel warmes Wasser hineinrühren. Soße abschmecken. Zu kaltem oder warmem gekochtem Seefisch servieren. Soße paßt auch zu gebratenem, gekochtem oder gegrilltem Hammel- oder Rindfleisch.

Rouille

4 Portionen à 105 Kalorien =439 Joule

2 geschälte Knoblauchzehen
1 kleine getrocknete Chilischote
Salz, 2 Eigelb
1/2 Teelöffel Edelsüß-Paprika, 1/8 l Olivenöl.

Knoblauchzehen und Chilischote in feine Scheiben schneiden, mit Salz bestreuen und fein zerquetschen. Beides mit Eigelb und Paprika verrühren, Öl tropfenweise zugeben. Rouille ist die typische Soße zur Bouillabaisse. Sie wird mit hauchdünnen, gerösteten Weißbrotscheiben aufgestippt zur Suppe gegessen.

Zwei Spezialsoßen zu Zunge, Steaks, Braten

Pikante Soße

4 Portionen à 30 Kalorien = 126 Joule

1/8 l Rotwein, 2 Eßlöffel Essig
1 Zwiebel, 1/4 l Wasser
3–4 Cornichons, 1 Eßl. gehackte Kräuter, Pfeffer, 3 Teelöffel Instant-Bratensoße.

Wein, Essig und gehackte Zwiebel oder 2 Schalotten zur Hälfte einkochen. 1/4 l Wasser und in Scheiben geschnittene Cornichons, Kräuter, Pfeffer und Instant-Soße dazugeben. Verrühren, einmal aufkochen lassen und dann pikant abschmecken.

Madeira-Soße

4 Portionen à 135 Kalorien = 567 Joule

1 Zwiebel, 2 Eßlöffel Butter
3 gestrichene Eßlöffel Mehl
1/8 l Weißwein, 1/4 l Wasser
1 Lorbeerblatt, Pfeffer, Salz
1/2 Teelöffel Thymian
125 g frische Champignons
1/2 Weinglas Madeira.

Zwiebelwürfel im heißen Fett gelb dünsten, Mehl überstäuben und hellbraun schwitzen. Mit Wein und Wasser ablöschen, würzen und 10 Minuten kochen. Geputzte Champignons in Scheiben schneiden, zugeben und noch 10 Minuten weiterkochen. Zuletzt Madeira dazugeben und abschmecken. Nicht mehr kochen lassen.

Aprikosensoße

Eine prächtige Soße, die reich an Vitamin A ist

4 Portionen à 45 Kalorien = 188 Joule

1 kleine Dose Aprikosen
1/8 l Weißwein
1 Löffelspitze gemahlener Ingwer
Saft und fein abgeriebene Schale von 1 Zitrone, etwas Zucker
1 Likörglas Himbeergeist, Kirschwasser, Rum oder Weinbrand.

Die Aprikosen mit Saft in einen Mixer geben und pürieren. Oder die Früchte in einen Rührbecher geben, mit dem Schneidstab des Handmixers pürieren und zum Schluß den Aprikosensaft dazugeben. Weißwein mit Ingwer, Zitronenschale und -saft erhitzen und etwa 2 Minuten kochen. Die pürierten Aprikosen dazugeben und die Soße mit etwas Zucker und Himbeergeist, Kirschwasser, Rum oder Weinbrand abschmecken. Heiß zu warmen Süßspeisen wie Dampfnudeln, Kaiserschmarren, Reis- und Grießbrei oder Pudding anrichten. Oder kalt zu hellen Cremes, Grieß- und Reisspeisen servieren.

Orangensoße

Eine Soße, die Sie warm oder kalt servieren können

4 Portionen à 150 Kalorien = 627 Joule

2 Orangen, 4 Stück Würfelzucker
2 Eßlöffel Zucker, 1 Dose tiefgekühltes Orangensaftkonzentrat, 1 Likörglas Rum oder Curaçao oder Orangenlikör.

Die Orangen waschen, abtrocknen und den Würfelzucker an der Schale abreiben. Diesen Zucker, 2 Eßlöffel Zucker und $^1/_8$ l Wasser zusammen erhitzen und etwa 2 Minuten kochen. Inzwischen die Orangen sauber schälen, in Würfel schneiden und entkernen. Tiefgekühltes Orangensaftkonzentrat und Orangenwürfel in den Zuckersirup geben und einmal aufkochen. Die Soße mit Rum, Orangenlikör oder Curaçao abschmecken. Heiß zu Kabinettpudding, zu warmem Milchreis und Pudding, zu Souffles und zu Eiscreme, kalt zu hellen Cremes, kaltem Pudding und Vanille- oder Schokoladen-Eis servieren.

Sauerkirschsoße

Eine köstliche Soße, die nach mehr schmeckt

4 Portionen à 55 Kalorien = 231 Joule

1 kleine Dose Sauerkirschen
2 Nelken, 1 Stück Zimt
fein abgeriebene Schale von ½ Zitrone, ⅛ l Traubensaft
Zucker, 1 gestrichener Eßlöffel Kartoffelmehl, 1 Eßlöffel gehackte Pistazienkerne.

Die Kirschen in ein Sieb schütten und den Saft in einen kleinen Topf ablaufen lassen. Die Früchte beiseite stellen, den Saft erhitzen. Nelken, Zimt, Zitronenschale und Traubensaft hinzufügen, den Saft aufkochen und mit Zucker abschmecken. Kartoffelmehl mit etwas Wasser verquirlen, dazurühren und einmal aufkochen lassen. Die Kirschen hineingeben und in der Soße erhitzen. Die Pistazien hineinstreuen und nach Wunsch noch mit etwas Rum oder Kirschwasser abrunden. Und dann heiß über Eiscreme geben oder zu warmen Süßspeisen anrichten. Oder kalt mit Käsekuchen, hellen Cremes, Quarkspeisen oder Milchreis (warm und kalt) servieren.

Rumsoße

Immer dann servieren, wenn es etwas Besonderes sein soll

4 Portionen à 125 Kalorien = 525 Joule

**1/4 l Weißwein, 4 Eßlöffel Aprikosenmarmelade
1 Eßlöffel kernlose helle Rosinen, Saft und fein abgeriebene Schale von 1 Zitrone, etwas Zucker
2 oder 3 Likörgläschen Rum
1 Eßlöffel abgezogene, in Stifte geschnittene Mandeln.**

Weißwein in eine kleine Kasserolle geben, dazu Aprikosenmarmelade, Rosinen sowie Saft und fein abgeriebene Schale der Zitrone. Auf schwacher Hitze zum Kochen bringen und 2 Minuten aufwallen lassen. Mit Zucker und Rum abschmecken und vom Herd nehmen. Die Mandeln in die heiße Soße geben, die sehr gut zu warmen Puddings, ausgebackenen Früchten in Bierteig, Armen Rittern und Vanille-Eiscreme schmeckt. Kalt sollten Sie die Soße zu Früchte- und Vanille-Eiscreme servieren, mit Bananenscheiben, kalter Milchreisspeise oder auch mit feiner Vanille- oder Schokoladen-Eiscreme.

Zur Cumberlandsoße Johannisbeergelee unentbehrlich

Johannisbeergelee:
3 Pfund rote Johannisbeeren, 1 kg Gelierzucker.
Die Johannisbeeren dampfentsaften oder im elektrischen Entsafter entsaften. Den frischen Saft mit Wasser auf 1 Liter ergänzen, mit Gelierzucker in einen Emailtopf geben und unter ständigem Rühren erhitzen. 4 Minuten sprudelnd kochen, in peinlich saubere, trockene Geleegläser füllen und sofort mit Einmachhaut verschließen, die vorher in kaltes Wasser getaucht wurde.
Insges. 4495 Kalorien = 18816 Joule

Cumberlandsoße:
1 Orange, 1/8 l Rotwein, Ingwer, 1 Tasse Johannisbeergelee, 1/2 Zitrone, 1 Teelöffel Senf, 1 Eßlöffel Meerrettich, Cayennepfeffer.
Dünn abgeschälte Orangenschale in feine Streifen schneiden, mit Rotwein und 1 Prise Ingwer 10 Minuten kochen. Abkühlen lassen, danach Orangensaft, Johannisbeergelee, Zitronensaft, Senf und Meerrettich darunterrühren. Mit Cayennepfeffer würzen und zu kaltem Geflügel und Toastbrot servieren.
4 Portionen à 115 Kalorien = 481 Joule

Fisch
Eierspeisen

Seelachsfilet in Alufolie

Dazu auf dem Grill geröstete Brotscheiben reichen

Zutaten für 4 Portionen:
1 kg Seelachsfilet,
2 Eßlöffel Butter oder Margarine, 1 Zitrone, Salz, Pfeffer, 1/2 Glas Mixed Pickles, 1 Eßlöffel gehackte Kräuter (nach Marktangebot), Schaschlik- oder Paprikasoße, Pariser Stangenbrot, Pflanzenöl, 2–3 Knoblauchzehen.
Pro Portion ca. 300 Kalorien = ca. 1255 Joule.

Das Filet in ca. 2 cm dicke schräge Scheiben schneiden und auf vier gefettete Stücke Alufolie verteilen, mit Zitronensaft, Salz und Pfeffer würzen. Mixed Pickles und Kräuter zu dem Fisch geben, die Folie gut verschließen und auf dem Grill in ca. 45 Minuten garen. Den Fisch zuletzt mit der Schachlik- oder Paprikasoße übergießen. Dazu werden auf dem Grill geröstete Brotscheiben gereicht. Das Brot vor dem Grillen mit Öl beträufeln und zuletzt mit einer Knoblauchzehe einreiben. Schaschlik- oder Paprikasoße erhalten Sie fertig im Handel in ausgezeichneter Qualität.

Gedünsteter Heilbutt mit Champignons

Vor Beigabe der Zutaten die Ränder der Folie hochstellen

Zutaten für 4 Portionen:
4 Scheiben Heilbutt zu 200 bis 250 g, 2 Eßlöffel Butter oder Margarine, 1 Zitrone, Salz, Pfeffer, 1/2 Dose Champignons, 1/8 l Weißwein,
1 Dose ganze,vorgekochte Kartoffeln.
Pro Portion ca. 255 Kalorien = ca. 1065 Joule.

Vier Stücke Alufolie (extra stark) einfetten, je eine Scheibe Heilbutt darauflegen, mit Zitronensaft, Salz und Pfeffer würzen und 5 Minuten stehen lassen. Die Ränder der Alufolie hochstellen, Champignons, Weißwein und die abgetropften Kartoffeln zu den Fischscheiben geben und die Folie gut verschließen. Im Freien können die Pakete auf dem Grill oder direkt auf der Holzkohle in ca. 45 Minuten gegart werden. Das Gericht mit Zitronenscheiben und etwas frischer Butter servieren.

Muscheln in Sellerie und Dill

Wer wenig Zeit hat, nimmt Muscheln aus der Dose

4 Portionen à 220 Kalorien = 920 Joule

2 kg frische Miesmuscheln
2 Zwiebeln, 1 Sellerieknolle
2 Eßlöffel Butter
¼ l trockener Weißwein
1 Zitrone, 1 Bund frischer oder 1 Teelöffel getrockneter Dill
weißer gemahlener Pfeffer.

Tip: Spanische Muscheln aus der Dose nur kurz im Sud erhitzen.

Die Muscheln gut waschen, bürsten und die Bartbüschel mit einem Messer abziehen. Zwiebeln und Sellerieknolle schälen und beides in feine Würfel schneiden. Die Butter in großem Topf aufschäumen lassen, darin Zwiebeln und Sellerie 5 Minuten hell dünsten. Weißwein dazugießen, die Muscheln einfüllen, Zitronenscheiben darauflegen und so zugedeckt kochen lassen. Dabei die Muscheln im zugedeckten Topf mehrmals durchschütteln, damit auch die obenliegenden gar werden, bis die Muscheln geöffnet sind. Dann noch ca. 10 Minuten ziehen lassen. Zuletzt Dill und Pfeffer untermischen. Dazu Weißbrot reichen. In tiefen Tellern servieren.

Miesmuscheln in Wein

Wer mag, würzt dieses feine Essen noch mit Knoblauch

Zutaten für 4 Portionen:
2 kg Miesmuscheln, 1 Zwiebel, 1 Möhre, 1 Stange Lauch, 2 Eßlöffel Butter oder Margarine, 1/4 l Weißwein, 1/2 Teelöffel weißer Pfeffer.
Pro Portion ca. 170 Kalorien = ca. 710 Joule

Achtung: Rohe geöffnete Muscheln sind verdorben und sehr giftig!

Die Muscheln etwa 1 Stunde in Wasser legen, die Schalen sauber abbürsten und die Bartbüschel mit einem Messer abziehen. Zwiebel und Möhre schälen, den Lauch halbieren, gut waschen und alles in 1/4 cm große Würfel schneiden. Das Fett in einem großen Topf erhitzen, das Gemüse 4 bis 5 Minuten darin dünsten. Weißwein, Muscheln und gemahlenen Pfeffer dazugeben und zugedeckt etwa 6 Minuten kochen. Die Muscheln dann im geschlossenen Topf durchrütteln, damit die obenliegenden nach unten kommen. Wenn alle Muscheln geöffnet sind, sind sie gar. Zu Weißbrot anrichten.

Forellen „Haushofmeister“

Schlemmeressen für Schlankheitsbewußte

4 Portionen à 260 Kalorien =1088 Joule

4 küchenfertige Forellen
1 Zitrone, Salz, Pfeffer
50 g Butter
1 Eßlöffel gehackte Petersilie
je ½ Teelöffel Weinbrand und Worcestersoße.

Forellen unter fließendem Wasser abspülen und mit Haushaltspapier trockentupfen. Zitrone dick abschälen (auch die weiße Haut entfernen) und in Scheiben schneiden. Forellen innen und außen salzen und pfeffern. Auf ein Stück gebutterte Alufolie (extra stark) geben und mit Zitronenscheiben belegen. Folie verschließen und an den Rändern gut zusammenkniffen. Im vorgeheizten Backofen bei 250 Grad (Gas: Stufe 5–6) ca. 25 Minuten garen. Geschmeidige Butter mit Petersilie, Salz, Pfeffer, Weinbrand und Worcestersoße verrühren. Forellen mit der Kräuterbutter zu Petersilienkartoffeln und einem Gurkensalat servieren.

Forellen blau aus dem Weinsud

Die klassische Art, Forellen zuzubereiten

4 Portionen à 220 Kalorien = 920 Joule

4 frische Forellen à 200–250 g, 1/4 l herber Weißwein, 1 1/2 l Wasser
1 Eßlöffel Salz
8 weiße Pfefferkörner
1/2 Lorbeerblatt, 1 Zwiebel
1 Stückchen Porreestange.

Wein, Wasser, Salz, Pfefferkörner, Lorbeerblatt, Zwiebel- und Porreescheiben 10 Minuten kochen. Forellen unter fließendem Wasser abspülen. Dabei darauf achten, daß der dem Fisch anhaftende Schleim nicht abgerieben wird. Kopf und Schwanz mit Garn (durch Einstechen mit einer Stopf- oder Dressiernadel) zusammenbinden. Forellen vorsichtig in den Sud legen und 6 Minuten ziehen, aber nicht kochen lassen. (Der Schleim färbt sich – und dadurch der ganze Fisch – blau, wenn er ins heiße Wasser kommt.) Sehr frische Forellen reißen etwas auf. Forellen anrichten, mit Zitrone, zerlassener Butter und Petersilienkartoffeln reichen.

Gefüllte Forellen

Ein guter Weißwein oder ein Rosé schmeckt dazu

4 Portionen à 320 Kalorien =1344 Joule

4 tiefgekühlte Forellen Salz, Pfeffer, 250 g frische Champignons, 1 Zwiebel 1 Eßlöffel Butter oder Margarine, Saft von 1 Zitrone 1/4 l Weißwein, 1/8 l frische Sahne, 1 Teelöffel Speisestärke, 1 Eigelb, 1 Eßlöffel getrocknete Dillspitzen.

Die Forellen auftauen lassen, innen und außen salzen und mit Pfeffer einreiben. Die Champignons putzen, waschen und in Scheibchen schneiden. Die Zwiebel schälen und fein hacken. Einen flachen Topf mit Butter oder Margarine einfetten, die Zwiebelwürfel hineinstreuen. Die Forellen mit Champignons füllen, in den Topf legen und die übrigen Champignons auch hineingeben. Zitronensaft und Weißwein dazugießen, die Forellen zudecken und etwa 12 Minuten dünsten. Anrichten, schnell Sahne mit Speisestärke und Eigelb verquirlen, zum Fischsud rühren, aufkochen. Dill hineingeben, die Soße abschmecken.

4 Portionen à 315 Kalorien = 1318 Joule

4 Forellen à 250 g, Saft von $^1/_2$ Zitrone, Salz, gemahlener weißer Pfeffer, Instant-Mehl
1 Ei, helle Semmelbrösel
Backfett, 1 Bund Petersilie
1 Bund Kräuter (Kerbel, Schnittlauch)
$^1/_2$ Tasse Mayonnaise
1 Eßlöffel saure Sahne
1–2 Eßlöffel Weinbrand
1 Teelöffel Worcestersoße.

Forellen mit Kräuter-Weinbrand-Soße

Fisch will schwimmen, diesmal im Backfett

Forellen unter fließendem Wasser abspülen, mit Zitronensaft beträufeln, salzen, pfeffern und 10 Minuten ziehen lassen. Danach in Mehl und verquirltem Ei wenden und mit Bröseln panieren. Im auf 180 Grad erhitzten Fett etwa 8 Minuten ausbacken. Auf Küchenkrepp abtropfen lassen. Fische auf Papierdeckchen anrichten. Eventuell Petersilie im Fett fritieren und mit den Forellen servieren. Für die Soße: Gehackte Kräuter mit Mayonnaise, Sahne, Weinbrand, Worcestersoße, Salz, Pfeffer und etwas Zitronensaft vermischen. Soße getrennt reichen.

Makrelen mit Kräuterbutter

Makrelen sind vom Mai bis August am besten

4 Portionen à 370 Kalorien = 1554 Joule

4 frische Makrelen, Öl, Pfeffer Salz, 75 g Butter, Saft von 1/4 Zitrone, 1/2 Teelöffel scharfer Senf, 1/2 Bund gehackte Petersilie, etwas Suppenwürze.

Die Makrelen köpfen, vom Rücken aus entgräten, waschen und abtrocknen. Eine Grillpfanne bis zur Höhe der Grillrillen mit Öl füllen und erhitzen. Die Makrelen mit Pfeffer bestreuen und mit der Hautseite in die Pfanne legen. Etwa 2 Minuten grillen, wenden und weitere 2 Minuten grillen. Dann auf einer heißen Platte anrichten und mit etwas Salz bestreuen. Vorher die Butter schaumig rühren. Zitronensaft, Senf, gehackte Petersilie, einige Spritzer Suppenwürze, Salz und Pfeffer hinzufügen und die Kräuterbutter pikant abschmecken. Zu den heißen Makrelen servieren oder darauf zerlaufen lassen. Und dazu einen saftigen Kartoffelsalat und verschiedene Salate.

Forellen „Hoteliers-Art“

Das Interessante bei diesem Rezept: die Pilzfüllung

4 Portionen à 405 Kalorien = 1701 Joule

4 am Vortag geschlachtete, nicht ausgenommene Forellen à 250 g
Salz, Pfeffer
Saft 1/2 Zitrone, 125 g Butter
3 Eßlöffel helle Semmelbrösel
125 g frische Champignons
1/2 Bund Kräuter (Kerbel, Petersilie, Schnittlauch)
1 Teelöffel Worcestersoße
2 Zitronen.

Forellen längs des Rückens aufschneiden. Gräten und Innereien herausnehmen. Fische unter fließendem Wasser abspülen und mit Salz, Pfeffer und Zitronensaft würzen. 50 g Butter in der Fettpfanne des vorgeheizten Backofens zerlassen. Forellen mit der Fleischseite durch die Butter ziehen, wenden und mit Bröseln bestreuen. Bei 200 Grad (Gas Stufe 3) 25 Minuten garen. Gehackte Champignons in einer gefetteten Pfanne trockendünsten. Erkaltet mit restlicher Butter, gehackten Kräutern, Worcestersoße, Saft von 1/2 Zitrone, Salz und Pfeffer mischen. Forellen mit der Pilzfüllung anrichten und mit Zitronenschale garnieren. Dazu eine bunte Salatplatte reichen.

Goldbarschfilet süß-sauer

Frische Gurkenscheiben schmecken gut dazu

4 Portionen à 530 Kalorien = 2218 Joule
① 1/4 l Weinessig
90 g Zucker
1/3 l Orangensaft
2 kleine Dosen Tomatenmark
1 gestrichener Eßlöffel Speisestärke. – ② 2 Zwiebeln
125 g frische Champignons
750 g Goldbarschfilet
Salz, Pfeffer, Mehl
2 Eier, 1 Tasse Öl.

Die Zutaten zu ① bis auf die Speisestärke mischen und 10 Minuten leise kochen. Die Speisestärke mit 2 bis 3 Eßlöffel kaltem Wasser verquirlen, zur Soße rühren und einmal aufkochen. Inzwischen die Zwiebeln schälen und in Streifen schneiden, die Champignons putzen, waschen und ebenfalls in Streifen schneiden. Das Fischfilet waschen, salzen, pfeffern, in Mehl und verquirlten Eiern wenden und in dem erhitzten Öl goldgelb backen. Herausheben und abtropfen lassen. Schnell Zwiebeln und Champignons ins Fett streuen und 3 bis 4 Minuten braten. Mit Fisch anrichten und mit der Soße übergießen.

Gedünsteter Heilbutt mit Krabbensoße

Ein leicht bekömmliches Schlemmermahl

4 Portionen à 345 Kalorien = 1449 Joule

4 Scheiben Heilbutt à 200 g
1 Zwiebel oder 2 Schalotten
1 Eßlöffel Butter oder Margarine, 1/4 l Weißwein
Saft von 1/2 Zitrone, Salz
1 Päckchen Helle Soße für 1/4 l
1/8 l Milch oder frische Sahne, 1 Päckchen tiefgekühlte Krabben, etwas scharfer Paprika.

Zwiebel oder Schalotten schälen und fein hacken. Einen flachen Topf mit Butter oder Margarine einfetten, Zwiebel- oder Schalottenwürfel hineinstreuen und die Heilbuttschnitten nebeneinander darauflegen. Mit Weißwein und Zitronensaft übergießen, mit Salz bestreuen, zudecken und auf schwacher Hitze 10 Minuten dünsten. Den Fischsud in einen Soßentopf gießen, das Soßenpulver mit Milch oder Sahne verquirlen, dazurühren und aufkochen. Die Krabben hineingeben und erhitzen. Die Soße mit Paprika abschmecken und beim Anrichten über die Heilbuttschnitten geben. Dazu junge Erbsen, Salzkartoffeln.

Fischragout „Räucherkate“

Sie werden staunen, wie gut Räucherfisch „warm“ schmeckt!

4 Portionen à 165 Kalorien = 693 Joule

375 g Räucherfisch (Seelachs, Makrele, Heilbutt oder Schillerlocken), 2 Zwiebeln
2 Möhren, 1 Stange Porree
1 Eßlöffel Margarine
10 g Mehl, 1 kleine
Dose geschälte Tomaten
1/8 l kräftige Hühnerbrühe (Würfel), Worcestersoße
Zitronensaft.

Zwiebeln und Möhren schälen und würfeln. Porree längs durchschneiden, gründlich waschen und in feine Streifen schneiden. Die Margarine in einer Kasserolle zerlassen, das Kleingeschnittene darin 5 Minuten dünsten. Dann mit Mehl bestäuben, umrühren, dabei Tomaten und Hühnerbrühe dazugeben und noch 5 Minuten auf schwacher Hitze kochen. Inzwischen den Räucherfisch in mundgerechte Stücke schneiden, Haut und Gräten dabei entfernen. Den Fisch in die Soße geben und das Ragout mit Worcestersoße und Zitronensaft abschmecken. Dazu grünen Salat und Kartoffelpüree oder Brot servieren.

Goldbarschfilet „Bonne Femme“

Servieren Sie dazu Kräuterreis oder Petersilienkartoffeln

4 Portionen à 325 Kalorien = 1365 Joule

1 kg Goldbarschfilet, 1 Zwiebel
1 kleines Bund Dill
125 g frische Champignons
1 Eßlöffel Margarine, Saft von 1 Zitrone, Salz, Pfeffer
1/8 l Weißwein, 1/8 l Milch
1 Päckchen Helle Soße für 1/4 l Worcestersoße.

Das Goldbarschfilet waschen und in Portionsstücke schneiden. Die Zwiebel schälen und hacken, Dill waschen und fein schneiden. Die Champignons putzen, waschen und in Scheiben schneiden. Einen flachen Topf mit Margarine ausstreichen, die Zwiebelwürfel hineinstreuen und das Fischfilet darauflegen. Mit Dill und Champignons bestreuen, mit Zitronensaft betropfen, salzen und pfeffern. 5 Minuten durchziehen lassen, dann Weißwein darübergießen und den Fisch zugedeckt 15 Minuten dünsten, danach herausheben und anrichten. Schnell Milch und Soßenpulver miteinander verquirlen, dazurühren und aufkochen.

Fischfilet „Solferino“

Delikat aus Kabeljau-, Rotbarsch- oder Seelachsfilet

4 Portionen à 280 Kalorien =1172 Joule

1 Päckchen (400 g) tiefgekühltes Fischfilet
etwas Zitronensaft
1 Teelöffel Worcestersoße
Salz oder Kräutersalz, Mehl
1 Ei, 3 Eßlöffel Semmelbrösel
2 Eßlöffel geriebener Käse
2 gestrichene Eßlöffel Butter oder Margarine, 2 Teelöffel Tomatenmark, 1 rote eingelegte Paprikaschote, etwas Knoblauchpulver, 25 g Butter
4 Scheiben Zitrone
Deutscher Kaviar, Oliven.

Das Fischfilet auftauen lassen, mit Zitronensaft und Worcestersoße beträufeln, mit Salz oder Kräutersalz würzen. 10 Minuten ziehen lassen, dann nacheinander in Mehl, verquirltem Ei und einem Gemisch aus Semmelbröseln und Käse wenden. Butter oder Margarine in einer Pfanne aufschäumen lassen, das Fischfilet hineinlegen und von beiden Seiten goldbraun braten. Inzwischen Tomatenmark mit feingehackter Paprikaschote, etwas Knoblauchpulver und 25 g weicher Butter verrühren. Abschmecken und auf 4 Zitronenscheiben spritzen. Mit Kaviar oder Oliven garnieren, auf den Fisch legen. Dazu Salat und Petersilienkartoffeln essen.

Paprika-Fisch-Ragout

Schmeckt allen gut, die es herzhaft mögen

4 Portionen à 185 Kalorien = 774 Joule

1 Päckchen (400 g) tiefgekühltes Fischfilet
1 große Zwiebel
1 Knoblauchzehe
2 grüne Paprikaschoten
1 Eßlöffel Butter oder Margarine, 1 Teelöffel Aromat oder Fondor
1 Löffelspitze Thymian
1 Eßlöffel Tomatenmark
1 gestrichener Eßlöffel milder Paprika (edelsüß)
1 Päckchen Bratensoße für 1/4 l, 1/8 l Rotwein.

Das Fischfilet zum Auftauen herauslegen. Inzwischen Zwiebel und Knoblauch schälen und fein hacken, die Paprikaschoten vierteln, entkernen, waschen und in Streifen schneiden. Butter oder Margarine in einer großen Pfanne zerlassen, Zwiebel, Knoblauch und Paprikaschoten darin zugedeckt etwa 3 Minuten dünsten. Inzwischen den Fisch in 2 cm große Würfel schneiden. Zusammen mit 1/8 l Wasser in die Pfanne geben, mit Aromat oder Fondor und Thymian bestreuen, zudecken und auf schwacher Hitze 10 Minuten dünsten. Tomatenmark mit Paprika, Bratensoßenpulver und Rotwein verquirlen, vorsichtig zum Fisch rühren, einmal aufkochen.

Heringe auf Balkan-Art

Sehr lecker mit grünem Salat und Kartoffelpüree!

4 Portionen à 255 Kalorien = 1067 Joule

8 frische Heringe
Saft von 1 Zitrone, 2 Eßlöffel geriebener Käse
50 g Instant-Mehl
1 gestrichener Eßlöffel Paprika edelsüß
1 Knoblauchzehe
2 Zwiebeln
1 Paprikaschote
Salz, Pfeffer, Margarine oder Öl zum Braten
4 Tomaten
einige Sardellenfilets.

Heringe mit Zitronensaft einreiben. Käse mit Mehl, Paprika edelsüß und der zerquetschten Knoblauchzehe vermischen. Zwiebeln schälen und in Ringe schneiden, die Paprikaschote vierteln, entkernen, waschen und in Streifen schneiden. Die Heringe salzen, pfeffern, in der Mehlmischung wenden. Reichlich Fett erhitzen, die Heringe darin 8 Minuten braten, herausheben und heiß halten. Halbierte Tomaten mit der Schnittfläche in die Mehlmischung tauchen, ins Bratfett geben und von jeder Seite 2 Minuten braten. Zwiebeln und Paprikastreifen 3 Minuten darin braten. Heringe, Gemüse und mit Sardellen belegte Tomaten zusammen anrichten.

Gebratene Schollenfilets mit Kräutercreme

Ein bekömmliches, leckeres Mittag- oder Abendessen

2 Portionen à 255 Kalorien = 1071 Joule

1 Päckchen (300 g) tiefgekühlte Schollenfilets, etwas Zitronensaft, Salz, Pfeffer, Mehl
1 Eßlöffel Öl, 1 Teelöffel Butter oder Margarine, 100 g Sahnequark, 1/2 Teelöffel Sardellenpaste, 2 Eßlöffel gehackte Kräuter (Petersilie, Schnittlauch, Kresse, Dill), 1 Teelöffel Senf, scharfer Paprika
etwas Worcestersoße, Kapern
Zitronenscheiben.

Die Schollenfilets so weit auftauen, bis sie sich unverletzt voneinander lösen lassen. Dann mit Zitronensaft einreiben und kurz durchziehen lassen. Danach mit Salz und Pfeffer bestreuen, in Mehl wenden. Öl in der Pfanne erhitzen, die Butter oder Margarine darin schmelzen, die Schollenfilets hineinlegen und von beiden Seiten schön goldbraun braten. Inzwischen den Quark mit Sardellenpaste, Kräutern und Senf mischen, mit Paprika und Worcestersoße abschmekken. Die Schollenfilets mit Kapern und Zitronenscheiben anrichten, dazu Kräutercreme und mit Kümmel gekochte Pellkartoffeln essen.

Seezungen „Müllerin-Art"

Ein klassisches Feinschmeckeressen!

Zutaten für 4 Portionen:
4 Seezungen à ca. 200 bis 250 g (vom Fischhändler abziehen und ausnehmen lassen), Salz, Pfeffer, 2 Zitronen, Mehl, 2 Eßlöffel Öl, 2 Eßlöffel Butter oder Margarine, Worcestersoße, gehackte Petersilie. Pro Portion ca. 350 Kalorien = ca. 1465 Joule

Die vorbereiteten Seezungen gut waschen, abtrocknen, mit Salz, Pfeffer, dem Saft 1/2 Zitrone marinieren. Nach 5 Minuten abtrocknen und mit Mehl bestäuben, Öl und 1 Eßlöffel Butter in einer Pfanne heiß werden lassen, die Fische auf beiden Seiten goldbraun braten. Zuletzt das restliche Fett beifügen. Die Seezungen anrichten, mit wenigen Tropfen Worcestersoße beträufeln, das gibt das besondere Aroma. Dann geschälte, in dünne Scheiben geschnittene Zitronen auflegen, mit gehackter Petersilie bestreuen und das heiße Fett übergießen. Mit Petersilienkartoffeln und frischem Gurkensalat servieren. Ein klassisches Feinschmeckeressen und dabei so leicht zuzubereiten.

Fischfilet in Bierteig

Dazu eine Joghurt-Mayonnaise-Soße

Zutaten für 4 Portionen:
750 g Seelachsfilet, Salz, Pfeffer, Saft von 1/2 Zitrone, 1 Teelöffel Senf, 1/4 l Bier, 8 gehäufte Eßlöffel Mehl, 2 Eßlöffel Öl, 1 gestrichener Teelöffel Zucker, Biskin zum Ausbacken, 1 Becher Joghurt, 1/2 Beutel Mayonnaise, Essiggurken, 1 hartgekochtes Ei.
Pro Portion ca. 490 Kalorien = ca. 2050 Joule

Das Seelachsfilet waschen, abtrocknen und in Portionsstücke schneiden. Mit Salz, Pfeffer, Zitronensaft und Senf würzen. Bier in eine Schüssel gießen, das Mehl hinzufügen und mit einem Schneebesen gut verrühren. Öl, Zucker und Salz darunterrühren. Die Fischfilets in den Bierteig tauchen, in das erhitzte Backfett legen, goldbraun ausbacken und auf einem Gitter abtropfen lassen. Dazu eine Soße aus Joghurt, Mayonnaise, gehacktem Ei und Essiggurken mischen. Dazu Kartoffelsalat in Öl-Essig-Marinade reichen. Zu Fischfilet in Bierteig Kartoffelsalat in Öl-Essig-Marinade reichen. Tip: Sie können den Fisch auch mit wenig Fett in der Pfanne braten.

Fischfilet portugiesisch

Denken Sie daran: Fischgerichte sind Schnellgerichte

Zutaten für 4 Portionen:
750 g Goldbarschfilet, Salz, Pfeffer, 1 Eßlöffel Weinessig, 2 Zwiebeln, 1 Knoblauchzehe, etwas Mehl, 6 Eßlöffel Olivenöl, 1/2 Dose geschälte Tomaten, 1 kleine Dose Sardellen, einige Oliven.
Pro Portion ca. 410 Kalorien = ca. 1715 Joule

Das Goldbarschfilet waschen, abtrocknen und mit Salz, Pfeffer und Weinessig einreiben. Zwiebeln und Knoblauchzehe schälen und fein hacken. Die Fischfilets in Mehl wenden, das Öl in einer Pfanne erhitzen und die Filets darin insgesamt 7 Minuten braten. Dann aus dem Fett nehmen und auf heißer Platte anrichten. Zwiebeln und Knoblauch im Bratfett gelb werden lassen, die Tomaten dazugeben und mit Salz und Pfeffer bestreuen. Die Soße 2 Minuten kochen, den Fisch damit umgießen und mit Sardellenfilets und einigen Olivenscheiben garnieren.

Zutaten für 4 Portionen:
4 Scheiben tiefgekühlter Heilbutt à 200 g, 1 Zwiebel, 1/2 Bund Dill, 2 Eßlöffel Butter oder Margarine, Salz, Pfeffer, 1/8 l Weißwein, 1/4-Dose indische Shrimps oder Krabben, 1/8 l Milch, 2 Eigelb, 1 Teelöffel Worcestersoße, Saft von 1/2 Zitrone, 1 gehäufter Teel. Speisestärke, 2 Eßl. gerieb. Käse. Pro Portion ca. 400 Kalorien = ca. 1675 Joule

Heilbutt überbacken

Geben Sie dazu Kartoffelpüree und grünen Salat

Die Zwiebel schälen und fein hacken, den Dill waschen und fein schneiden. Eine feuerfeste Platte ausfetten, mit den gehackten Zwiebeln bestreuen, den aufgetauten Fisch hineinlegen, salzen, pfeffern und mit Wein begießen. Zugedeckt in den Backofen stellen und 12 Minuten dünsten. Die Shrimps oder Krabben mit der Brühe dazugeben und 1 Minute erhitzen. Fisch und Krabben oder Shrimps auf eine feuerfeste Platte legen. Milch mit Eigelb, Worcestersoße, Zitronensaft und Speisestärke verquirlen, zum Sud rühren und aufkochen. Über den Fisch gießen, mit dem Käse bestreuen und kurz überbacken. Dazu schmeckt ein feines Kartoffelpüree mit frischem grünem Salat besonders gut.

Schellfisch in brauner Butter

Am besten in kunststoffbeschichteter Pfanne braten

Zutaten für 4 Portionen:
8 Scheiben Schellfisch à 100 g, Salz, Pfeffer, 2 Eßlöffel Öl, 2 Eßlöffel Butter, 3 Eßlöffel Essig, 1 Röhrchen Kapern.
Pro Portion ca. 260 Kalorien = ca. 1090 Joule

Den Schellfisch waschen, abtrocknen und mit Salz und Pfeffer einreiben. Das Öl in einer Pfanne erhitzen, die Schellfischscheiben hineinlegen und auf beiden Seiten goldbraun braten. Auf eine vorgewärmte Platte legen und heiß halten. Die Butter zum Bratfett geben, braun werden lassen und über den Fisch geben. Essig in die Pfanne geben, erhitzen und auch über den Fisch gießen, der zuletzt mit Kapern bestreut wird. Essen Sie dazu Salzkartoffeln und einen Gurkensalat, den Sie mit feingehacktem Dill und einer Prise Zucker abschmeckten.

Muschelsuppe

Eine tolle Party-Abschluß-Suppe

Zutaten für 4 Portionen:
2 Kartoffeln, 2 Zwiebeln, 1 Möhre, 1 Stange Porree, 50 g Räucherspeck, 3/4 l Fleischbrühe (Würfel), 1 Dose Muscheln (etwa 250 g Herzmuscheln, Venusmuscheln, Miesmuscheln oder nicht geräucherte Austern), 1 Löffelspitze Basilikum, weißer Pfeffer, 1/4 l Milch.
Pro Portion ca. 260 Kalorien = ca. 1090 Joule

Kartoffeln, Zwiebeln und Möhre schälen, Porree längs halbieren und waschen. Alles Gemüse in 1/2 cm große Würfel schneiden. Den Räucherspeck fein würfeln und in einem Suppentopf glasig werden lassen. Das Gemüse dazugeben und 1 Minute dünsten. Dann Fleischbrühe, Muscheln, Basilikum und Pfeffer hinzufügen und die Suppe 20 Minuten leicht kochen. Zuletzt die Milch darunterrühren, noch mal bis zum Kochen erhitzen und anrichten. Mit gehackter Petersilie bestreuen und dazu Salzkekse essen. Übrigens, diese Muschelsuppe ist ein delikater Abschluß für eine fröhliche Party. Bereiten Sie die Suppe vor und wärmen Sie sie kurz vor dem Servieren auf.

Zutaten für 4 Portionen:
1 Paket Tiefffrost-Schollenfilets, 1/2 Dose Spargelspitzen, 1 Eßlöffel Butter oder Margarine, 2 Tassen 5-Minuten-Reis, 2 Tassen Wasser, 1/2 Teelöffel Aromat oder Fondor, Saft 1/2 Zitrone, Salz, 1/8 l süße Sahne, 1/8 l Weißwein, 1/2 Eßlöffel Speisestärke, 1 Eßlöffel geschnittener Dill.
Pro Portion ca. 62 Kalorien = ca. 260 Joule

Schollenröllchen mit Spargeln

In der Alufolie bleibt der Fisch zart und ganz

Zubereitung: Den Fisch auftauen und die halbierten Spargel in die Schollenfilets einrollen. Ein großes Stück Alufolie (extra stark) einfetten, die Ränder hochstellen, Reis, Wasser, Aromat oder Fondor und die Schollenröllchen hineingeben, mit Zitronensaft beträufeln und leicht salzen. Die Alufolie schließen und in der Backröhre bei 200 Grad ca. 30 Minuten garen. Mit Spargelbrühe, Sahne, Weißwein und Speisestärke eine helle Soße bereiten, Dill dazugeben und die Schollenröllchen damit übergießen. Den Fisch in der Alufolie auf einer Platte servieren, mit Dill und Zitrone garnieren.

Seezungenröllchen in Hummersoße

Mit Salat und Weißwein servieren

4 Portionen à 255 Kalorien = 1071 Joule

8 Seezungenfilets, Salz Pfeffer, Saft von 1/2 Zitrone 1 Zwiebel oder 2 Schalotten 1 Eßlöffel Butter oder Margarine, 1/8 l Weißwein 1 Dose Hummersuppe (gut 1/3 l), 2 Eßlöffel frische Sahne, 1 Eigelb 2 gestrichene Teelöffel Speisestärke, nach Wunsch 1 Eßlöffel Weinbrand.

Die Seezungenfilets kurz waschen, mit Salz und Pfeffer einreiben, aufrollen, mit Holzspießchen zusammenstecken und mit Zitronensaft betropfen. Zwiebel oder Schalotten schälen, fein hacken und mit Butter oder Margarine und Weißwein in einen passenden Topf geben. Die Seezungenröllchen dicht aneinander hineinsetzen, zudecken und auf schwacher Hitze 10 Minuten dünsten. Dann herausheben und den Fischsud auf die Hälfte einkochen. Die Hummersuppe hinzufügen und aufkochen. Sahne mit Eigelb und Speisestärke verquirlen, dazurühren und aufkochen. Die Soße mit Weinbrand abschmecken und zu den Seezungenröllchen anrichten.

Gekochter Schellfisch mit Senfbutter

So schmeckt Schellfisch am besten

Zutaten für 4 Portionen:
1 kg Schellfisch, 1$^{1}/_{2}$ l Salzwasser, 1 Zwiebel,
1 Möhre, 1 Lorbeerblatt,
1 Teelöffel Pfefferkörner,
1 kleine Pfefferschote,
3 Eßlöffel Butter, 1 Teelöffel Senf.
Pro Portion ca. 330 Kalorien = ca. 1380 Joule

Den Schellfisch gründlich waschen und die Flossen abschneiden. Das Salzwasser zum Kochen bringen und dazugeben: Zwiebel und Möhre in Scheiben, Lorbeerblatt, Pfefferkörner und Pfefferschote. Diesen Sud 5 Minuten kochen, dann den Fisch hineinlegen und in 15 Minuten gar ziehen lassen. Im Sud servieren oder mit einer Siebkelle herausheben und auf einer heißen Platte anrichten. Senfbutter wird so gemacht: Butter in einem Pfännchen aufschäumen lassen, den Senf dazugeben und weiterrühren, bis die Soße leicht gebräunt ist. Was es sonst gibt? Salzkartoffeln mit Petersilie und frischen Salat.

Ungarisches Fischragout

Grüne Paprikastreifen geben angenehme Würze

Für 4 Portionen: 750 g Goldbarschfilet, Saft 1/2 Zitrone, 1 Eßl. Butter oder Margarine, 2 Zwiebeln, 2 grüne Paprikaschoten, Salz, Pfeffer, 1/8 l Weißwein, 1/4 l saure Sahne, 1 Teelöffel milder Paprika, 1 Teelöffel Speisestärke, Aromat oder Fondor. Pro Portion ca. 500 Kalorien = ca. 2090 Joule

Das Filet waschen, in 1 cm dicke Scheiben schneiden, mit Zitronensaft beträufeln. Zwiebelscheiben und Streifen von Paprikaschoten etwa 5 Minuten in Fett dünsten, das geschnittene Fischfilet darauflegen, mit Salz und Pfeffer würzen, mit Weißwein aufgießen und ca. 10 Minuten leicht dünsten. Den Fisch anrichten, die Sahne mit Paprika und Speisestärke verrühren und zu der Fischbrühe gießen, aufkochen lassen, die Soße pikant mit Aromat oder Fondor und Pfeffer abschmecken und den Fisch mit der Soße umgießen. Hierzu Reis oder Salzkartoffeln reichen.

Echter Salm mit Holländischer Soße

Ein geschätzter Genuß für alle Feinschmecker

4 Portionen à 615 Kalorien = 2583 Joule

4 Scheiben echter Salm à 175 bis 200 g (frisch oder tiefgekühlt), 1 l Wasser, 1 Eßlöffel Salz, 1 Teelöffel weiße Pfefferkörner, 1 Lorbeerblatt 1 Zwiebel, 1 Päckchen weiße Soße für ¼ l, ⅛ l Weißwein, 75 g Butter, 2 Eigelb.

Wasser mit Salz, Pfefferkörnern, Lorbeerblatt und Zwiebelscheiben 5 Minuten kochen, die Fischscheiben hineinlegen und 8 bis 10 Minuten ziehen lassen, nicht kochen. Der Salm ist gar, wenn sich die Gräten leicht herausziehen lassen. Soßenpulver mit Weißwein verrühren, unter ständigem Rühren aufkochen, von der Herdplatte nehmen und die Butter darin schmelzen lassen. Eigelb und 4 Eßlöffel heißen Fischsud in eine hohe Rührschüssel geben und schaumig schlagen. Die Soße darin verrühren, mit dem Salm anrichten und dazu Petersilienkartoffeln und einen süß-sauren Gurkensalat servieren.

Hechtschnitten in Kräutersoße

Hecht ist sehr fettarm und reich an Mineralstoffen

4 Portionen à 300 Kalorien = 1260 Joule

**750 g bis 1 kg Hecht in etwa 2 cm dicken Scheiben
1 Eßlöffel Butter, 1 Zwiebel
Salz, 1/8 l Weißwein, Saft von 1 Zitrone, 1/8 l Wasser
1/8 l Milch, 1 Päckchen Helle Soße für 1/4 l, 1 Teelöffel Aromat oder Fondor, weißer Pfeffer, 1 Bund frischer feingehackter oder 1 Teelöffel getrockneter Dill, 1 Eigelb
2 bis 3 Eßlöffel frische oder saure Sahne.**

Die Hechtschnitten kurz waschen. Einen flachen Topf mit Butter ausstreichen, gehackte Zwiebel hineinstreuen, den Fisch hineinlegen, leicht salzen und mit Weißwein und Zitronensaft übergießen. Dann bei schwacher Hitze etwa 10 Minuten dünsten, herausnehmen und auf einer heißen Platte anrichten. Wasser, Milch und Soßenpulver zum Fischsud rühren und die Soße einmal aufkochen. Mit Aromat oder Fondor und Pfeffer abschmecken, den Dill hinzufügen. Schnell Eigelb mit frischer oder saurer Sahne verquirlen und in die Soße rühren. Dann mit dem Hecht und Petersilienkartoffeln servieren.

Karpfen blau mit Sahne-Meerrettich

Mit einem kräftigen Weißwein ein Festtagsschmaus

4 Portionen à 445 Kalorien = 1869 Joule

1 Karpfen, ca. 1,5 kg, 1/4 l herber Weißwein, 1 Teelöffel weiße Pfefferkörner
1 Teelöffel Salz, 1/8 l frische Sahne, 1 Löffelspitze Zucker, 1 Teelöffel Zitronensaft, 1 Eßlöffel geriebener Meerrettich.

Den Karpfen am besten vom Fischhändler zurechtmachen und in Portionsstücke zerteilen lassen. Etwa 1/2 l Wasser in den Fischtopf geben, dazu Weißwein, Pfefferkörner und Salz. Aufkochen, den Karpfen hineinlegen, zudecken und in etwa 15 Minuten gar ziehen lassen. Inzwischen die Sahne steifschlagen und mit Zucker, Zitronensaft, 1 Prise Salz und Meerrettich mischen. Den fertigen Karpfen mit einer Siebkelle aus dem Fischsud heben, gut abtropfen lassen und auf eine vorgewärmte Platte legen. Mit Zitronenschnitzen garnieren und dazu den Sahne-Meerrettich, kleine Petersilienkartoffeln und grünen Salat in Zitronenmarinade servieren.

Karpfen in Bier

Ein ungewöhnliches Rezept! Kenner wissen es zu schätzen

Zutaten für 4 Portionen: 1 kg Karpfen (ausgenommen), Salz, Pfeffer, 1 Eßlöffel Butter oder Margarine, 1 Zwiebel, 1/2 Tasse gehackte Petersilie, 1 Tasse feingeschnittener Lauch, 1/2 l dunkles Bier, 1 Lorbeerblatt, 1 Nelke, 50 g Lebkuchen, 1 Eßlöffel Zucker, 2—3 Eßlöffel Essig oder Zitronensaft.
Pro Portion ca. 380 Kalorien = ca. 1590 Joule

Karpfen (ohne Kopf und Flossen) gut auswaschen, in 4 Teile schneiden und mit Salz und Pfeffer pikant würzen. Zwiebelwürfel in Fett hellgelb werden lassen, Petersilie und Lauch zugeben, 2—3 Minuten dünsten, danach die Karpfenteile einlegen und weitere 5 Minuten dünsten. Bier, Lorbeerblatt, Nelke, Lebkuchen (oder Zwieback und Lebkuchengewürz) zugeben und zugedeckt bei schwacher Hitze ca. 20 Minuten langsam garen. Den Zucker in einem trockenen Topf zu Karamel schmelzen, mit Essig oder Zitronensaft ablöschen und zur Soße geben. Die Soße eventuell mit etwas Speisestärke binden.
Tip: An Stelle von Lebkuchen 4—5 Zwiebacke und 1/2 gestrichener Teelöffel Lebkuchengewürz.

Glasermeister-Heringe

Ein ausgezeichnetes Katerfrühstück

**4 Portionen à 340 Kalorien
= 1423 Joule**

**6 Salzheringe
1 Flasche Mineralwasser
4 rote Zwiebeln, 2 Möhren
3 Lorbeerblätter
1 Teelöffel Pimentkörner (Nelkenpfeffer), 2 Teelöffel Senfkörner, 1 Stück Ingwer
¼ l heller Essig, 150 g Zucker.**

Die ausgenommenen Heringe über Nacht in eine Mischung aus halb Mineralwasser und halb Wasser legen. Fische danach häuten, in 2 cm breite Stücke schneiden, mit Zwiebel- und Möhrenscheiben sowie Gewürzen in ein Glas schichten. Essig mit Zucker aufkochen, erkalten lassen und über die Heringe gießen. 2–3 Tage im Kühlschrank durchziehen lassen. Mit frisch gekochten Pellkartoffeln oder Vollkornbrot und Butter servieren.

Grüne Heringe süß-sauer eingelegt

Mit Pellkartoffeln ein herzhaftes Abendbrot

4 Portionen à 470 Kalorien =1967 Joule

1 kg grüne Heringe (ohne Kopf und ausgenommen)
½ l heller Essig, 75 g Zucker
40 g Salz, 1 Teelöffel gemahlener Piment (Nelkenpfeffer)
1 Bund frischer oder
1 Eßlöffel getrockneter Dill.

Heringe abspülen und 1–2 Tage in Essig legen, bis das Fleisch an den Mittelgräten nicht mehr rot ist. Danach die Fische entweder filieren und entgräten oder ganz (siehe Foto) in einen Topf schichten. Zucker, Salz und Piment mischen und diese Gewürzmischung zusammen mit frischem oder getrocknetem Dill zwischen die Fische streuen. Zugedeckt im Kühlschrank 4–5 Tage kühl stellen. Mit Pellkartoffeln, saurer Sahne und Zwiebeln servieren oder frisches, gebuttertes Bauernbrot dazu essen.

Überbackene Fischklöße mit Champignons

Eine herrliche, leicht bekömmliche Mahlzeit

4 Portionen à 315 Kalorien = 1323 Joule

1 Dose Fischklöße (400 g)
250 g frische Champignons
1 Zwiebel, 2 Eßlöffel Butter oder Margarine, 1/8 l Weißwein
1/8 l frische Sahne, 2 Eigelb
2 Teelöffel Speisestärke
Muskat, Pfeffer, 2 Eßlöffel frisch geriebener Käse.

Die Champignons waschen, abtropfen lassen, in Scheiben schneiden und fein hacken. Die Zwiebel schälen, fein hacken und in Butter oder Margarine gelb dünsten. Die Champignons dazugeben und dünsten, bis sie etwas trocken sind, und in eine feuerfeste Form geben. Die Fischklöße mit Flüssigkeit und Weißwein erwärmen und auf die Champignons geben. Den Fischsud aufkochen, schnell Sahne mit Eigelb und Speisestärke verquirlen, dazurühren und einmal aufkochen. Mit Muskat und Pfeffer abschmecken und über die Fischklöße gießen. Mit dem geriebenen Käse bestreuen und im Backofen oder unter dem Grill goldbraun überbacken. Und dazu Brot, Reis oder Salzkartoffeln und Salat essen.

Pastetchen mit Ei-Krabben-Ragout

Ein Glas Wein von der Mosel ist dazu genau richtig

4 Portionen à 405 Kalorien = 1695 Joule

**4 Blätterteigpastetchen
100 bis 150 g tiefgekühlte Krabben, 2 Eier, 1 Zwiebel oder 2 kleine Schalotten
1 Eßlöffel Butter oder Margarine, 1 Päckchen weiße Soße für 1/4 l
1/8 l Milch, Saft von 1/2 Zitrone
1/2 Bund feingeschnittener frischer oder 1/2 Teelöffel getrockneter Dill.**

Den Backofen auf 50 Grad anheizen, die Pastetchen hineinsetzen und darin aufbacken. Die Krabben im geschlossenen Beutel in kaltes Wasser legen und so auftauen lassen. Die Eier 10 Minuten kochen, in kaltes Wasser legen, schälen und in Stücke schneiden. Zwiebel oder Schalotten (kleine Zwiebelart!) schälen, fein hacken und in Butter oder Margarine gelb dünsten. 1/8 l Wasser, das Soßenpulver und die Milch dazugeben, umrühren und aufkochen. Krabben, Eier, Zitronensaft und Dill dazugeben und erhitzen, aber nicht mehr kochen lassen. Das Ragout abschmecken, in die Pastetchen füllen und mit Reis und Gurkensalat servieren.

Omelett mit Krabben

Vergessen Sie bei diesem Gericht das Dillgewürz nicht!

Zutaten für 4 Portionen: 200 g Krabben (Tiefkühlware), 2 Eßl. Butter oder Margarine, 1 Zwiebel, $^1/_4$ l süße Sahne, 2 Teel. geschnittener Dill, $^1/_8$ l Weißwein, 2—3 Teel. Speisestärke, Aromat oder Fondor, Zitronensaft, Salz, scharfer Paprika, 6—8 Eier. Pro Portion ca. 400 Kalorien = ca. 1675 Joule

Krabben in verschlossener Plastikhülle in kaltes Wasser legen. Zwiebelwürfel in 1 Eßlöffel Fett hell anschwitzen, mit Sahne ablöschen, Dill zugeben, kurz durchkochen, den Weißwein, mit Speisestärke verrührt, untermischen. Die Soße pikant abschmecken. Krabben zugeben, nur kurz durchziehen lassen. Eier verquirlen, mit Salz würzen. Das restliche Fett in einer Pfanne zerlassen, Eier hineingießen und ein Omelett bereiten. Das fertige Omelett auf eine Platte stürzen, längs ein-, aber nicht ganz durchschneiden, so daß es noch an den beiden Enden zusammenhält. Die Öffnung etwas auseinanderdrücken, in diese die Krabben mit der pikanten Soße füllen.

Gratinierte Krabben

Mit Reis oder Toast servieren

4 Portionen à 225 Kalorien = 941 Joule

150 g gefrostete Krabben
250 g frische Champignons
1 Zwiebel oder 4 Schalotten
1 Teelöffel Margarine
weißer gemahlener Pfeffer
1/8 l Weißwein
1/8 l saure Sahne
2 gestrichene Teelöffel Mehl
Cayennepfeffer, Estragon
Saft 1/4 Zitrone
Worcestersoße, Salz
50 g geriebener Käse
2 Eigelb.

Krabben nach Vorschrift auftauen. Geputzte Champignons in dicke Scheiben schneiden. Gehackte Zwiebel oder Schalotten in Margarine 3 Minuten dünsten. Champignons zugeben, mit Pfeffer würzen und weitere 5 Minuten dünsten. Weißwein zugießen und aufkochen. Sahne mit Mehl verquirlen, unterrühren. Einmal aufkochen lassen, Krabben untermischen, nicht mehr kochen lassen. Gut würzen. Käse mit Eigelb verrühren. Eventuell 2 Eßlöffel Weißwein oder saure Sahne unterrühren. Krabben heiß in 4 Muschelschalen oder Ragout-fin-Näpfchen füllen. Mit Eigelb-Käse-Creme bestreichen. Unter dem Grill goldgelb überbacken. Dazu Weißwein.

Omelett mit Kräutern

So ein richtiges Frühlingsessen

4 Portionen à 260 Kalorien = 1092 Joule

8 bis 10 Eier, 1 Bund frische Kräuter (je nach Angebot: Schnittlauch, Kerbel, Dill, Petersilie), Salz, Pfeffer, Muskat, 2 Eßlöffel Sahne oder Dosenmilch, 1 Eßlöffel Butter oder Margarine.

Die Kräuter waschen, gut abtropfen lassen und fein hacken. Die Eier in eine Schüssel schlagen und mit Kräutern, Salz, Pfeffer, Muskat und Sahne oder Dosenmilch gut verquirlen. Das Fett in einer kunststoffbeschichteten Pfanne erhitzen, bis es schäumt. Die Eier hineingießen und stocken lassen, indem Sie mit einer Gabel leicht rühren und die Pfanne schütteln. Das Omelett mit einem Holzlöffel zusammenrollen, auf eine Platte stürzen und mit grünem Salat und Kartoffeln oder Brot servieren. Tip: Unter das Omelett außerdem geriebenen Käse, etwas feingehackten rohen oder gekochten Schinken mischen.

Eierpfanne mit Champignons und Sahne

Köstlicher Imbiß für jede Tageszeit

4 Portionen à 360 Kalorien = 1512 Joule

250 g frische Champignons 125 g Hartkäse, 1 Eßlöffel Butter oder Margarine, Salz Pfeffer, 8 Eier, 1/8 l frische Sahne, milder Paprika.

Die Champignons putzen, waschen, gut abtropfen lassen und in Scheiben schneiden. Den Hartkäse fein reiben. Butter oder Margarine in 4 Eierpfannen verteilen und auf der Herdplatte erhitzen, bis die Butter bräunlich wird. Die Champignons hineingeben, mit Salz und Pfeffer würzen und gut anbraten. Dann die Hitze drosseln, die Eier hineinschlagen, mit Käse bestreuen, mit frischer Sahne umgießen und mit Paprika bestäuben. So lange auf der Platte lassen, bis die Eier gestockt sind. Dazu Bauernbrot mit Tomatensalat oder Bratkartoffeln mit verschiedenen Salaten servieren. Dazu Bier oder Wein.

Schinken-Pfannkuchen

Mit Salat ein kalorienarmes Hauptgericht

8 Stück à 260 Kalorien = 1088 Joule

200 g Mehl, 3 Eier
1/8 l Milch, 1/4 l Wasser
Salz, Muskat, 2 Zwiebeln
2 Eßlöffel Butter oder Margarine, 200 g frische Champignons
200 g gekochter Schinken
1/2 Bund Petersilie
Pfeffer, 1 Eßlöffel Tomatenmark
1/2 Tasse Weißwein.

Mehl in Schüssel sieben, mit Eiern, Milch, Wasser, Salz und Muskat zu einem Teig rühren. – Zwiebeln schälen, fein hacken und in 1 Eßlöffel Fett 5 Minuten dünsten. Champignons putzen, in Scheiben schneiden, Schinken würfeln und beides zu den Zwiebeln geben. Gehackte Petersilie, Pfeffer, Tomatenmark und Weißwein zugeben und 2 Minuten schmoren. Füllung pikant abschmecken. Pfannkuchen braten, heiß stellen und zuletzt mit dem Ragout füllen. Mit in saurer Sahne angemachtem Endiviensalat servieren.

Verlorene Eier auf Tomatenreis

Mit frischem Salat und nach Wunsch mit Tomatensoße servieren

4 Portionen à 310 Kalorien = 1302 Joule

8 Eier, 1/2 Tasse Essig
1 Zwiebel, 1 grüne Paprikaschote
4 Eßlöffel Öl, 2 Tassen Langkornreis, 1 kleine Dose Tomatenmark, 3 Tassen Fleischbrühe (Würfel), Salz
Pfeffer, 1 Löffelspitze Thymian.

Zuerst die Zwiebel schälen und in Würfel schneiden. Die Paprikaschote vierteln, entkernen und in feine Streifen schneiden. Öl in einem mittelgroßen Topf erhitzen, Zwiebel und Paprikaschote hineingeben und 1 Minute dünsten. Reis und Tomatenmark hinzufügen und gut verrühren. Heiße Fleischbrühe darübergießen, etwas Salz, Pfeffer und fein geriebenen Thymian hinzufügen. Den Reis aufkochen, zudecken und auf schwacher Hitze in etwa 18 Minuten ausquellen lassen. – 1 l Wasser und Essig zusammen aufkochen. Die Eier einzeln in eine Tasse aufschlagen und in das heiße Essigwasser gleiten lassen. 5 Min. ziehen lassen, auf dem Reis servieren.

Piperade

Französisch-spanische Eier-Gemüse-Pfanne

4 Portionen à 335 Kalorien = 1402 Joule

100 g roher Schinken
2 grüne oder rote Paprikaschoten
2 Zwiebeln, 2 Knoblauchzehen
2 große Fleischtomaten
2 Eßlöffel Öl, Salz
Pfeffer, 1 Teelöffel Thymian
8 Eier.

Den Schinken und gewaschene, entkernte Paprika in Streifen schneiden. Geschälte Zwiebeln und Knoblauch hacken. Tomaten in kochendes Wasser legen. Häute abziehen. Tomaten halbieren und Kerne herausdrücken, danach in Streifen schneiden. Schinken in erhitztem Öl anbraten und aus der Pfanne nehmen. Zwiebeln, Knoblauch und Paprika im Schinkenfett 10 Minuten braten. Tomaten und Gewürze zugeben und noch 5 Minuten dünsten. Eier hineinschlagen, Deckel auflegen und noch weitere Minuten garen. Zuletzt die Schinkenstreifen darüberstreuen.

Eier Florentiner Art

Mit Salzkartoffeln oder Bauernbrot servieren

4 Portionen à 345 Kalorien = 1 444 Joule

8 Eier, 1/2 Tasse Essig
1 kg frischer Spinat
1 Zwiebel, 1 Eßlöffel Butter oder Margarine
Salz, Muskat
1 Päckchen helle Soße für 1/4 l
125 g Edamer oder Tilsiter Käse.

Zuerst den Spinat putzen, waschen und abtropfen lassen. Die Zwiebel schälen, würfeln und in Butter oder Margarine hellgelb dünsten. Den Spinat daraufgeben, mit Salz und Muskat bestreuen, zudecken und 5 Minuten dünsten. Die Soße wie auf dem Päckchen empfohlen zubereiten, den Käse hineinreiben, verrühren und die Soße mit Muskat abschmecken. 1 l Wasser und 1/2 Tasse Essig aufkochen, die Eier einzeln in eine Tasse aufschlagen, hineingleiten und 5 Minuten ziehen lassen. Den Spinat ohne Flüssigkeit in eine flache feuerfeste Form geben, die abgetropften Eier darauflegen, mit der Käsesoße übergießen und das Gericht kurz überbacken.

Algerisches Omelett

Schnell zubereitet — auch für verwöhnte Männergaumen

Zutaten für 4 Portionen:
6 Tomaten, 2 Zwiebeln, 1 Knoblauchzehe, 2 grüne Paprikaschoten, 4 Eßlöffel Pflanzenöl, 6 Eier, 2 Eßlöffel Dosenmilch oder Sahne, 1/2 Teelöffel Streuwürze, 1 Löffelspitze Cayennepfeffer, Salz.
Pro Portion ca. 330 Kalorien = ca. 1380 Joule

Die Tomaten kurz in kochendes Wasser tauchen, abziehen, vierteln und entkernen. Die Zwiebeln schälen und in dünne Ringe schneiden. Die Knoblauchzehe schälen und fein hacken, die Paprikaschoten vierteln, entkernen, waschen und in Streifen schneiden. Zwiebeln und Paprikaschoten 3 Minuten im Öl dünsten, dann Knoblauch und Tomaten hinzufügen und 1/2 Minute weiterdünsten. Inzwischen Eier, Dosenmilch oder Sahne, Streuwürze, Cayennepfeffer und Salz verquirlen, über das Gemüse gießen und auf schwacher Hitze stocken lassen. Zu Salzkartoffeln, Kartoffelpüree oder Brot servieren.

Gefüllte Eier

Mit Kressesalat ein köstlich frisches Frühlingsessen

Zutaten für 4 Portionen:
6 Eier, 75 g Butter oder Margarine, Salz, Pfeffer, 4 Teelöffel Kaviar, 1 Teelöffel gehackte Kresse, 4 Scheiben Lachsschinken, 1 Essiggurke, 1 kleine Dose Thunfisch, 1 Löffelspitze scharfer Paprika, 1 Eßlöffel Mayonnaise, einige rote Paprikastreifen.
Pro Ei ca. 395 Kalorien = ca. 1655 Joule

Die Eier in warmes Wasser legen, aufkochen und je nach Größe 8—10 Minuten kochen. Dann in kaltes Wasser legen, abkühlen lassen, pellen und längs halbieren. Das Eigelb herausheben und mit Butter oder Margarine, Salz und Pfeffer weißschaumig rühren. 4 Eihälften damit füllen, mit Kaviar garnieren. Der restlichen Creme gehackte Kresse zugeben. Lachsschinken in 4 Eihälften legen, mit einem Teil der Kräutercreme bedecken und mit Gurkenfächern garnieren. Jetzt Thunfisch, Paprika und Mayonnaise unter den Rest der Kräutercreme mischen und die restlichen Eier damit füllen. Dazu Toast essen.

Russische Eier

Ein klassisches Ei-Gericht, das mit Toast oder Brötchen serviert wird

4 Portionen à 300 Kalorien = 1260 Joule

6 Eier, 125 g Lyoner oder Fleischwurst, 4 Gewürzgurken 1 Apfel, 4 Eßlöffel Mayonnaise 1 Teelöffel Senf, Pfeffer 1 kleines Döschen Kaviar einige Sardellenstreifen oder 1 Scheibe Räucherlachs einige Kapern, 2 Tomaten.

Die Eier in kochendes Salzwasser legen, 10 Minuten kochen, kurz in kaltes Wasser legen und abpellen. Lyoner oder Fleischwurst, Gewürzgurken und entkernten Apfel in Streifen schneiden. Mit 1 Eßlöffel Mayonnaise und dem Senf gut vermischen, mit Pfeffer abschmecken und auf eine Platte geben. Die Eier längs durchschneiden, teils mit der Schnittfläche und teils mit der Rundung nach oben auf die Platte legen. Kaviar auf die Eigelbe verteilen, die übrigen Eier mit Mayonnaise überziehen und mit Sardellen- oder Lachsstreifen und Kapern garnieren. Die Platte mit in Achtel geschnittenen Tomaten und Gewürzgurkenscheiben garnieren.

Eier in Gelee

Eine kühle Köstlichkeit mit raffiniertem Geschmack

4 Portionen à 230 Kalorien = 966 Joule

8 bis 10 Eier, 1 Dose Schildkrötensuppe (etwa 1/4 l)
5 Blatt helle Gelatine, 1 Likörglas Sherry oder Madeira
2 Eßlöffel heller Essig, Salz.

Die Eier hartkochen, kalt werden lassen, pellen und in Scheiben schneiden. Die Schildkrötensuppe durch ein feines Sieb gießen, dazu 1/4 l kaltes Wasser. Die Gelatine in kaltes Wasser legen und die Schildkrötensuppe erhitzen. Die gut aufgequollene Gelatine darin auflösen, die Suppe vom Feuer nehmen und mit Sherry, Essig und Salz abschmecken. Das Gelee kalt werden lassen und kurz vor dem Stocken mit den Eiern in eine Glasschüssel schichten. Zuletzt mit einer Schicht Gelee abschließen. Die Schüssel kühl stellen und das Gelee fest werden lassen. Mit Brot und Butter oder Bratkartoffeln servieren.

Kalte Eier mit Senfcreme

Ein beliebtes Essen, das schnell fertig ist

4 Portionen à 230 Kalorien = 962 Joule

8 Eier, 1 Eßlöffel Senf
3 oder 4 Tropfen Tabasco oder etwas scharfer Paprika
1 Eßlöffel Essig
1 Prise Zucker
1 Becher Joghurt
3 Eßlöffel Mayonnaise
nach Wunsch 1 Teelöffel geriebener Meerrettich.

Die Eier in kochendes Salzwasser legen, 7 bis 8 Minuten kochen, kurz in kaltes Wasser legen und abpellen. Senf mit Tabasco oder scharfem Paprika, mit Essig, Zucker, Joghurt und Mayonnaise gut verrühren. Abschmecken und dabei nach Wunsch geriebenen Meerrettich hineingeben. Mit den Eiern, geröstetem Toastbrot, Butter und frischem Salat servieren. Oder die halben Eier auf einem saftigen Kartoffelsalat (Öl-Essig-Marinade) anrichten und Soße und Tomatensalat dazu reichen. Oder die Eier in Scheiben schneiden, mit Tomaten- und Salatgurkenscheiben anrichten, mit der Soße übergießen, mit Toast und grünem Salat servieren.

Soleier nach Großmutter-Art

Originelles Geschenk für ewig hungrige Junggesellen

12 Eier à 90 Kalorien = 376 Joule

12 Eier, 1 l Wasser
3 gehäufte Eßlöffel Salz
2 Chili-Pfefferschoten
1 Zweig Thymian, 2 Schalotten oder 1 kleine Zwiebel
2 Lorbeerblätter
1 Teelöffel Kümmel.

Eier in 10 Minuten hartkochen, in kaltes Wasser legen. 1 l Wasser mit Salz, Chili-Pfefferschoten, Thymian, geschälten und halbierten Schalotten, Lorbeerblättern und Kümmel 10 Minuten kochen. Die Eier leicht anklopfen, in ein Glas legen und mit dem erkalteten Sud übergießen. Kühl stellen. Nach 2 Tagen sind die Eier durchgezogen. Dazu Senf und Butterbrot.

Pastetchen mit Tomaten-Rührei

Eine kleine Schlemmerei, die schnell fertig ist

4 Portionen à 365 Kalorien = 1533 Joule

4 Pastetchen, 4 Eier, 2 Eßlöffel Joghurt, Dosenmilch oder frische Sahne, Salz, Muskat
1 Eßlöffel gehackte Petersilie
4 Tomaten, 1 Zwiebel
1 Eßlöffel Butter oder Öl, Pfeffer, 1 Prise Zucker.

Die Pastetchen bei 50 Grad in den Backofen geben. Eier mit Joghurt, Dosenmilch oder frischer Sahne und Salz, Muskat sowie Petersilie verquirlen. Die Tomaten kurz in kochendes Wasser tauchen, abziehen, vierteln, entkernen und in Streifen schneiden. Die Zwiebel schälen, würfeln und in Butter oder Öl gelblich dünsten. Die Tomaten kurz darin anbraten und mit Salz, Pfeffer und Zucker bestreuen. Dann das verquirlte Ei dazugeben, stocken lassen und noch feuchtglänzend in die Pastetchen füllen. Mit Salatblättern gleich auf Portionstellern anrichten und so servieren. Dazu vielleicht noch eine Tomatensoße, Reis und leichten Weißwein servieren.

Fleisch
Wild
Geflügel

Rinderkotelett vom Rost

Die älteste und leckerste Art, Fleisch zu garen

4 Portionen à 700 Kalorien = 2930 Joule

1 Rinderkotelett (ca. 1 kg, 4 cm dick), 1 Teelöffel schwarzer, grob gemahlener Pfeffer, 2 Eßlöffel Öl, Salz.
Knoblauchbutter:
75 g Butter, 2 Knoblauchzehen
1 Eßlöffel gehackte Petersilie
1/2 Teelöffel Aromat oder Fondor
1 Spritzer Worcestersoße
etwas Cayennepfeffer, einige Tropfen Weinbrand oder Cognac.

Fleisch pfeffern und (gut abgehangen) 3–4 Stunden im Kühlschrank oder (falls frisch) 3–4 Tage bei Zimmertemperatur in Öl marinieren. Kotelett auf das Grillgitter legen, Fettpfanne unterschieben und Fleisch im vorgeheizten Grill, 10 cm von den Grillstäben entfernt, ca. 10–15 Minuten grillen. Gegrillte Seite salzen, Fleisch wenden, grillen und salzen. Vor dem Aufschneiden das Kotelett 3–4 Minuten ruhen lassen. Dazu **Knoblauchbutter:** Geschmeidige Butter mit zerdrücktem Knoblauch, Petersilie und Gewürzen vermischen, in Papier eingerollt kalt legen. In Scheiben schneiden und zum Fleisch servieren. Als Beilagen: Pommes frites, Gemüse oder Salate.

Rahmschnitzel mit Jägersoße

Servieren Sie dazu Spätzle und viel frischen Salat

4 Portionen à 275 Kalorien = 1155 Joule

4 Schnitzel vom Kalb oder Schwein
Salz, Pfeffer, Paprika edelsüß
etwas Mehl, 1 kleine Zwiebel
50 g magerer Schinken
125 g Pfifferlinge
1 Eßlöffel Butter oder Margarine, 1/4 l frische Sahne
1 Päckchen Bratensoße
etwas Rosenpaprika
Schnittlauch.

Die Schnitzel leicht klopfen, mit Salz, Pfeffer und Paprika einreiben und in Mehl wenden. Geschälte Zwiebel und Schinken in kleine Würfel schneiden, die Pfifferlinge putzen und waschen. Butter oder Margarine in einer Pfanne erhitzen, die Schnitzel hineinlegen, von jeder Seite 4 bis 5 Minuten braten, herausnehmen und heiß halten. Zwiebel- und Schinkenwürfel in das Bratfett geben und andünsten. Die Pfifferlinge hinzufügen und 5 Minuten dünsten. Sahne und Soßenpulver dazurühren, die Soße aufkochen, mit Rosenpaprika abschmecken. Mit den Schnitzeln anrichten und mit Schnittlauch bestreuen.

Filetsteaks mit Kräuterbutter

Je mehr Kräuter, um so würziger die Butter

Zutaten für 4 Portionen:
4 abgehangene Filetsteaks, je ca. 150 g, 4 Eßl. Pflanzenöl, Salz, Pfeffer, 4 Teel. Butter, 2 Teel. gehackte Kräuter, je 1 Löffelspitze Aromat oder Fondor, scharfer Paprika, Pfeffer, Zwiebelsalz.
Pro Portion ca. 345 Kalorien = ca. 1445 Joule

Die Filetsteaks bis zum Braten in Öl legen, in einer Pfanne etwas Öl erhitzen, die gesalzenen und gepfefferten Steaks auf beiden Seiten rasch anbraten, damit sich die Fleischporen schließen, und bei geringer Hitze fertigbraten (bei 2 cm Fleischdicke ca. 7 bis 8 Minuten, das Fleisch ist dann englisch, das heißt, nicht zu durchgebraten). Unter die Butter mit einer Gabel Kräuter, Aromat oder Fondor, Paprika, Pfeffer und Zwiebelsalz mischen und mit Butterbrettchen Kugeln formen. Als Beilagen die Kräuterbutter, Pommes frites oder Röstkartoffeln und Gemüse oder Salate.

Rumpsteaks mit feinen Gemüsen

Englische Art: nur 2 1/2 bis 3 Minuten je Seite braten

Zutaten für 4 Portionen:
4 Rumpsteaks, Salz, Pfeffer, 2 Eßl. Öl, 1 Packung buntes Gemüse, 1/2 Eßl. Butter oder Margarine.
Pro Portion ca. 360 Kalorien = ca. 1505 Joule

Die Rumpsteaks würzen und in dem Öl auf beiden Seiten braten. Das Gemüse mit wenig Flüssigkeit, Fett und Salz nach Vorschrift garen, die Steaks damit garnieren und Pommes frites (Tiefkühlware) dazu reichen. Etwas erhitzte Sauce Béarnaise aus der Dose oder eine pikant abgeschmeckte Kräuterbutter auf die Steaks geben. Tip: Soll das Rumpsteak englisch zubereitet sein, so wird es auf jeder Seite ca. 2 1/2—3 Minuten gebraten, im anderen Fall erhöht sich die Bratzeit etwa auf das Doppelte.

Holsteiner-Schnitzel

Nach F. v. Holstein — Diplomat und Feinschmecker

Zutaten für 4 Portionen:
4 Kalbsschnitzel à ca. 125 g, Salz, Pfeffer, Mehl, 1 Eßlöffel Butter oder Margarine, 4 Eier, 2 Toastscheiben, 4 Sardellenfilets, etwas Kaviar, etwas Räucherlachs.
Pro Person ca. 360 Kalorien = ca. 1505 Joule

Schnitzel mit Salz und Pfeffer würzen und in Mehl wenden. In flacher Pfanne Fett langsam erhitzen. Schnitzel einlegen, auf beiden Seiten gar braten. In der Zwischenzeit Toastscheiben rösten. Schnitzel auf heißer Platte anrichten und im selben Bratenfett 4 Spiegeleier bereiten. Schnitzel damit belegen. Toast mit etwas Butter oder Margarine bestreichen, mit Salatblatt belegen und darauf Sardellenfilets, Kaviar und Räucherlachs verteilen, mit Zitronenstückchen garnieren. Kalbsschnitzel mit diesen Brötchen umlegen. Bratkartoffeln, Salate extra.

Rinder-Karbonaden

Dazu schmecken Kartoffelpüree, Risotto oder Teigwaren

Zutaten für 4 Portionen:
4 Rindersteaks aus der Rinderhüfte geschnitten, Salz, Pfeffer, 2 Eßl. Fett, 4 große Zwiebeln, $^3/_8$ l dunkles Bier, $^1/_2$ Teel. Streuwürze, 1 Lorbeerblatt, 5—6 Pfefferkörner, 1 Päckchen oder Beutel Bratensoße, $^1/_8$ l Wasser.
Pro Portion ca. 550 Kalorien = ca. 2300 Joule

Zubereitung: Die Steaks mit Salz und Pfeffer würzen und in Fett auf beiden Seiten gut anbraten. Die Steaks herausnehmen und in dem Fett Zwiebelstreifen bräunlich werden lassen. Die Steaks wieder dazugeben, mit Bier, Aromat oder Fondor, Lorbeerblatt und Pfefferkörnern auffüllen und zugedeckt ca. $1^1/_2$ Stunden schmoren lassen. Danach mit der Bratensoße, mit kaltem Wasser angerührt, aufkochen lassen. Als Beilagen passen Kartoffelpüree, Salzkartoffeln, Risotto oder Teigwaren und Salat dazu.

Kalbskotelett „Italia“

Ein duftendes Essen für verwöhnte Gaumen

Zutaten für 4 Portionen:
4 Kalbskoteletts, Salz, Pfeffer, 1/2 Teel. Basilikum, 1 Eßl. Butter oder Margarine, 4 Käsescheiben, 1 Zwiebel, 1/2 Dose geschälte Tomaten, 1 Eßl. gehackte Petersilie.
Pro Portion ca. 340 Kalorien = ca. 1420 Joule

Die Kalbskoteletts mit Salz, Pfeffer und Basilikum einreiben. Das Fett in einer Pfanne erhitzen, das Fleisch darin auf jeder Seite 4 Minuten braten, auf eine feuerfeste Platte legen und je 1 Käsescheibe darauflegen. In den heißen Backofen geben und den Käse schmelzen lassen. Inzwischen die Zwiebel fein würfeln, im Bratfett gelb dünsten, die Tomaten mit dem Saft und die Petersilie dazugeben. Mit Salz und Pfeffer würzen, erhitzen und die Tomaten auf die Koteletts legen. Die Soße etwas einkochen und extra anrichten. Dazu Kräuterreis und grünen Salat essen.

Schinkensteaks mit Bananen

Für Feinschmecker, die wenig Zeit zum Kochen haben

**Zutaten für 4 Portionen:
4 Scheiben gekochter Schinken à 125 g, 2 Eßl. Butter oder Margarine, 2 Eßl. Honig, 2 Bananen, 1 Weinglas Madeira, Sherry oder Malaga.
Pro Portion ca. 510 Kalorien = ca. 2130 Joule**

Das Fett in einer Pfanne erhitzen, die Schinkenscheiben darin auf jeder Seite 1 Minute braten, mit 1 Eßlöffel Honig bestreichen und 2 bis 3 Minuten weiterbraten. Die Schinkensteaks auf einer warmen Platte anrichten. Bananen in Scheiben schneiden, mit dem restlichen Honig in das Bratfett geben, 2 Minuten braten und die Schinkensteaks damit garnieren. Den Bratensatz mit Madeira, Sherry oder Malaga loskochen und über das Fleisch gießen. Dazu schmecken Kartoffelpüree, grüne Erbsen und Karotten oder grüne Bohnen. Wer mag, ißt grünen Salat dazu.

Tournedos „Rossini“

Erlesenes Essen für außergewöhnliche Anlässe

4 Portionen à 335 Kalorien = 1402 Joule

500 g Rinderfilet von der Spitze, Pfeffer
2 Eßlöffel Öl, 50 g Gänseleber-Parfait, 1 kleine Dose Trüffel
1 Zwiebel, 1 Eßlöffel Butter
1 Teelöffel Mehl
1/8 l Madeira
1 Teelöffel Fleischextrakt.

Tip: Statt Gänseleber und Trüffel (billigeres) getrüffeltes Gänseleber-Mousse für dieses Gericht nehmen.

Fleisch in 8 Stücke schneiden, klopfen. Fleischstücke ringsum mit Garn binden, damit sie die runde Form behalten. Fleisch pfeffern, mit Öl beträufeln. 2 Stunden stehen lassen. Gänseleber und Trüffel in 8 Scheiben schneiden, Rest hacken. Zwiebelwürfel anbraten, Mehl darin hellbraun werden lassen. Madeira, 1/8 l Wasser und Fleischextrakt zugeben, pfeffern und 10 Minuten kochen. Tournedos auf jeder Seite ca. 3–4 Minuten braten. Garn entfernen. Mit Gänseleber- und Trüffelscheiben belegen. Soße und gehackte Trüffel zum Bratensatz geben, aufkochen und Tournedos damit übergießen. Dazu Würfelkartoffeln und Gemüse.

Dänische Schnitzel

Gut mit Kümmel-Kartoffeln und Tomatensalat

4 Portionen à 370 Kalorien = 1548 Joule

4 Schweineschnitzel à 150 g (beim Kauf ganz dünn und groß klopfen lassen!)
Salz, Pfeffer, 100 g Havarti (dänischer Tilsiter)
2 hartgekochte Eier
1 Bund Petersilie, Mehl
1 Eßlöffel Butter oder Margarine.

Die Schweineschnitzel mit etwas Salz und frisch gemahlenem Pfeffer einreiben. Den Käse in 3 cm breite Streifen schneiden und je 1 Scheibe seitlich auf die Schnitzel legen. Die Eier schälen, in Scheiben teilen und auf den Käse legen. Mit gehackter Petersilie bestreuen, die freie Fleischseite darüberklappen und mit Holzspießchen feststecken. Die Schnitzel in Mehl wenden. Butter oder Margarine aufschäumen lassen, die Schnitzel hineinlegen und bei mittlerer Hitze von jeder Seite etwa 5 Minuten braten. Ohne Fett anrichten, die übrige Petersilie ins Bratfett geben, kurz rösten, Schnitzel damit garnieren.

Gegrillte Schinkensteaks mit Rührei

Schnell gemacht und leicht bekömmlich

4 Portionen à 460 Kalorien = 1932 Joule

2 dicke Scheiben magerer gekochter Schinken je 150 bis 200 g, schwarzer Pfeffer
1 Teelöffel Öl, 2 Eier
2 Eßlöffel Dosenmilch, Muskat
1 Eßlöffel Butter, 1 Zwiebel
1 Eßlöffel Margarine
1 Paket tiefgekühlte Erbsen (450 g), 1 Prise Zucker, Salz.

Die Schinkenscheiben pfeffern und einmal durchschneiden. Schinken und Grillpfanne mit Öl bepinseln. Die Pfanne erhitzen, die Steaks hineinlegen, 1 Minute grillen, dann etwas versetzen und noch 1 Minute grillen. (So entsteht das Kreuzmuster!) Die andere Seite auch so braten. Eier, Dosenmilch und etwas Muskat verquirlen, in erhitzte Butter geben und Rühreier bereiten. Vorher die geschälte Zwiebel würfeln und in Margarine hell dünsten. 1/2 Tasse Wasser dazugießen, 1 Minute kochen, Erbsen, Zucker und Salz hinzufügen. Gar dünsten und zu den Steaks Rühreier und Bratkartoffeln oder Brot essen.

Pikante Hawaii-Steaks

Serviert mit Reis und Currysoße

4 Portionen à 252 Kalorien = 1058 Joule

4 Kalbsteaks à 100 g, Salz Pfeffer, Mehl, 2 Eßl. Öl 2 Tomaten, 4 Käsescheiben 4 Ananasscheiben, 1 Teel. Edelsüß-Paprika, 2 Teel. Senffrüchte oder kandierte Orangenscheiben

Steaks salzen, pfeffern, in Mehl wenden. Steaks in heißem Öl auf jeder Seite 3 Minuten braten. Tomaten halbieren, pfeffern, in Mehl wenden und auch braten. Steaks mit Käse- und Ananasscheiben belegen. Bei geschlossener Pfanne Käse schmelzen lassen. Mit Paprika bestäuben und mit Tomaten und Senffrüchten oder kandierten Orangen belegen. Dazu 5-Minuten-Reis nach Vorschrift bereiten. Steaks auf Reis anrichten und Currysoße dazu reichen.

Kalbsleber provencalisch

Schmeckt auch gut mit der preiswerteren Schweineleber!

4 Portionen à 215 Kalorien = 903 Joule

4 Scheiben Kalbsleber, 1 große Zwiebel oder 4 Schalotten 3 Knoblauchzehen, 1/2 Bund Petersilie, 1 Löffelspitze Thymian, 1/2 gestrichener Teelöffel Aromat oder Fondor 1 Eßlöffel Mehl, 1 Teelöffel Paprika edelsüß, 1 Eßlöffel Öl, 1 Eßlöffel Margarine, Salz und Pfeffer.

Zwiebel oder Schalotten und Knoblauchzehen schälen und sehr fein hacken. Die Petersilie waschen, fein schneiden und mit dem Feingehackten, Thymian und Aromat oder Fondor mischen. Mehl und Paprika mischen und die Kalbsleber darin wenden. Öl und Margarine in eine Pfanne geben, auf mittlerer Hitze heiß werden lassen. Die Leber darin von jeder Seite etwa 3 Minuten braten. Die Scheiben sollten ca. 1 cm dick sein. Salzen, pfeffern und auf eine vorgewärmte Platte legen. Schnell die Gewürzmischung in das Bratfett streuen, 1 Minute dünsten und über die angerichtete Kalbsleber geben. Dazu Grill-Tomaten, Pommes frites und vielleicht Salat servieren.

Rinderzunge mit Madeirasoße

Besonders gut mit Kartoffelpüree und feinen Gemüsen!

4 Portionen à 300 Kalorien = 1260 Joule

**1 gepökelte Rinderzunge
1 Zwiebel, 1 Lorbeerblatt
2 Nelken, 1 Teelöffel weiße Pfefferkörner, 1 Zwiebel oder 3 Schalotten, 1 Teelöffel Butter oder Margarine, 1 Glas Madeira, 1 Löffelspitze Thymian, 1 Päckchen Bratensoße für 1/4 l, 1/8 l Rotwein Pfeffer, etwas saure Sahne.**

Tip: Für dieses Essen wird 1 Pfund Zunge verbraucht. Der Rest verbleibt für weitere Gerichte.

Die Zunge mit Wasser bedeckt aufsetzen und Zwiebel, Lorbeerblatt, Nelken und Pfefferkörner mit in den Topf geben. Kochen, bis sich die Zungenspitze leicht eindrücken läßt – das dauert etwa 2 1/2 Stunden. Die Zunge abziehen und schräg in 1/2 cm dicke Scheiben schneiden. Für die Soße Zwiebel oder Schalotten schälen, in Würfel schneiden und in Butter oder Margarine goldgelb dünsten. Dann Madeira und Thymian hinzufügen und kurz kochen. Das Soßenpulver mit Rotwein verquirlen, dazurühren und aufkochen. Mit Pfeffer und Sahne abschmecken, die Zungenscheiben darin erhitzen, nicht kochen.

Leberknödel mit Zwiebelbutter

Machen Sie dazu einen warmen Kartoffelsalat

Zutaten für 4 Portionen:
250 g gemahlene Rindsleber, 125 g gemischtes Hackfleisch, 3 Zwiebeln, 50 g Räucherspeck, 2 Eßlöffel Butter oder Margarine, 2 altbackene Brötchen, 1 Ei, 1 Eßlöffel gehackte Petersilie, Salz, Aromat oder Fondor, Muskat, Pfeffer, Majoran.
Pro Portion ca. 360 Kalorien = ca. 1505 Joule

Geschälte Zwiebeln und Speck fein würfeln. Die Speckwürfel in Butter oder Margarine auslassen und die Zwiebeln darin hellgelb dünsten. 1 Eßlöffel davon zu Leber und Hackfleisch geben. Eingeweichte Brötchen, Ei, Petersilie und Gewürze hinzufügen und die Farce am besten mit dem Knethaken eines Rührgeräts mischen. Mit einem Eßlöffel einen Probekloß abstechen und in siedendes Salzwasser legen. Zerfällt der Kloß, kommen noch 1 bis 2 Eßlöffel Grieß unter die Farce. Dann alle Klöße ins Salzwasser legen und in 10 Minuten gar ziehen lassen. Mit der Zwiebelbutter anrichten und dazu Salat essen.

Schweinefilet „orientalisch“

Servieren Sie dazu Weißwein oder kühles Bier

Zutaten für 4 Portionen:
1 Schweinefilet, 3 Eßl. Sherry oder Weinbrand, 1 gestrichener Teel. gemahlener schwarzer Pfeffer, 1 gestrichener Teel. Curry, 2 Zwiebeln, 2 Möhren, 1/2 Sellerieknolle, 2 Stangen Porree, Salz, 1 Eßl. Speisestärke, 2 Eßl. Butter oder Margarine, 3 Eßl. Sojasoße oder Suppenwürze, 1 Prise Zucker, 1 Tasse Hühnerbrühe (Würfel).
Pro Portion ca. 320 Kalorien = ca. 1340 Joule

Das Schweinefilet entsehnen, entfetten, in 1/2 cm dicke Scheiben schneiden und mit Sherry oder Weinbrand, Pfeffer und Curry gemischt 3 bis 4 Stunden stehen lassen. Zwiebeln, Sellerie und Möhren schälen und in dünne Scheiben schneiden. Porree auch in Scheiben schneiden, waschen und abtropfen lassen. Das Fleisch salzen, in Speisestärke umdrehen, in heißer Butter oder Margarine braten und wieder herausnehmen. Nun das Gemüse in das Bratenfett geben und kurz dünsten. Sojasoße, Zucker und Brühe hinzufügen, etwa 5 Minuten dünsten und das Fleisch daruntermischen. Sofort mit Reis essen.

Schweinebraten „Florida“

Schmeckt mit Kartoffelpüree oder Kroketten

4 Portionen à 340 Kalorien = 1428 Joule

750 g Schweinerollbraten, Salz Pfeffer, 1 Zwiebel
1 Eßlöffel Biskin
$^1/_2$ Tasse Weinessig
2 Eßlöffel Zucker
2 Eßlöffel Tomatenketchup
1 Teelöffel Streuwürze
$^1/_2$ Tasse geschnittene Ananas mit Saft, 1 gestrichener Eßlöffel Speisestärke.

Fleisch salzen und pfeffern, Zwiebel schälen und grob würfeln. Den Backofen auf 200 Grad stellen, eine Bratpfanne einschieben, nach Erreichen der Temperatur das Fett in die Pfanne geben, den Schweinebraten einlegen und ringsum braun anbraten; danach die Zwiebel zugeben und den Braten in ca. $1^1/_4$ Stunden gar werden lassen. Inzwischen Essig, Zucker, Tomatenketchup, Streuwürze, Ananas mit Saft sowie Speisestärke verrühren. Den Bratensatz mit $^1/_8$ l Wasser loskochen, durchseihen, die Ananasmischung dazugeben und unter Rühren einmal kurz aufkochen lassen. Den Braten aufschneiden.

Gebratenes Kalbsfrikandeau

Die Soße mit Sherry, Estragon oder Champignons verfeinern

4 Portionen à 340 Kalorien = 1428 Joule

750 g Kalbsfrikandeau (oder anderes Kalbfleisch aus der Keule), Salz, Pfeffer
250 g Kalbsknochen
1 Zwiebel, 2 Nelken
1 Lorbeerblatt, 1 Karotte
etwas Sellerie, 1–2 Tomaten
1 Eßlöffel Butter oder Margarine
1 Päckchen Bratensoße oder 1 Eßlöffel Speisestärke.

Fleisch salzen und pfeffern. Knochen in eine dem Fleisch entsprechend große feuerfeste Schüssel geben und das Fleisch darauflegen. Mit Zwiebel, Karotte, Sellerie, Tomaten und Gewürzen umlegen und das Fleisch mit Butter- oder Margarineflocken bedecken. Gefettetes Butterbrotpapier auf den Braten legen, die Schüssel zudecken und bei 225 Grad im Backofen ca. 1½ Stunden garen. Den Braten unter mehrmaligem Übergießen mit dem Bratensaft noch ca. ¼ Stunde offen bräunen lassen. Zu dem Bratensatz ¼ l Wasser geben, durchkochen, abseihen, mit etwas Speisestärke oder Soßenpulver binden.

Schwarzwälder Schäufele

Ein beliebtes Gästeessen, das wenig Arbeit macht

8-10 Portionen à 490 Kalorien = 2058 Joule

etwa 1,5 kg gepökelte und leicht geräucherte Schweineschulter, etwa 3 l Wasser
1 Zwiebel, 6 Nelken
1 Teelöffel weiße Pfefferkörner, 1 Teelöffel Wacholderbeeren, 1/2 Teelöffel Thymian, 1 Lorbeerblatt.

Die Schweineschulter mit etwas heißem Wasser abspülen. Das Wasser in einem passenden Topf aufsetzen und die zerschnittene Zwiebel, Nelken, Pfefferkörner, Wacholderbeeren, Thymian und Lorbeerblatt hinzufügen. Aufkochen, das Fleisch hineinlegen, etwa 10 Minuten kochen lassen und bei schwacher Hitze noch etwa 1 1/2 Stunden zugedeckt ziehen lassen. Das fertige Fleisch aus der Brühe heben, aufschneiden und mit Mixed Pickles, Senf, Bauernbrot und Kartoffelsalat servieren. Dazu ein schäumendes Bier kredenzen. Eventuelle Reste in Scheiben schneiden und am Abend kalt als Aufschnitt verwenden.

Ungarisches Gulasch

Nehmen Sie dazu ungarischen Paprika!

**Zutaten für 4 Portionen:
750 g Rinderbug, 250 g Zwiebeln, 1 Eßl. Schmalz,
Öl oder Biskin, 1 gehäufter Eßl. milder Paprika (edelsüß), 1 schwach gehäufter Teel. Salz, 1 Eßlöffel Tomatenmark, 1 Glas Rotwein, etwas Zitronenschale, 3/4 Teel. Kümmel,
1 gestrichener Teel. Majoran, 1/2 Knoblauchzehe.
Pro Portion ca. 420 Kalorien = ca. 1755 Joule**

Das Fleisch in 3 cm große Würfel schneiden. Die Zwiebeln schälen, in kleine Würfel schneiden und in Schmalz, Öl oder Biskin goldgelb dünsten. Paprika, Salz, Tomatenmark und Fleisch dazugeben und gut darunterrühren. Das Gulasch zudecken und auf schwacher Hitze etwa 1 1/2 Stunden dünsten, dabei den Rotwein nach und nach dazugießen. Inzwischen die Zitronenschale, Kümmel, Majoran und Knoblauch sehr fein hacken und 1/2 Stunde vor Ende der Garzeit zum Gulasch geben. Dazu viel Salat, Spätzle oder Salzkartoffeln essen. Und wenn ein Wein gewünscht wird, sollte es kräftiger Rotwein sein.

Zutaten für 4 Portionen:
1 kg ausgelöster Kalbsrücken, etwas Butter, 2 Lorbeerblätter, 1 Teel. Pfefferkörner,
2 Rosmarinzweige, Salz, Pfeffer, 1 Zwiebel, 50 g Räucherspeck,
2 Scheiben Toastbrot ohne Rinde, 2 Eier, 50 g geschälte, geriebene Mandeln, 1 Eßl. gehackte Petersilie, 1/3 l saure Sahne, 1 Teel. Speisestärke.
Pro Portion ca. 640 Kalorien = ca. 2675 Joule

Gefüllter Kalbsrücken

Ein sehr bekömmlicher Oster- oder Sonntagsbraten

Starke Alufolie einfetten und Lorbeerblätter, Pfefferkörner und Rosmarinzweige darauflegen. Das Fleisch mit Salz und Pfeffer einreiben und auf die Folie legen. Zwiebel und Räucherspeck würfeln und mit zerbröckeltem Toastbrot, Eiern, Mandeln und Petersilie gut vermischen. Auf das Fleisch streichen und die Folie so darüberschlagen, daß der Rücken aufgerollt ist. Das Folienpaket gut verschließen, auf einem Bratenblech bei 200 Grad im Backofen 1 1/2 Stunden garen. Fleisch anrichten, die Soße mit Sahne und Speisestärke verrühren und noch einmal kurz aufkochen.

Geschmorte Kalbshaxe

Kalbshaxe im Grill braucht 2 Stunden Garzeit

Zutaten für 4 Portionen:
1 Kalbshaxe (etwa 1 kg),
Salz, Pfeffer, Basilikum,
2 Eßl. Butterschmalz,
1 Zwiebel, 1 Möhre,
1 Eßl. Tomatenmark,
1 Glas Weißwein,
2 Eßl. saure Sahne.
Pro Portion ca. 480 Kalorien
= ca. 2005 Joule

Die Kalbshaxe mit Salz, Pfeffer und Basilikum einreiben. Butterschmalz in einem Schmortopf erhitzen und die Kalbshaxe darin von allen Seiten braun anbraten. Zwiebel und Möhre schälen, in Stücke schneiden, zum Fleisch geben und kurz mitbraten. Tomatenmark hinzufügen, Weißwein zugießen und die Haxe zugedeckt in etwa $1^1/_2$ Stunden gar schmoren. Die Soßenmenge knapp halten, wenn nötig heißes Wasser hinzugießen. Die Kalbshaxe anrichten, die Soße durch ein Sieb streichen und mit der Sahne aufkochen. Dazu Erbsen, Grilltomaten, Salzkartoffeln und frischen Salat servieren.

Schweinelende mit Backpflaumen

Ein Braten für alle, die wenig Zeit haben

Zutaten für 4 Portionen:
1 Schweinelende (750 g), 1/4 l Weißwein, 1 Eßl. Zucker, Saft von 1 Zitrone, 3 Nelken, 1 Teel. Pfefferkörner, 250 g Backpflaumen, Salz, Pfeffer, 1 Eßl. Margarine, 1 Zwiebel.
Pro Portion ca. 490 Kalorien = ca. 2050 Joule

Die Schweinelende enthäuten und längs bis zur Mitte einschneiden. Weißwein mit Zucker, Zitronensaft, Nelken, Pfefferkörnern und Backpflaumen 10 Minuten kochen. Die Pflaumen herausheben, etwas abkühlen lassen, entkernen und in die Schweinelende legen. Das Fleisch mit Garn umwickeln, mit Salz und Pfeffer einreiben, in Margarine anbraten. Zwiebel würfeln und zum Fleisch geben, das nach 30 Minuten Bratzeit gar ist. Dann den Weinsud dazugießen und aufkochen. Das Fleisch hübsch anrichten, die Soße durch ein Sieb in eine Sauciere gießen.

Zutaten für 4 Portionen:
750 g Schweinekeule mit Schwarte, Salz, Pfeffer, 1/8 l Wasser, 1 Zwiebel, 1 Karotte, 1 Eßl. Zucker, 500 g Eßkastanien, 1/2 Eßl. Butter oder Margarine, 1 Zwiebel, 2 Äpfel, 1 kleiner Kopf Rotkraut, 1 Lorbeerblatt, 2 Nelken, 1/4 l Fleischbrühe (Würfel), 3—4 Eßl. Himbeersaft, 3—4 Eßl. Essig, 2 Teel. kalt angerührte Speisestärke.
Pro Portion ca. 910 Kalorien = ca. 3805 Joule

Schweinebraten mit Kastanien und Rotkraut

Geschätzte Hausmannskost für kalte Tage

Schweinekeule würzen, mit der Schwarte nach unten in die mit 1/8 l heißem Wasser gefüllte Pfanne legen. 5 Minuten kochen, herausnehmen, Schwarte rautenförmig einritzen. Braten unter häufigem Begießen in etwa 1 1/4 Stunden in der Röhre garen. Zwiebel- und Karottenwürfel nach halber Garzeit zugeben. Kastanien einritzen, in Salzwasser aufkochen, schälen. Zucker karamellisieren, Kastanien, Salz und Wasser zugeben, 10 Minuten dünsten. Rotkraut: Zwiebel- und Apfelscheiben dünsten, feingeschnittenes Rotkraut zugeben, würzen, Fleischbrühe auffüllen, garen. Mit Himbeersaft und Essig würzen und mit Speisestärke binden.

Pariser Schnitzel

Ohne Erbsen sogar als Schonkost erlaubt

Zutaten für 4 Portionen:
4 Kalbsschnitzel à ca. 125 g, Salz, Pfeffer, Mehl, 2 Eßl. Butter oder Margarine, 3 Eier, 1 Eßl. gehackte Kräuter.
Pro Portion ca. 330 Kalorien = ca. 1380 Joule

Kalbsschnitzel salzen und pfeffern, in Mehl wenden. In einer flachen Pfanne langsam Fett erhitzen. Schnitzel einlegen und auf beiden Seiten in ca. 5 Minuten gar braten, herausnehmen. Eier verquirlen, mit etwas Salz und Pfeffer würzen und die gehackten Kräuter zugeben. In einer leicht gefetteten mit Kunststoff beschichteten Pfanne 4 dünne Eierkuchen braten (Eimasse ohne Mehl). In jeden Eierkuchen 1 Schnitzel einrollen. Auf heißer Platte anrichten, mit dem Bratenfett begießen und mit Tomaten garnieren. Als Beilage: grüne Erbsen und Salzkartoffeln.

Kalbshirn in brauner Butter

Dazu schmecken Kartoffelpüree und Endiviensalat

Zutaten für 4 Portionen: 250 g Kalbshirn, 1/4 l Wasser, 2 Zwiebeln, 1 Lorbeerblatt, 1/2 Teel. Pfefferkörner, 2 Eßl. Essig, 1/2 Teel. Salz, 4 Tomaten, 1 Eßl. Butter oder Margarine, 2 Teel. Kapern, Pfeffer, Thymian, 1 Eßl. Butter. Pro Portion ca. 190 Kalorien = ca. 795 Joule

Das Kalbshirn enthäuten. Wasser mit 1 geschälten Zwiebel, Lorbeerblatt, Pfefferkörnern, Essig und Salz aufkochen. Das Kalbshirn darin 8 Minuten ziehen lassen, herausheben und in große Stücke teilen. Tomaten kurz in kochendes Wasser tauchen, abziehen, halbieren, entkernen und in Würfel schneiden. Die zweite Zwiebel schälen, fein hacken und in Butter oder Margarine gelblich dünsten. Tomaten und Kapern dazugeben und mit Salz, etwas Pfeffer und Thymian bestreuen. Das in Stücke geschnittene Hirn hinzufügen und 3 bis 4 Minuten dünsten. Anrichten und mit heißer gebräunter Butter übergießen.

Zutaten für 4 Portionen:
2 Kalbsnieren, Salz, Pfeffer, etwas Mehl, Butter oder Margarine,
1 Zwiebel, 1 Knoblauchzehe,
2 kleine Essiggurken,
1 Dose Champignons (125 g),
$^1/_4$ l süße Sahne, 1 gehäufter Eßl. Senf, 1 Teel. Speisestärke, 1 Eßl. Weißwein, $^1/_2$ Teel. Streuwürze, etwas schwarzer Pfeffer,
1 Eßl. Zitronensaft.
Pro Portion ca. 370 Kalorien = ca. 1550 Joule

Kalbsnieren in Senfsoße

Auch Leber kann nach diesem Rezept zubereitet werden

Die Nieren in Scheiben schneiden, salzen, pfeffern und in Mehl wenden. Fett erhitzen, die Nieren darin hellbraun braten und wieder herausheben. Zwiebel und Knoblauchzehe schälen und fein schneiden. Zwiebel und Knoblauch ins Bratfett geben und glasig dünsten. Gurkenstreifen, Champignons und Sahne hinzufügen und die Soße 2 Minuten kochen. Speisestärke mit Senf und Weißwein verquirlen, dazurühren und aufkochen. Die Soße mit Aromat oder Fondor, Pfeffer und Zitronensaft abschmecken, die Nieren hineinlegen und darin erhitzen.

Paprika-Nieren-Ragout

Ein preiswertes und herzhaftes Gericht

Zutaten für 4 Portionen:
3—4 Schweinenieren,
1 Beutel Gulaschka (Gewürzmischung mit Zwiebeln), 2 grüne Paprikaschoten, 1/4 l Wasser, 1 Eßl. Butter, Salz, Pfeffer, 1/8 l saure Sahne, eventuell 1—2 Teel. Speisestärke.
Pro Portion ca. 270 Kalorien = ca. 1230 Joule

Gulaschka-Gewürzmischung mit Paprikastreifen und Wasser ca. 15 Minuten kochen. In dem Fett die zuvor entsehnten und geschnittenen Nieren gut anbraten und zuletzt leicht würzen. Die Gulaschka-Soße mit saurer Sahne, eventuell mit Speisestärke verrührt, verfeinern, die Nieren zugeben und nicht mehr kochen lassen. Als Beilage hierzu können Sie entweder Butterreis oder Kartoffelpüree (Fertigprodukt) reichen.

Kalbsbraten mit Orangensoße

Sonntagsbraten mit exotischer Note

4 Portionen à 520 Kalorien = 2176 Joule

1 kg Kalbsbraten
1 Tasse Weißwein, 1 Möhre
1 Zwiebel, 1 Lorbeerblatt
Pfefferkörner, Salz
1 Eßlöffel Fett
¹/₄ l Fleischbrühe
2 Orangen, 2 gehäufte Eßlöffel Zucker
1 ¹/₂ Likörgläser Weinessig
1 gestrichener Eßlöffel Speisestärke
1 Likörglas Orangenlikör.

Kalbfleisch mit Wein, Möhren- und Zwiebelwürfeln, Lorbeerblatt und Pfefferkörnern kaltgestellt 2–3 Tage marinieren. Fleisch trockentupfen, salzen, pfeffern, anbraten. Im vorgeheizten Backofen bei 200 Grad, Gas Stufe 3, 1¹/₄ Stunden mit Gemüsewürfeln braten. Wenden, bei zu großer Bräunung mit Folie abdecken. Orangen filieren. Zucker zu Karamel schmelzen, mit Essig und ¹/₈ l Brühe ablöschen. Marinade und übrige Brühe zum Bratensatz gießen, 2 Minuten kochen. Bratensaft zum Karamel seihen. Soße mit Speisestärke binden. Orangenfilets hineingeben, kurz erhitzen, mit Likör abschmecken. Beilagen: Kartoffelpüree, grüne Erbsen.

Kalbsrücken „Orloff"

Feines Fleisch in würziger „Verpackung"

4 Portionen à 720 Kalorien = 3024 Joule

1,2 kg Kalbskotelett am Stück ohne Rückgratknochen
Salz, weißer gemahlener Pfeffer
2 Eßlöffel Öl, 1 Zwiebel
1 Möhre, 1 Tasse Reis
6 Zwiebeln, 1 Eßlöffel Fett
1 Teelöffel Aromat oder Fondor, 2 Eigelb
75 g Emmentaler Käse
1 schwach gehäufter Eßlöffel Semmelbrösel.

Kotelettstück salzen und pfeffern. In Öl ringsum anbraten und bei 225 Grad (Gas Stufe 4) im Backofen 1½ Stunden braten. Nach 1 Stunde auf 180 Grad zurückschalten und Zwiebel- und Karottenwürfel zugeben. Reis, Zwiebelscheiben, Fett, 1 Teelöffel Salz, Aromat oder Fondor mit 2 Tassen Wasser aufkochen und zugedeckt in 35 Minuten gar quellen lassen. Danach durch ein Haarsieb passieren und mit Eigelb mischen. Kalbsbraten herausnehmen, 15 Minuten ruhen lassen. Fleisch vom Knochen lösen. Aufschneiden, Scheiben, mit je 1 Teelöffel Zwiebelmus dazwischen, auf den Knochen setzen. Ringsum mit Zwiebelmus bestreichen, mit Käse-Brösel-Mischung bestreuen. Noch 25 Minuten überbacken.

Kasseler Braten in Biersoße

Zu diesem Braten schmecken Rotkohl und Kastanien

4 Portionen à 790 Kalorien = 3306 Joule

1 kg Rippespeer
gemahlener weißer Pfeffer
2 gehäufte Eßlöffel Zucker
1/3 Teelöffel gemahlene Nelken
2 Zwiebeln, 1 Flasche dunkles Bier, 2–3 Teelöffel Instant-Bratensoße.

Rippespeer mit Pfeffer einreiben. In eine Bratenpfanne setzen, Fleischseite mit Zucker und Nelken bestreuen. Grobe Zwiebelwürfel um das Fleisch streuen. Bei 200 Grad (Gas: Stufe 3) in den vorgeheizten Backofen schieben und 45 Minuten braten. Nach 30 Minuten 1/2 Flasche Bier zugießen. Nach weiteren 15 Minuten Fleisch herausnehmen. Restliches Bier zum Bratenfond gießen und 3 Minuten einkochen lassen. Soße mit Soßenpulver binden. Fleisch aufschneiden, mit Soße, Rotkohl und Kastanien servieren. Helles Bier dazu trinken.

Rinderbraten mit Oliven

Eine interessante Geschmacksnuance

4 Portionen à 690 Kalorien = 2888 Joule

750 g Rinderschulter ohne Knochen, Salz
schwarzer gemahlener Pfeffer
3 Eßlöffel Öl, 2 Möhren
1 Eßlöffel Tomatenmark
¼ l Rotwein, 50 g durchwachsener Räucherspeck
6–8 mittelgroße Zwiebeln (ca. 250 g), 1 Glas gefüllte Oliven (ca. 150 g), ¼ Dose oder 125 g frische Champignons
1 Teelöffel Speisestärke, 1 Prise Zucker.

Das Fleisch würzen und ringsum braun anbraten. Geschälte ganze Möhren, Tomatenmark und Rotwein zugeben. Zugedeckt 1 Stunde schmoren. Speckwürfel anbraten, die geschälten ganzen Zwiebeln darin braun werden lassen, mit Oliven und Champignons zum Braten geben und noch etwa 40 Minuten schmoren. Möhren entfernen, Soße mit etwas kalt angerührter Speisestärke binden und mit 1 Prise Zucker abschmekken. Als Beilagen gibt es Teigwaren und Salat oder Gemüse und Salzkartoffeln dazu.

Hackbraten mit Eierfüllung

Eine der beliebtesten Variationen für Hackbraten

8 Portionen à 390 Kalorien = 1632 Joule

25 g durchwachsener Räucherspeck, 2 Zwiebeln
1/2 Bund Petersilie
750 g gemischtes Hackfleisch (halb Schwein, halb Rind)
1 altbackenes Brötchen
1 Ei, Muskat, je 1/2 Teelöffel Rosenpaprika und Majoran
Salz, 4 hartgekochte Eier.

Speck würfeln, ausbraten, Zwiebelwürfel 5 Minuten darin dünsten, zuletzt gehackte Petersilie 1 Minute mitdünsten, kalt stellen. Hackfleisch mit eingeweichtem und ausgedrücktem Brötchen, Ei, Muskat, Paprika, Majoran und Salz gut vermengen. Zwiebel-Speck-Würfel untermischen. Kastenform mit gefetteter Alufolie auslegen. Die Hälfte vom Hackfleisch hineinfüllen, Eier in die Mitte legen und mit Hackfleisch auffüllen. Etwas andrücken. Bei 200 Grad (Gas Stufe 3) 35 Minuten im vorgeheizten Backofen garen. Danach noch 20 Minuten in der Backröhre stehen lassen. Mit Gemüsen und Kartoffelpüree oder kalt zu Mixed Pickles und Brot reichen.

Kalbsvögerl auf Blattspinat

Und dazu eine Soße voll pfeffriger Würze

4 Portionen à 475 Kalorien = 1988 Joule

4 Kalbsschnitzel à ca. 100 g
Salz, Pfeffer
1 Teelöffel Thymian, 4 Eier
100 g gekochter Schinken
1 Eßlöffel Senf
2 Eßlöffel grüne Pfefferkörner
3 Eßlöffel Öl, 2 Zwiebeln
1/8 l Weißwein
1/8 l süße Sahne
1 Teelöffel Mehl.

Kalbsschnitzel zwischen Haushaltsfolie dünnklopfen, salzen, pfeffern und mit Thymian bestreuen. Eier 8 Minuten kochen, abschrecken und pellen. Schinken fein hacken, mit Senf und 1 Eßlöffel zerdrückten Pfefferkörnern vermischen und die Schnitzel damit bestreichen. Eier auf Schnitzel legen, Schnitzel aufrollen und mit Garn umbinden. In heißem Öl ringsum braun anbraten, Zwiebelwürfel zugeben und zugedeckt bei geringer Hitze in ca. 40 Minuten garen. Nach und nach Weißwein zugießen. Zuletzt Sahne und restliche Pfefferkörner beifügen, aufkochen und mit etwas kalt angerührtem Mehl binden. Auf Blattspinat anrichten.

Cevapcici mit Paprikasalat

Ein einfaches Essen – von den Jugoslawen heiß geliebt

4 Portionen à 275 Kalorien = 1151 Joule

375 g frisches Rinderhackfleisch, 2 Eigelb
2 Eßlöffel Rotwein, Salz
schwarzer Pfeffer, 1 Teelöffel Paprika edelsüß, etwas Öl
2 Zwiebeln, 4 rote oder grüne Paprikaschoten (auch gemischt)
1 Teelöffel Honig
3 Eßlöffel Weinessig
nach Wunsch schwarze Oliven.

Rinderhackfleisch mit Eigelb, Rotwein, Salz, Pfeffer und Paprika gut vermischen, abschmecken und fingerdicke Röllchen daraus formen. Eine Grillpfanne oder eine andere schwere Bratpfanne einölen, erhitzen, die Fleischröllchen hineinlegen und darin etwa 8 Minuten braten. Zwiebeln schälen und in Ringe schneiden, roh mit den Cevapcici anrichten. Für den Salat die Paprikaschoten vierteln, entkernen, waschen und in Streifen schneiden. Honig mit Essig, 3 Eßlöffel Öl, etwas Salz und Pfeffer mischen, unter die Paprikastreifen ziehen. Den Salat 1 Stunde durchziehen lassen, nach Wunsch mit Oliven garnieren. Dazu frisches Brot reichen.

4 Portionen à 330 Kalorien = 1381 Joule

250 g Schweinekamm
1 Eßlöffel Sherry
4 Eßlöffel Sojasoße, Salz
Pfeffer, Speisestärke
1 Zwiebel, 1 Knoblauchzehe
1 Stange Porree, 2 Möhren
100 g Champignons
2 Eßlöffel chinesische Morcheln
25 g Glasnudeln
6 Eßlöffel Öl, 1 mittlere Dose Sojabohnenkeimlinge
1 Scheibe Ananas
1/2 Tasse Ananassaft
4 Eßlöffel Weinessig
2 Eßlöffel Tomatenketchup
1 Eßlöffel Zucker.

Chop Suey

Eine chinesische Spezialität, die mit Reis schmeckt

Fleisch in Streifen schneiden, mit Sherry, Salz, Pfeffer, je 1 Eßlöffel Sojasoße und Speisestärke mischen. Zwiebel und Knoblauch hacken. Porree, Möhren und Champignons putzen und fein schneiden. Morcheln und Glasnudeln in Wasser einweichen. Öl erhitzen, das Fleisch in Speisestärke wenden, 1 Minute darin braten, wieder herausheben. Zwiebel und Knoblauch 1 Minute in dem Öl braten, dann Porree und Möhren hinzufügen, auch 1 Minute braten. Sojabohnenkeimlinge (abgetropft!), Champignons, Morcheln, Glasnudeln, Fleischmarinade, Sojasoße und die übrigen Zutaten hinzufügen. 5 Minuten kochen, das Fleisch hineingeben, abschmecken.

Schaschlik mit Balkanreis

Schmeckt ab 11 Uhr morgens immer

4 Portionen à 290 Kalorien = 1213 Joule

500 g Lamm- oder Hammelfleisch, 1 Teelöffel grober schwarzer Pfeffer, 1 Teelöffel Thymian, Saft von 1/4 Zitrone etwas Öl, 2 Zwiebeln, 1 rote und 1 grüne Paprikaschote
2 Eßlöffel Zwiebelwürfel
1 Tasse Langkornreis
2 Tassen Fleischbrühe
1 Päckchen tiefgekühltes Balkangemüse.

Fleisch in 3 cm große Stücke schneiden, mit Pfeffer, Thymian, Zitronensaft und 2 Eßlöffel Öl mischen, 2 Stunden durchziehen lassen. Zwiebeln schälen und in Ringe schneiden, Paprikaschoten vierteln, entkernen und in 3 cm große Stücke schneiden. Fleisch, Zwiebelringe und Paprikastückchen abwechselnd auf Spieße reihen, in eine gefettete Pfanne legen, auf mittlerer Hitze etwa 10 Minuten braten, dann salzen. Für den Reis Zwiebelwürfel in Öl andünsten, Reis und Fleischbrühe dazugeben und 10 Minuten kochen. Das Balkangemüse hinzufügen, weitere 10 Minuten dünsten. Schaschlik und den Balkanreis mit einer Schaschliksoße servieren.

Schweizer Leberspießli

Ohne Apfelscheiben die Spezialität „Zürcher Leberspießli"

4 Portionen à 360 Kalorien = 1506 Joule

500 g Kalbsleber, Pfeffer
125 g roher, ganz dünn geschnittener Schinken
Salbeiblätter, 2 Eßlöffel Öl
2 Äpfel, etwas Margarine.

Die Leber in 2 cm breite und 5 cm lange Stücke schneiden und am besten mit Pfeffer aus der Mühle übermahlen. Den Schinken in etwa 3 cm breite Streifen schneiden, die Leberstücke darin einrollen. Nun auf Spieße reihen, abwechselnd mit Salbeiblättchen. Eine Grillpfanne einölen, erhitzen, die Leberspießli darin 5 Minuten braten. – Inzwischen schnell die Äpfel waschen, abtrocknen, ausstechen und in Scheiben schneiden. Etwas Margarine in einer zweiten Pfanne zerlassen, die Apfelscheiben darin zugedeckt gar dünsten. Spieße und Apfelscheiben mit Rösti oder Bratkartoffeln servieren.

Käse-Frikadellen

Mit knusprigen Röstkartoffeln und viel grünem Salat servieren

4 Portionen à 345 Kalorien = 1444 Joule

375 g gemischtes Hackfleisch
1 grüne Paprikaschote
1 eingelegte rote Paprikaschote, 1 Eßlöffel Perlzwiebeln, 1 Ei, Salz
Pfeffer, Muskat
100 g Havarti (dänischer Tilsiter), 1 Eßlöffel Margarine.

Das Hackfleisch in eine Rührschüssel geben. Die grüne Paprikaschote vierteln, entkernen, waschen und fein würfeln, ebenso die eingelegte Paprikaschote und die Perlzwiebeln. Alles Gewürfelte zum Hackfleisch geben, außerdem das Ei, 1 Teelöffel Salz, 1/4 Teelöffel Pfeffer und etwas geriebene Muskatnuß. Den Teig etwa 1 Minute mit dem Knethaken des Handmixers bearbeiten und so gut mischen. Den Käse in kleine viereckige Scheiben schneiden. Aus dem Fleischteig 8 Frikadellen formen und dabei die Käsescheiben einhüllen. Die Margarine erhitzen, die Frikadellen hineinlegen und von jeder Seite 3 Minuten braten.

Schwedische Fleischklöße

Rotwein paßt dazu – und ein Schuß davon verfeinert die Soße

4 Portionen à 210 Kalorien = 882 Joule

250 g Rinderhack, 1 Eßlöffel Paniermehl, 1 Eigelb
2–3 Eßlöffel frische Sahne
Salz, Pfeffer, Muskat
etwas Zwiebelpulver
gehackte Petersilie
1 Beutel getrocknete Steinpilze
1 Zwiebel, 2 Eßlöffel Butter oder Margarine
1 Päckchen Bratensoße.

Das Hackfleisch mit Paniermehl, Eigelb, Sahne, Gewürzen und Petersilie zu einem glatten Teig verarbeiten und 3 cm große Klöße daraus formen. Die Steinpilze mit 1/8 l heißem Wasser übergießen und 5 Minuten quellen lassen. Die Zwiebel schälen und fein würfeln. Butter oder Margarine in einer Pfanne erhitzen, die Klöße darin unter ständigem Rütteln goldbraun braten, aus dem Fett heben und in eine vorgewärmte Schüssel legen. Zwiebelwürfel im Bratfett gelblich dünsten und Pilze mit Flüssigkeit und Soßenpulver dazugeben. Umrühren, aufkochen, über die Klößchen geben. Zu Teigwaren essen.

Teigwaren mit Hackfleischklößchen

Schnelles Gericht für die preisbewußte Hausfrau

4 Portionen à 660 Kalorien = 2762 Joule

250 g gemischtes Hackfleisch
1 Teelöffel Edelsüß-Paprika
1 Ei, 2 gehäufte Eßlöffel Semmelbrösel, Salz, Pfeffer
2 Eßlöffel Öl, 2 Zwiebeln
1 grüne Paprikaschote
50 g durchwachsener Räucherspeck
1/2 Dose geschälte Tomaten
1 Teelöffel gerebelter Thymian
400 g beliebige Teigwaren.

Hackfleisch mit Paprika, Ei, Semmelbröseln, Salz und Pfeffer vermischen. Walnußgroße Klößchen formen, im heißen Öl ringsum 5 Minuten braten und herausnehmen. Zwiebeln, Paprika und Speck würfeln, Speck auslassen, Gemüse darin 2 Minuten dünsten. Die Tomaten mit Saft, Thymian, Salz und Pfeffer zugeben und 5 Minuten schmoren. Dann Klößchen hineinlegen und erwärmen. Teigwaren in Salzwasser kochen, abgießen, mit Klößchen anrichten und mit Soße übergießen. Geriebenen Parmesankäse und Endiviensalat dazu reichen.

Gefüllte Schweinekoteletts

Bratkartoffeln und beliebige Gemüse schmecken gut dazu.

4 Portionen à 412 Kalorien = 1730 Joule

4 Schweinekoteletts
2 rohe Bratwürste
1 Eßlöffel gehackte Petersilie
1 Teelöffel gewürfelte Zwiebeln oder etwas Zwiebelpulver
2 Teelöffel Senf
2 Eßlöffel Weißwein
etwas scharfer Paprika
etwas Biskin.

Die Schweinekoteletts an der Rundung entlang bis zum Knochen einschneiden, so daß eine Tasche entsteht. Die Bratwurstfarce mit Petersilie, Zwiebelwürfeln oder Zwiebelpulver, Senf, Weißwein und Paprika vermischen, in die Schweinekoteletts füllen und mit Zahnstochern verschließen. Biskin in einer Pfanne erhitzen, die gesalzenen Schweinekoteletts hineinlegen und auf jeder Seite 5 Minuten braten und dabei mehrmals mit dem Bratfett übergießen. Mit einer braunen Soße (Delikateßbratensoße aus dem Päckchen!) servieren.

Haschee mit Pilzen

Pikante Variation mit Hackfleisch

Zutaten für 4 Portionen:
50 g roher Schinken, 1 Eßl. Butter oder Margarine, 2 Zwiebeln, 350 g gemischtes Hackfleisch, 250 g frische Steinpilze, 1 Teel. milder Paprika, 1 Beutel oder Päckchen Tomatensoße, 1 Eßl. gehackte Petersilie.
Pro Portion ca. 360 Kalorien = ca. 1505 Joule

Gewürfelten Schinken in Fett glasig auslassen, Zwiebelwürfel darin gelblich werden lassen. Das Hackfleisch und die gewaschenen, grobgehackten Steinpilze zugeben und gut anbraten, dabei mit einer Gabel etwas zerteilen. Den Paprika zu dem angebratenen Hackfleisch geben, Soßenpulver und $^1/_4$ l Wasser verrühren, zum Fleisch in die Pfanne geben, 1 Minute kochen lassen und zuletzt gehackte Petersilie untermischen. Das Haschee pikant abschmecken und mit Teigwaren oder Kartoffelpüree servieren. Tip: Das Haschee kann auch zum Füllen von Pfannkuchen und Omeletts verwendet werden.

Kalbfleischklößchen in Weißweinsoße

Schnell zubereitet und delikat

Zutaten für 4 Portionen:
2 Paar rohe Kalbsbratwürste, 2 Eier, 1 Löffelspitze Curry, etwas feingehackte Zwiebeln, 3/8 l Fleischbrühe, 1 Eßl. Butter, 1 Zwiebel,
2 Essiggurken, 1 rote Paprikaschote, 1 Eßl. Kapern, 1—2 Eßl. Speisestärke, 1/8 l süße Sahne, 1 Glas Weißwein.
Pro Portion ca. 640 Kalorien = ca. 2675 Joule

Bratwurstfleisch mit den Eiern gut verrühren, mit Curry und Zwiebeln vermischen. In die heiße, nicht kochende Fleischbrühe mit einem Teelöffel abgestochene Klößchen einlegen, in ca. 5 Minuten gar ziehen lassen. Fett erhitzen, Zwiebelwürfel gelblich schwitzen, Gurkenscheiben, Paprikawürfel und Kapern zugeben, einige Minuten dünsten. Danach mit der Fleischbrühe, ohne die Klößchen, auffüllen. Die Speisestärke mit Sahne und Weißwein anrühren und die Fleischbrühe damit binden, aufkochen lassen, Klößchen einlegen, nicht mehr kochen lassen, abschmecken.

Schweineragout mit Bananen

Bananen geben Fleischgerichten einen Hauch Exotik

4 Portionen à 670 Kalorien = 2804 Joule

500 g Schweineschulter
4 Zwiebeln, 2 Eßlöffel Öl
Salz, 1 Teelöffel Curry
1/2 Dose geschälte Tomaten
4 grüne Bananen.

Das abgespülte und trockengetupfte Fleisch in 3 cm große Stücke schneiden. Geschälte Zwiebeln grobhakken. Öl erhitzen, Fleischwürfel darin braun anbraten. Dann Zwiebeln zugeben und zugedeckt 5 Minuten mitgaren. Salz und Curry unterrühren und Tomaten mit Saft zugeben. Das Ragout zugedeckt etwa 1 1/4 Stunden garen. Eventuell etwas Wasser beifügen. Danach die Bananen schälen, auch in 3 cm große Stücke schneiden und zum Fleisch geben. Zugedeckt noch 15 Minuten schmoren lassen. Zuletzt das Ragout pikant abschmecken. Mit körnig gekochtem Reis und Salaten oder frischem Weißbrot servieren.

Fleischklößchen-Fondue

Dieses Fondue findet viele Freunde

4 Portionen à 330 Kalorien (ohne Soße) = 1381 Joule

500 g Tatar, 3 Eigelb, je 2 gestrichene Teelöffel Edelsüß-Paprika und Salz, 3 gehäufte Eßlöffel Semmelbrösel
Salatblätter, 1 Zwiebel
1 Eßlöffel Butter
³/₄ l Fleischbrühe (Würfel)
¹/₄ l Weißwein, Pfeffer
1 Teelöffel Worcestersoße.

Piccalillisoße pro Portion 135 Kalorien = 565 Joule

Pußta-Relish pro Portion 70 Kalorien = 290 Joule

Tatar mit Eigelb, Paprika, Salz und Bröseln verkneten und zu walnußgroßen Klößchen formen. Zwiebelwürfel in Fett dünsten, Brühe und Wein zugießen, würzen. 3 Minuten kochen. Brühe in Fonduetopf füllen, auf Rechaud heiß halten. Die Klößchen darin etwa 2 Minuten garen. Hierzu Soßen, Mixed Pickles und Stangenbrot reichen. **Piccalillisoße:** 2 Eßlöffel Piccalilli grob hacken, mit ¹/₂ Teelöffel gekörnter Brühe, 2 Eßlöffel Weinbrand und ¹/₂ Tasse Mayonnaise mischen. **Pußta-Relish:** 1 Zwiebel, ¹/₄ Fenchelknolle und ¹/₂ Apfel fein würfeln. Mit 1 gehäuften Eßlöffel Zucker und ¹/₂ Tasse Weinessig 5 Minuten dünsten. Erkaltet mit ¹/₂ Tasse Tomatenketchup mischen. Mit Paprika abschmecken.

Ochsenbein mit Meerrettichsoße

Dieses Fleisch ist kernig und schmeckt nach mehr!

4 Portionen à 520 Kalorien = 2176 Joule

**750 g Ochsenbein (2 Scheiben)
Salz, 2 Lorbeerblätter
4 oder 5 Nelken, 1/2 Teelöffel Pfefferkörner, Aromat oder Fondor, 750 g kleine Kartoffeln
2 Möhren, 2 Stangen Porree
1/2 Sellerieknolle, 50 g Butter
1/4 l Milch, etwas geriebene Muskatnuß, 50 g geriebenes frisches Weißbrot, 1–2 Eßlöffel geriebener Meerrettich, Salz
etwas Zucker.**

Das Fleisch in einen Topf legen und mit Salz bestreuen. Lorbeerblätter, Nelken, Pfefferkörner und 1 Teelöffel Aromat oder Fondor hinzufügen. Das Fleisch mit Wasser bedecken, aufsetzen und 2 Stunden kochen. Kartoffeln schälen und Gemüse putzen und in Stücke schneiden. Alles nach 1 1/2 Stunden zum Fleisch geben und mitgaren. Für die Soße Butter zerlassen. Milch, Muskatnuß, 1 schwach gehäuften Teelöffel Aromat oder Fondor und Weißbrot dazugeben. Die Soße aufkochen, 5 Minuten ziehen lassen, 1/8 l Fleischbrühe und Meerrettich hinzufügen. Mit Salz und Zucker abschmecken, alles anrichten.

Schinken in Brotteig

Wenn der Schinken Verstecken spielt

4 Portionen à 665 Kalorien = 2783 Joule

**500 g mildgesalzener roher Rollschinken, je 1 Teelöffel Wacholderbeeren, schwarzer Pfeffer und Koriander
1 Pack. Kümmelbrot (backfertige Brotmischung).**

Schinken in den im Mörser leicht zerdrückten Gewürzen wenden. Den Teig nach Vorschrift auf der Packung bereiten. Nach dem ersten Aufgehen den Teig durchkneten, zu einer Platte auswellen. Schinken darauflegen, in den Teig einhüllen. Ränder mit Wasser bestreichen und Schinken im Teig mit der Naht nach unten auf ein gefettetes Backblech setzen. Nochmals nach Vorschrift gehen lassen und dann im auf 175 Grad (Gas Stufe 2) vorgeheizten Backrohr ca. 50 Minuten backen. Warm mit Salatplatte servieren.

Tip: Ist der Schinken doch zu stark gesalzen, legen Sie ihn 1–2 Stunden in Mineralwasser, tupfen ihn trocken und würzen ihn. Oder verwenden gekochten Schinken.

Wiener Tafelspitz mit Apfelkren

In Österreich heißt Meerrettich „Kren"!

4 Portionen à 525 Kalorien = 2205 Joule

750 g Rinderhüfte, Salz
1 Zwiebel, 1 Lorbeerblatt
2 Nelken, 2 Stangen Porree
1 kleine Sellerieknolle
2 Möhren
1 kleiner Wirsingkohl
750 g Kartoffeln
250 g Äpfel (Golden Delicious)
Saft von 1/2 Zitrone
oder 1 1/2 Eßlöffel weißer Essig
100 g geriebener Meerrettich
Zucker nach Geschmack.

Das Fleisch und eine mit Lorbeerblatt und Nelken besteckte Zwiebel in gesalzenes Wasser legen und leise sprudeln lassen. Die Porreestangen halbieren, waschen und zusammenbinden. Sellerie und Möhren schälen und den Wirsing halbieren. Das Gemüse nach 1 Stunde Kochzeit zum Fleisch geben, das dann noch 1/2 Stunde kochen muß. Kartoffeln schälen und in Fleischbrühe garen, Äpfel schälen, fein reiben und sofort mit Zitronensaft oder Essig mischen. Mit Meerrettich, Zucker und Salz abschmecken. In Scheiben geschnittenes Fleisch, Gemüse und Kartoffeln zusammen anrichten und Apfelkren dazu essen.

Warmes Kasseler mit buntem Kartoffelsalat

Eignet sich auch ausgezeichnet als Gästeessen

4 Portionen à 440 Kalorien = 1848 Joule

1 kg Kasseler Rippchen
1 Zwiebel, 2 Nelken
1 Lorbeerblatt
1/2 Teelöffel Wacholderbeeren
1/2 Teelöffel Kümmel
1 Becher geriebener Meerrettich. –
Salat: 750 g Pellkartoffeln
4 Essiggurken, 1 Zwiebel
2 hartgekochte Eier
2 Teelöffel Senf, Essig
Salz, Pfeffer
1 Becher Joghurt.

Das Kasseler Rippchen in kochendes Wasser legen, die Zwiebel mit Nelken und Lorbeerblatt bestecken und hinzufügen, ebenso die Wacholderbeeren und den Kümmel. Den Topf zudecken und das Kasseler etwa 40 Minuten gar ziehen lassen, nicht kochen. Salat: Die geschälten Pellkartoffeln und die Essiggurken in Scheiben schneiden. Die Zwiebel schälen und fein hacken, die Eier schälen und in grobe Würfel schneiden. Die vorbereiteten Zutaten mischen und alles mit den Gewürzen und Joghurt pikant anmachen. Zum warmen, aufgeschnittenen Kasseler, mit geriebenem Meerrettich, servieren.

Burgunder Rahmschnitzel

Ein Festessen, auch für den Mini-Haushalt praktisch!

4 Portionen à 315 Kalorien (ohne Beilagen) = 1318 Joule

**4 Kalbsschnitzel à 100 bis 120 g, Salz, Pfeffer etwas Mehl, 1 Eßlöffel Öl
1 Eßlöffel Butter oder Margarine, 1 gestrichener Teelöffel Paprika edelsüß
1/8 l saure Sahne
1 Päckchen Rahmbratensoße
1/8 l Rotwein (Burgunder)
1 Löffelspitze Thymian
Zitronenscheiben.**

Die Schnitzel mit Salz und Pfeffer einreiben und in Mehl wenden. Öl in einer Pfanne erhitzen, Butter oder Margarine hinzufügen und kurz erhitzen. Die Kalbsschnitzel hineinlegen, bei mittlerer Hitze von jeder Seite 3 bis 4 Minuten braten und auf eine vorgewärmte Platte legen. Die Pfanne vom Herd nehmen, schnell Paprika ins Bratfett rühren. Die Sahne dazurühren und aufkochen. Soßenpulver mit Rotwein und 4 Eßlöffel Wasser verquirlen, in die Pfanne gießen, rühren und aufkochen. Die Soße mit Thymian abschmecken, über die Kalbsschnitzel geben. Mit Zitronenscheiben garnieren und dazu frischen Salat und Nudeln oder Reis servieren.

Kalbsrücken „Gärtnerinnen-Art"

Saftiger Braten und Zierde jeder Festtagstafel

4 Portionen à 565 Kalorien (ohne Pommes frites) = 2365 Joule

1 kg Kalbsrücken ohne Mittelknochen, Salz und Pfeffer, 2 Eßlöffel Öl, 1 Zwiebel
$^1/_8$ l Fleischbrühe (Würfel)
1 Blumenkohl, 1 kleine Dose grüne Bohnen
1 kleine Dose Möhren
1 Päckchen tiefgekühlte junge Erbsen, Aromat oder Fondor
1 Eßlöffel Butter oder Margarine.

Das Fleisch salzen und pfeffern. Öl im Bratentopf erhitzen, den Kalbsrücken hineinlegen und anbraten. Bei 200 Grad in den Backofen geben und $1^1/_4$ Stunden braten. Nach $^1/_2$ Stunde die in Würfel geschnittene Zwiebel hinzufügen. Inzwischen Blumenkohl in Salzwasser kochen, Erbsen wie empfohlen zubereiten. Bohnen und Möhren getrennt erhitzen, mit Aromat oder Fondor würzen. Alle Gemüse in etwas Butter oder Margarine schwenken. Den Braten auf eine vorgewärmte Platte legen und mit dem Gemüse umlegen. Fleischbrühe in den Bratentopf geben, den Bratensatz loskochen, die Soße abschmecken, durch ein Sieb in Sauciere geben.

Gefüllte Paprika-Kalbsröllchen

Rouladen gibt's für jeden Geschmack: diese sind ganz besonders würzig

4 Portionen à 420 Kalorien = 1758 Joule

4 Kalbsschnitzel à 100 g
250 g Schweinehack
1 Teelöffel Majoran, Salz
1 Teelöffel grüne Pfefferkörner
1 Bund Petersilie, 1 Zwiebel
2 grüne Paprikaschoten
Mehl, 2 Eßlöffel Öl
und 1/8 l saure Sahne.

Die Kalbsschnitzel kurz abspülen und trockentupfen. Zwischen Sichtfolie dünn klopfen und salzen. Schweinehack mit Majoran, Salz, zerdrückten Pfefferkörnern und gehackter Petersilie vermischen und auf die Schnitzel streichen. Schnitzel zusammenrollen und mit Garn binden. Geschälte Zwiebel und entkernte Paprika in Streifen schneiden. Kalbsröllchen in Mehl wenden, in heißem Öl ringsum anbraten, Gemüsestreifen und 1/2 Tasse Wasser zugeben, salzen und zugedeckt 50 Minuten bei mittlerer Hitze schmoren. Danach saure Sahne, verrührt mit 1 Teelöffel Mehl, zugeben und alles noch einmal aufkochen. Pikant abschmecken.

Sauer-Rouladen (in Sahne mariniert)

Rouladen mit pikantem „Innenleben"

4 Portionen à 510 Kalorien = 2134 Joule

4 Scheiben Rinderrouladen
Senf, Pfeffer, Streuwürze
1 große Zwiebel, 8 Cornichons
¹/₄ l saure Sahne, 4 Eßlöffel Weinessig, Salz
1 Eßlöffel Mehl
1 Teelöffel milder Paprika
2 Eßlöffel Margarine
1 gehäufter Teelöffel Tomatenmark
2 Tassen Fleischbrühe (Würfel)
2 gehäufte Teelöffel Mehl.

Rouladenscheiben mit Senf bestreichen, mit Pfeffer und Aromat oder Fondor bestreuen. Zwiebelstreifen auf den Fleischscheiben verteilen. Cornichons darauflegen, Scheiben aufrollen und mit Garn umwickeln. Rouladen in saurer Sahne und Weinessig 1–3 Tage unter mehrmaligem Wenden kalt stellen. Die abgetropften Rouladen salzen, in mit Paprika vermischtem Mehl wenden und braun anbraten. Das Tomatenmark zufügen, kurz mitbraten. Fleischbrühe und die Hälfte der Marinade dazugießen. Bei schwacher Hitze 1 Stunde schmoren lassen. Restliche Marinade mit Mehl verquirlen, zur Soße rühren, aufkochen. Mit Kartoffelpüree reichen.

Szegediner Gulasch

Wichtig ist aromatischer Paprika. Er ist dunkelrot

4 Portionen à 250 Kalorien = 1050 Joule

375 g mag. Schweinefleisch
1 Zwiebel, 2 Teelöffel Öl
2 Teelöffel milder Paprika
1 Teelöffel Tomatenmark
1/2 Dose Sauerkraut
1/3 Teelöffel Kümmel
1/4 l Fleischbrühe (Würfel!)
1/8 l saure Sahne
1 Prise Rosenpaprika.

Das Fleisch in 2 cm große Würfel schneiden, die geschälte Zwiebel fein hacken. Öl im Schmortopf erhitzen, die Zwiebeln darin goldgelb dünsten. Das Fleisch mit dem Paprika mischen, zu den Zwiebeln geben und das Tomatenmark hinzufügen. Gut umrühren, zudecken und auf schwacher Hitze etwa 1 Stunde schmoren. Dabei von Zeit zu Zeit wenig Wasser dazugießen. Sauerkraut, Kümmel und Fleischbrühe in einen zweiten Topf geben und zugedeckt etwa 30 Minuten dünsten. Zuletzt Fleisch, Sauerkraut und Sahne miteinander vermischen und dem Gericht mit Rosenpaprika die gewünschte Schärfe geben.

Rouladen „Hausfrauenart"

Schon am Samstag für den Sonntagmittag vorbereiten!

4 Portionen à 475 Kalorien = 1995 Joule

4 Scheiben Rollfleisch
etwa 1 Eßlöffel Senf, 1 Zwiebel
50 g durchwachsener Räucherspeck
1 kleine Gewürzgurke
Salz, Pfeffer, 1 Eßlöffel Mehl
1 Eßlöffel Butter, 1 Eßlöffel Öl
1 Eßlöffel Tomatenmark
¼ l Rotwein, 1 Becher saure Sahne oder Joghurt
1 Teelöffel Speisestärke.

Das Fleisch mit Senf bestreichen. Geschälte Zwiebel, Speck und Gurke in feine Würfel schneiden und daraufstreuen. Dann aufrollen, zusammenstecken, mit Salz und Pfeffer bestreuen und in Mehl wenden. Butter und Öl erhitzen und die Rouladen darin dunkelbraun anbraten. Das übrige Mehl ins Bratfett geben und darin leicht bräunen. Dann Tomatenmark, Rotwein und ⅛ l Wasser hinzufügen, die Rouladen zudecken und in etwa 1¼ Stunden garschmoren. Aus der Soße heben und in eine vorgewärmte Schüssel legen. Sahne oder Joghurt mit Speisestärke verquirlen, zur Soße rühren und aufkochen. Abschmecken, über die Rouladen geben.

Gebratenes Roastbeef

Ein zart rosig-knusprig gebratenes Roastbeef ist ein echtes Meisterstück

6 Portionen à 330 Kalorien = 1386 Joule

**1 kg Roastbeef, Salz
schwarzer gemahlener Pfeffer
2 Zwiebeln, 1 Eßlöffel Palmin
¹/₄ l Fleischbrühe (Würfel)
1 gestrichener Teelöffel Speisestärke.**

Das Fleisch salzen und pfeffern, die Zwiebeln würfeln. Den Backofen auf 225 Grad stellen, eine Bratpfanne einschieben, nach Erreichen der Temperatur Fett in die Pfanne geben und das Roastbeef in der Pfanne ringsum anbraten, sobald das Fett leicht zu rauchen beginnt. Danach die Zwiebeln beifügen und bei geschlossenem Backofen in ca. 25 Minuten gar werden lassen. Dabei bitte nicht hineinstechen, da sonst der Fleischsaft herausläuft. Vor dem Aufschneiden das Fleisch noch 15 Minuten ruhen lassen. Den Bratensatz mit der Fleischbrühe verkochen und mit der kalt angerührten Speisestärke binden.

Pikanter Schmorbraten

Sie sparen fast 1 Stunde Kochzeit, wenn Sie einen Schnellkochtopf haben

4 Portionen à 460 Kalorien = 1932 Joule

750 g Rinderbraten aus der Keule
Salz, Pfeffer, 2 Zwiebeln
1 Karotte, 1/4 Sellerieknolle
1 Eßlöffel Biskin oder Öl
1 Teelöffel Pfefferkörner
2 Lorbeerblätter
1 Eßlöffel Mehl
3–4 reife Tomaten
1/4 l Rotwein, 1/4 l Wasser
Streuwürze, 1 Eßlöffel getrocknete Steinpilze.

Den Rinderbraten mit Salz und Pfeffer würzen. Zwiebeln, Karotte und Sellerieknolle schälen und in grobe Würfel schneiden. Fett in einem Topf heiß werden lassen, das Fleisch ringsum braun anbraten und herausnehmen, Gemüse zugeben und 5 Minuten braten. Danach Gewürze und Mehl beifügen und 2–3 Minuten weiterdünsten. Tomaten, Rotwein und Wasser zu dem Gemüse geben, das Fleisch beifügen und zugedeckt unter mehrmaligem Wenden in ca. 1 3/4 Stunden gar werden lassen. Die Soße durchseihen, mit den getrockneten Steinpilzen 5 Minuten kochen und mit Streuwürze abschmecken.

Lammragout mit Curry

Gönnen Sie sich dazu ein Gläschen leichten Rotwein

4 Portionen à 405 Kalorien = 1701 Joule

**500 g Lammschulter ohne Knochen, 3 Zwiebeln
1 Knoblauchzehe
1 Eßlöffel Öl, 1 Lorbeerblatt
Salz, Pfeffer, 1 Apfel
2 gehäufte Teelöffel Curry
$^1/_8$ l Fleischbrühe (Würfel)
1 Becher Joghurt
2 gehäufte Teelöffel Speisestärke.**

Das Fleisch in 2 cm große Würfel schneiden. Zwiebeln und Knoblauch schälen und fein hacken. Das Öl im Schmortopf erhitzen, die Fleischwürfel hineingeben und braun braten. Zwiebeln und Knoblauch hinzufügen und auf schwacher Hitze 5 Minuten braten. Lorbeerblatt, Salz und Pfeffer dazugeben. Den Apfel schälen, entkernen, würfeln und mit dem Curry zum Fleisch geben. Die heiße Fleischbrühe dazugießen, das Gericht zudecken und etwa 35 Minuten garen. Joghurt mit Speisestärke verquirlen, zum Ragout gießen, umrühren und aufkochen. Abschmecken und mit körnig gekochtem Reis, Mango-Chutney und frischem Salat servieren.

Rindfleisch mit Paprikaschoten

Servieren Sie dazu Reis und Bier, zum Nachwürzen Sojasoße

4 Portionen à 300 Kalorien = 1260 Joule

① 375 g Rinderlende 2 Eßlöffel Speisestärke, 2 Eßlöffel Sojasoße 1 Eßlöffel Weißwein oder Sherry ½ gestrichener Teelöffel Zucker 1 Löffelspitze Pfeffer. –
② 2 Zwiebeln, 1 Knoblauchzehe 4 grüne Paprikaschoten ⅓ Tasse Öl, ¼ l Hühnerbrühe (Würfel), 2 Eßlöffel Sojasoße 2 Eßlöffel Tomatenketchup Glutamat oder Streuwürze (Aromat oder Fondor) 1 gestrichener Eßlöffel Speisestärke.

Die Rinderlende enthäuten, in dünne Blättchen schneiden, in Speisestärke wenden, mit den übrigen Zutaten zu ① mischen und 1 Stunde stehen lassen. Zwiebeln und Knoblauch schälen und fein hacken. Paprikaschoten vierteln, entkernen, waschen und in Streifen schneiden. Das Öl erhitzen, das Fleisch darin in 2 oder 3 Partien 1 Minute braten, auf einem Sieb abtropfen lassen. Zwiebeln, Knoblauch und Paprika 3 Minuten in dem Öl braten. Hühnerbrühe, Sojasoße, Ketchup, Glutamat oder Streuwürze hinzufügen. 1 Minute kochen, mit verquirlter Speisestärke binden, das Fleisch darin erhitzen, nicht kochen.

Curry von Schweinefleisch

Für alle, die es ein wenig „chinesisch" mögen

4 Portionen à 710 Kalorien = 2982 Joule

750 g Schweinebug (Schulter)
3 Zwiebeln, 2 Äpfel
1 Knoblauchzehe
2 Eßlöffel Butter oder Margarine
1 Teelöffel Curry, Salz
Pfeffer, 2 Becher Joghurt
2 gehäufte Teelöffel Speisestärke.

Das Schweinefleisch in 2 bis 3 cm große Würfel schneiden. Zwiebeln schälen und würfeln. Die Äpfel vierteln, entkernen, in Scheiben schneiden und grob hacken. Die Knoblauchzehe schälen und zerdrücken. Butter oder Margarine in einem Topf erhitzen, die Fleischwürfel darin goldbraun anbraten und dann Zwiebeln, Äpfel, Curry, Salz und Pfeffer dazugeben. Das Fleisch zugedeckt etwa 45 Minuten leise schmoren und dabei öfters umrühren. Joghurt mit Speisestärke verrühren, zum Schweinefleisch rühren und noch einmal aufkochen lassen. Dazu Reis, beliebige Salate und Mango-Chutney reichen.

Schweineröllchen mit Käse

Ein zarter Leckerbissen für alle, die es würzig mögen

4 Portionen à 410 Kalorien = 1722 Joule

4 Schweineschnitzel à 100 g
1 rote Paprikaschote
2 Zwiebeln, Salz
gemahlener Kümmel, 1 Eßlöffel Butter oder Margarine
1/2 Dose geschälte Tomaten
1/2 Becher Joghurt
1/2 Teelöffel Speisestärke
4 Scheiben Käse.

Die Paprikaschote vierteln, entkernen, waschen und in Streifen schneiden. Die Zwiebeln schälen und fein hacken. Die dünngeklopften Schweineschnitzel mit Salz und gemahlenem Kümmel bestreuen und mit den Paprikastreifen belegen. Zusammenrollen und mit Zahnstochern feststecken. Fett in einer Pfanne erhitzen, die Schnitzel darin gut anbraten, die Zwiebeln dazugeben und kurz mitbraten. Die Tomaten hinzufügen, zudecken und etwa 40 Minuten leise schmoren lassen. Dann Joghurt mit Speisestärke verquirlen, die Soße damit binden. Die Schweineröllchen mit Käse kurz überbacken.

Gebratene Lammkeule

Karotten- und Zwiebelwürfel zum Würzen mitbraten

Zutaten für 6—8 Portionen:
ca. 1,5 kg Lammkeule, Pfeffer, 2 Zehen Knoblauch, Salz, 2 Eßl. Öl, 1 Karotte, 1 Zwiebel, 1/2 Teel. Thymian, 2 Teel. Tomatenmark, Aromat oder Fondor, 1 Teel. Speisestärke.
Pro Portion ca. 570 Kalorien = ca. 2385 Joule

Lammkeule mit weißem, feingemahlenem Pfeffer gut einreiben. Knoblauchzehen zerdrücken, mit Salz verreiben und damit die Lammkeule gut würzen. Das Öl erhitzen, die Lammkeule ringsum darin anbraten, in die vorgeheizte Backröhre bei ca. 220 Grad stellen und grobe Karotten- und Zwiebelwürfel zugeben. Die Hitze auf ca. 190 Grad zurückdrehen, die Keule in ca. 1 1/4 Stunden garen lassen. Zwischendurch einige Male mit Bratenfett übergießen. Zuletzt Thymian und Tomatenmark zugeben, etwas anrösten, mit ca. 3/8 l Brühe auffüllen. Streuwürze zugeben, mit etwas kalt angerührter Speisestärke binden. Die Soße durchseihen, servieren.

Hammelkeule „Bäckerin-Art“

Schmeckt ähnlich wie der berühmte „Straßburger Bäckeofe“

4 Portionen à 900 Kalorien = 3780 Joule

1 kg Hammelkeule, Salz, Pfeffer
2 Knoblauchzehen
1 Eßlöffel Butter oder Margarine, 1 kg Kartoffeln
3 Zwiebeln, Muskat
1 Teelöffel Thymian
2 Lorbeerblätter.

Das Fleisch mit Salz und Pfeffer würzen und mit in Stifte geschnittenem Knoblauch bestecken. Fett in feuerfester Schüssel im Backofen bei 220° erhitzen, das Fleisch darin bräunen und dann 30 Minuten braten. Kartoffeln und Zwiebeln schälen und in 1/2 cm dicke Scheiben schneiden. Hammelkeule aus der Form nehmen. Jetzt Kartoffeln und Zwiebeln lagenweise in die Form schichten und mit Salz, Pfeffer, Muskat, etwas Thymian und Lorbeer würzen. Darüber dann 1 Tasse kochendes Wasser gießen und das angebratene Fleisch darauflegen. Bei 200 Grad das Ganze nochmals 50 Minuten braten. In der Form servieren und dazu kräftigen Rotwein reichen.

Chinesisches Schweinefleisch

Essen Sie dazu Kroepoek (Krabbenbrot)

4 Portionen à 540 Kalorien = 2268 Joule

① 375 g Schweinelende ohne Fett und Sehnen, 2 Eßl. Sherry oder Reiswein, 1 Eßl. Sojasoße 1 Prise Salz, 1/2 Teel. Fondor Pfeffer. – ② 2 Stangen Porree 2 Zwiebeln, 50 g Glasnudeln 2 Eßl. getrocknete schwarze Pilze, 1/2 Dose Bambussprossen 2 Scheiben Ananas. – ③ 1/2 Tasse Weinessig, 4 Eßl. Zucker, 2 Eßl. Ananassaft, 1/3 l Hühnerbrühe (Würfel), 3 Eßl. Tomatenketchup, 1 Eßl. Sojasoße, 1 Tasse Öl, 1/2 Teel. Speisestärke.

Das Fleisch in Scheiben schneiden und mit den übrigen Zutaten zu ① mischen. Porree und Zwiebeln putzen und in Streifen schneiden. Nudeln und Pilze (getrennt!) je 3 Minuten in Salzwasser kochen, abgießen. Bambus und Ananas in Streifen schneiden. Die Zutaten zu ③ bis auf Öl und Speisestärke mischen. Das Fleisch in Speisestärke wenden, 2 Minuten in Öl braten, herausnehmen und abtropfen lassen. Zwiebel und Porree 2 Minuten in dem Öl braten. Das Fett abgießen und nun die Essigmischung, Nudeln, Pilze, Bambus und Ananas dazugeben. 1 Minute kochen, das gewürzte Fleisch hinzugeben und darin erhitzen. Zu Reis anrichten.

Geflügelleber mit Zwiebeln

Flambiert schmeckt's noch besser

4 Portionen à 260 Kalorien = 1 088 Joule

375 g Geflügelleber
3 Zwiebeln, 2 Tomaten
50 g durchwachsener Räucherspeck
1 Knoblauchzehe
Salz, Pfeffer, 1 Zweig Thymian
2 Likörgläser Weinbrand.

Leber waschen, in walnußgroße Stücke teilen. Zwiebeln schälen, in Streifen schneiden, Tomaten in heißes Wasser tauchen, abziehen, halbieren, entkernen und würfeln. Speck würfeln und Knoblauch fein zerdrükken. Speck auslassen, Leber darin 2 Minuten braten, herausnehmen. Zwiebeln gelb dünsten. Leber, Knoblauch und Tomaten zugeben und würzen (Thymian dafür zerreiben). 3 Minuten dünsten, danach Weinbrand zugeben, anzünden und abbrennen lassen. Mit Weißbrot und Salat servieren. Nach Wunsch Bratensoße (damit es schneller geht, Fertigprodukt verwenden) unter die Leber mischen.

Gekochtes Hähnchen mit Paprikasoße

Auf Reis anrichten und dazu frischen Salat servieren

4 Portionen à 375 Kalorien = 1575 Joule

1 Brathähnchen, 1 Stange Porree, 1 Möhre, 3 Zwiebeln
2 Nelken, 2 Chilischoten
1 Zweig Thymian, 1 Lorbeerblatt, 1 Glas Weißwein
1 Teelöffel Aromat oder Fondor
2 Paprikaschoten
1 Eßlöffel Butter oder Margarine
1 Likörglas Whisky
1/8 l frische Sahne
1 Teelöffel Paprika edelsüß
2 Teelöffel Instant-Bratensoße.

Das gewaschene Hähnchen in einen passenden Topf legen, in die Lücken Porree und Möhre (geputzt!), 1 geschälte Zwiebel, Nelken, Chilischoten, Thymian und Lorbeerblatt. Knapp mit Wasser bedecken, Weißwein und Aromat oder Fondor hinzufügen. Aufkochen, etwa 25 Minuten garen, herausheben, abkühlen, zerlegen und dabei Haut und Knochen entfernen. 2 geschälte Zwiebeln und die geputzten Paprikaschoten in Würfel schneiden und in Butter oder Margarine glasig dünsten. Whisky zugeben und anzünden. Sahne und Paprika hinzufügen und Instant-Bratensoße daraufstreuen. Umrühren, aufkochen, das Hähnchenfleisch einlegen und darin erhitzen.

Gegrilltes Hähnchen mit Teufelssoße

Scharf, aber gut!

4 Portionen à 400 Kalorien (ohne Pommes frites) = 1674 Joule

1 Hähnchen (ca. 1000 g)
Salz, Pfeffer
2 Eßlöffel Öl, 1 Zwiebel
1 Teelöffel grob gemahlener schwarzer Pfeffer
¼ l Rotwein, 1 Eßlöffel Tomatenmark
2 Teelöffel Instant-Bratensoße
Cayennepfeffer.

Hähnchen vom Rücken her aufschneiden und Rückgrat entfernen. Hähnchen klopfen, salzen und pfeffern. Grillpfanne einölen, erhitzen. Geflügel auf beiden Seiten grillen. Danach im vorgeheizten Backofen bei 225 Grad, Gasherd Stufe 5 oder ½ große Flamme, noch 25 Minuten garen. Für die Soße Zwiebel schälen, fein hacken, mit grob gemahlenem Pfeffer und Rotwein 3 Minuten kochen. Tomatenmark, Soßenpulver und Cayennepfeffer zugeben und Soße abschmecken. Gegrilltes Hähnchen mit Zitronenspalten, Grillsoße und Pommes frites servieren. Nach Wunsch mit schnell übergrillten Tomaten garnieren.

Hähnchenfrikassee mit Champignons

Mit Reis oder Salzkartoffeln und frischem Salat servieren

4 Portionen à 420 Kalorien = 1758 Joule

1 tiefgekühltes Hähnchen
2 Zwiebeln, 2 Nelken
1 Lorbeerblatt, Salz
125 g frische Champignons
1 Eßlöffel Butter oder Margarine, 1 Päckchen Helle Soße für 1/4 l, 1 gestrichener Eßlöffel Speisestärke, 1/8 l Milch
1 Eigelb, 1/2 Teelöffel Worcestersoße, Saft von 1/2 Zitrone, 1 Tasse tiefgekühlte junge Erbsen.

Das Hähnchen auftauen lassen, knapp mit Wasser bedeckt aufsetzen. Geschälte und geschnittene Zwiebeln, Nelken, Lorbeerblatt und Salz hinzufügen, aufkochen und 35 Minuten ziehen lassen. Champignons putzen, zweimal waschen, in 1/2 cm dicke Scheiben schneiden und in aufschäumender Butter oder Margarine 2 Minuten dünsten. 1/4 l Hähnchenbrühe dazuseihen, 2 Minuten kochen. Soßenpulver mit Speisestärke, Milch, Eigelb, Worcestersoße verquirlen, dazurühren, aufkochen. Zitronensaft und gegarte Erbsen hineingeben, Soße heiß halten. Hähnchen zerteilen, enthäuten, anrichten, mit Soße begießen.

Hähnchen „Hispalis"

Hispalis – alte Bezeichnung für die spanische Stadt Sevilla

4 Portionen à 500 Kalorien = 2093 Joule

1 Hähnchen, Salz, Pfeffer
$^1/_2$ Teelöffel Thymian
3 Eßlöffel Olivenöl oder anderes Pflanzenöl, 1 grüne oder rote Paprikaschote
$^1/_2$ Weinglas Sherry, Portwein oder Madeira, 1 kleine Dose abgezogene Tomaten
1 Teelöffel Instant-Bratensoße
12 gefüllte Oliven
1 kernlose Orange.

Hähnchen waschen, abtrocknen, vierteln und würzen. In heißem Öl ringsum anbraten. In Streifen geschnittene Paprika zugeben und halb zugedeckt 20 Minuten braten. Mit Sherry, Portwein oder Madeira ablöschen, etwas einkochen. Tomaten mit Saft zugeben, Bratensoßenpulver einrühren und noch 5 Minuten schmoren. Oliven und aus den Bindehäuten geschnittene Orangenfilets untermischen und mit Reis servieren.

Tip: Unter den Reis Olivenscheiben und nach Wunsch noch geriebenen Parmesan-Käse mischen. Und dazu Feldsalat, mit Zwiebelwürfeln, Pfeffer und saurer Sahne angemacht, reichen.

Wiener Backhähnchen

Dazu gibt es Kartoffelsalat und Remouladensoße

Zutaten für 4 Portionen:
2 Tiefkühl-Hähnchen, Salz, Pfeffer, Mehl, 1—2 Eier, Semmelbrösel, 1/2 Teel. milder Paprika, Backfett, 1 Zitrone, Petersilie.
Pro Portion ca. 440 Kalorien = ca. 1840 Joule

Hähnchen auftauen, vierteln und die Knochen möglichst auslösen. Fleisch mit Salz und Pfeffer würzen, einige Minuten stehen lassen, in Mehl wenden, in verquirltes Ei tauchen und in Semmelbröseln, vermischt mit Paprika, dick panieren. Das Backfett auf 175 Grad erhitzen, die Hähnchen darin ca. 15 Minuten backen. Die Hähnchenteile gut abtropfen lassen, auf Papierserviette anrichten und mit Zitronenschnitzen und Petersilie garnieren. Nach Belieben als Beilagen hierzu Kartoffelsalat, grünen Salat und eventuell Remouladensoße reichen.

Indisches Curryhähnchen

Mit Bananenscheiben und gebratenen Zwiebeln garnieren

Zutaten für 4 Portionen:
1 bis 2 Pakete gefrorene Hähnchenteile (ca. 1,5 kg), Salz, Curry, Mehl, 4 Eßl. Öl, 3 Zwiebeln, 1 Zehe Knoblauch, 3 Äpfel, 1—2 Teel. Curry, 1/2 l Fleischbrühe aus Brühwürfeln, 1/2 Dose geschälte Tomaten, 1/4 l saure Sahne oder Joghurt, 1/2 Eßl. Speisestärke, 1/2 Teel. Fondor oder Aromat.
Pro Portion ca. 549 Kalorien = ca. 2295 Joule

Die Hähnchenteile nach Vorschrift auftauen, mit Salz und Curry würzen, in Mehl wenden und in Öl 5 Minuten braten. Das Geflügel herausnehmen, Zwiebelwürfel gelblich anschwitzen, zerdrückten Knoblauch und die geschälten, entkernten und im Mixer oder mit einem Schneidstab zerkleinerten Äpfel zugeben, Curry überstäuben, mit Fleischbrühe und dem Saft der Tomaten auffüllen und die Hähnchenteile darin ca. 45 Minuten schmoren. Die Currysoße zuletzt mit Sahne, verrührt mit Speisestärke, binden. Mit Aromat oder Fondor abschmecken, die Tomaten darin erhitzen und in einer Schüssel mit körnig gekochtem Reis anrichten.

Für 4 Portionen: 2 Tiefkühl-Hähnchen, Salz, Pfeffer, 250 g Räucherspeck, 2 Likörgläser Weinbrand, $^1/_2$ l Rotwein, 1 Lorbeerblatt, 1 Löffelspitze Thymian, $^1/_2$ Dose Champignons, ca. 10 kleine frische Zwiebeln oder 1 große Zwiebel, 1 Eßl. Mehl, 2 Eßl. Butter oder Margarine, 2—3 Toastscheiben.
Pro Portion ca. 930 Kalorien = ca. 3890 Joule

Coq au vin

Die charakteristische Würze: Weinbrand und Rotwein

Hähnchen auftauen, vierteln, mit Salz und Pfeffer würzen. Speckstreifen glasig auslassen und herausnehmen, Hähnchen im Fett auf beiden Seiten anbraten, mit Weinbrand ablöschen, anzünden und abbrennen lassen. Rotwein, Lorbeerblatt, Thymian und die Champignonbrühe sowie die kleinen Zwiebeln oder die große, in Würfel geschnittene Zwiebel zugeben, zugedeckt ca. 35 Minuten bei geringer Hitzezufuhr schmoren. Hähnchen danach herausnehmen, Speck in die Soße geben und mit Mehl, verrührt mit 1 Eßlöffel geschmeidiger Butter oder Margarine, binden. Einmal aufkochen lassen. Hähnchen wieder einlegen, Toastscheiben in dem restlichen Fett anbraten und um die Hähnchen garnieren.

Paprikahähnchen

Eine pikante Abwandlung üblicher Zubereitung

Für 4 Portionen: 2 Tiefkühl-Hähnchen, Salz, milder Paprika, 4 Eßl. Öl, 100 g Räucherspeck, 3 Zwiebeln, 1—2 rote oder grüne Paprikaschoten, 1 Knoblauchzehe, 1/2 Teel. Kümmel, 1 Löffelspitze Majoran, Schale 1/4 Zitrone, 1 kleine Dose Tomatenmark, 1 Beutel oder Päckchen Bratensoße.
Pro Portion ca. 560 Kalorien = ca. 2340 Joule

Die aufgetauten Hähnchen vierteln, mit Salz und Paprika würzen und in dem heißen Öl auf beiden Seiten gut anbraten und herausnehmen. Räucherspeckwürfel zu dem Öl geben, glasig auslassen, gewürfelte Zwiebeln und Paprikaschoten beifügen und einige Minuten dünsten lassen. Zerdrückten Knoblauch, gehackten Kümmel, Majoran und Zitronenschale sowie 2—3 Löffel milden Paprika und das Hähnchen zugeben. Das Tomatenmark mit 1 Tasse Wasser verrühren, ebenfalls zu dem Hähnchen geben und zugedeckt ca. 35 Minuten schmoren lassen. Zuletzt das mit 1/8 l Wasser angerührte Soßenpulver zufügen, aufkochen und pikant abschmecken.

Brathähnchen mit Morchelsoße

Dazu schmecken Pommes croquettes, frischer Salat und Weißwein

4 Portionen à 455 Kalorien = 1911 Joule

1 Brathähnchen
Salz und Pfeffer
2 Eßlöffel Margarine oder Biskin, 2 Zwiebeln
1 Tasse Weißwein
1 kleine Dose Morcheln
1 Teelöffel Speisestärke
¼ l frische Sahne.

Das Hähnchen gut waschen, dabei die Innereien herausnehmen und kurz abspülen. Dann innen und außen mit Salz und Pfeffer einreiben. Margarine oder Biskin in der Bratenform erhitzen, das Hähnchen und die Innereien hineingeben, bei 180 Grad in den Backofen stellen und 35 Minuten braten. Inzwischen die Zwiebeln schälen und würfeln, die Speisestärke in die Sahne rühren. Das Hähnchen aus der Bratenform nehmen, heiß halten. Zwiebelwürfel und Weißwein in den Bratenfond geben, um die Hälfte verkochen lassen. Die Morcheln hinzufügen, kurz kochen, die Sahne dazugießen und aufkochen. Die Soße mit Salz und Pfeffer abschmecken.

Hähnchen mit Krabbensoße

Dazu Reis mit gedünsteten Paprikastückchen

4 Portionen à 430 Kalorien = 1806 Joule

1 tiefgekühltes Hähnchen
1 Zitrone, 1 Lorbeerblatt
1 Bund frischer oder 1 Eßlöffel getrockneter Dill, Salz
1 Zwiebel, 1 Knoblauchzehe
1 Eßlöffel Butter oder Margarine, 1/2 Tasse Martini Dry
1 kleine Dose Hummer- oder Krebssuppe, 1 Eigelb
1 Eßlöffel Speisestärke
1/2 Tasse frische Milch
Cayennepfeffer, 50 g Krabben oder Shrimps aus der Dose.

Hähnchen (aufgetaut) und Zitrone gut waschen (Zitrone in Scheiben schneiden), knapp mit Wasser bedeckt aufsetzen, Lorbeerblatt, Dill und Salz hinzufügen, etwa 35 Minuten kochen. Zwiebel und Knoblauch schälen und fein hacken, in Butter oder Margarine gelb dünsten. Martini hinzufügen, 2 Minuten stark kochen, 1/4 l Hähnchenbrühe dazugießen. 3 Minuten kochen, Hummer- oder Krebssuppe dazugeben, aufkochen. Eigelb mit Milch und Speisestärke verquirlen, dazurühren und aufkochen. Mit Cayennepfeffer abschmecken, die Krabben oder Shrimps hinzufügen – nicht kochen. Das Hähnchen zerteilen, enthäuten, anrichten und mit Soße übergießen.

Huhn à la Königin

Mit einem Huhn aus der Dose ein Schnellgericht

4 Portionen à 670 Kalorien = 2814 Joule

1 Suppenhuhn, 1 Zwiebel
1 Lorbeerblatt, 2 Nelken
1/2 Möhre, 1 Stück Sellerie
Salz, 1 grüne Paprikaschote
2 Eßl. Butter oder Margarine
4 gestrichene Eßlöffel Mehl
1/4 l kalte Milch
1 kleine Dose Champignons
Saft von 1/2 Zitrone
etwas Worcestersoße.

Tip: Servieren Sie dazu Toast oder Reis und einen beliebigen Salat.

Das Huhn waschen und in einen passenden Topf legen. Dazu geschälte Zwiebel, Lorbeerblatt, Nelken, geschälte Möhre, geputzte Sellerie und 1 Teelöffel Salz. Auf schwacher Hitze kochen, bis sich die Schenkel leicht lösen lassen. Die Paprikaschote vierteln, entkernen, waschen, in Streifen schneiden und in Butter oder Margarine andünsten. Mit Mehl bestäuben, gut verrühren und 2 Minuten aufschäumen lassen. Die Milch dazurühren, 1/4 l Hühnerbrühe und Champignons hinzufügen und die Soße 5 Minuten kochen. Das Fleisch von Haut und Knochen lösen, schneiden, in der Soße erhitzen. Mit Zitronensaft, Worcestersoße und Salz abschmecken.

Hähnchenherzen in pikanter Soße

Das kernige Fleisch oft preiswert im Sonderangebot

4 Portionen à 205 Kalorien = 861 Joule

250 g frische oder tiefgekühlte Hähnchen- oder Putenherzen
Salz und Pfeffer, 1 Zwiebel
50 g durchwachsener Räucherspeck
2 Eßlöffel Silberzwiebeln
½ Lorbeerblatt, etwas Thymian
⅛ l Rotwein
1 Päckchen Bratensoße
1 Eßlöffel gehackte Petersilie
1 Teelöffel Senf
1 Eßlöffel Tomatenketchup.

Tip: Servieren Sie dazu Reis und pikant eingelegtes Gemüse

Die Hähnchenherzen gut waschen und dabei den weißen Strang entfernen. Die Putenherzen in kleine Würfel schneiden und dabei alles Weiße entfernen. Das so vorbereitete Fleisch mit Salz und Pfeffer würzen. Die Zwiebel schälen und würfeln. Den Speck in Streifen schneiden und kurz braten. Zwiebel und Herzfleisch hinzufügen und darin anbraten. Dann Silberzwiebeln, Lorbeerblatt, Thymian und Rotwein dazugeben und das Gericht 40 Minuten auf schwacher Hitze schmoren. Soßenpulver und ¼ l Wasser verquirlen, dazurühren und aufkochen. Mit Senf und Ketchup abschmecken, in einer Schüssel anrichten und mit Petersilie bestreuen.

Hähnchen Veroneser Art

Gönnen Sie sich dazu ein Gläschen italienischen Landwein

4 Portionen à 370 Kalorien = 1554 Joule (ohne Beilagen)

1 Hähnchen, Salz
Pfeffer, etwas Mehl
2 Zwiebeln, 2 Möhren
3 Eßlöffel Olivenöl oder anderes Öl
1 kleine Dose geschälte Tomaten
10 mit Mandeln gefüllte Oliven.

Das Hähnchen waschen, mit der Geflügelschere in 4 oder 6 Teile schneiden und abtrocknen. Das Fleisch mit Salz und Pfeffer einreiben und in Mehl wenden. Zwiebeln und Möhren schälen und fein würfeln. Das Öl in einer tiefen Pfanne erhitzen, die Hähnchenteile hineinlegen, darin anbraten und wieder herausnehmen. Zwiebeln und Möhren in die Pfanne geben und glasig dünsten. Dann die Tomaten dazugeben, gut umrühren und aufkochen. Die Hähnchenteile hineinbetten, zudecken und bei schwacher Hitze etwa 30 Minuten schmoren. Die Oliven in Scheiben schneiden und hinzufügen. Abschmecken und dazu Spaghetti und frischen Salat anrichten.

Hähnchen in der Tonform

In der Tonform wird Fleisch sehr saftig und würzig

4 Portionen à 600 Kalorien = 2520 Joule

1 tiefgekühltes Hähnchen
125 g Hühnerleber
125 g Hackfleisch
2 Scheiben Toastbrot
Salz, Pfeffer, Muskat
Majoran, Rosmarin
2 Zwiebeln, 3 Möhren
1 Sellerieknolle
500 g kleine Kartoffeln
1 Knoblauchzehe
1/8 l Weißwein.

Hühnerleber, Hackfleisch und eingeweichtes Toastbrot nacheinander durch die feinste Scheibe des Fleischwolfes treiben, mit Salz, Pfeffer, Muskat, Majoran und Rosmarin kräftig abschmecken, das aufgetaute Hähnchen damit füllen. Zwiebeln, Möhren und Sellerie schälen und in Scheiben schneiden, Kartoffeln nur schälen. Knoblauch schälen und hacken. Die Tonform 10 Minuten in kaltes Wasser legen, dann Gemüse, Kartoffeln und Knoblauch hineingeben, salzen und pfeffern. Das Hähnchen darauflegen, mit Rosmarin bestreuen, mit Weißwein übergießen, zudecken und in den kalten Backofen stellen. 225 Grad einschalten, 90 Minuten braten.

Gefüllte Hähnchenkeulen

Dazu schmecken Kartoffelpüree und feine Gemüse

4 Portionen à 395 Kalorien = 1653 Joule

4 Hähnchenkeulen
2 rohe Kalbsbratwürste
1 Eßlöffel gehackte Petersilie
20 abgezogene Pistazienkerne
½ Teelöffel Pastetengewürz
3 Likörgläser Weinbrand
Salz, Pfeffer, 4 Scheiben Räucherspeck, 1 Zwiebel
1 Möhre, 1 Eßlöffel Butter oder Margarine, ⅛ l Rotwein
⅛ l kräftiger Bratensaft (Würfel).

Die Knochen vorsichtig vom Fleisch trennen und dabei die Haut nicht verletzen. Die Bratwurstfarce mit Petersilie, Pistazien, Pastetengewürz, 1 Likörglas Weinbrand, etwas Salz und Pfeffer mischen. Die Hähnchenkeulen damit füllen, an der Öffnung mit einer Speckscheibe bedecken, mit Garn umwickeln, salzen und pfeffern. Zwiebel und Möhre schälen und würfeln. Butter oder Margarine erhitzen, die Hähnchenkeulen darin anbraten. Das Gemüse kurz mitbraten, dann Weinbrand darübergießen, anzünden, verlöschen lassen, Rotwein hinzufügen. Bei 200 Grad unbedeckt 25 Minuten braten, anrichten, die Soße passieren, mit dem Bratensaft verkochen.

Ente mit Pfirsichen

Süß-pikanter Festtagsbraten

4 Portionen à 845 Kalorien = 3537 Joule

1 Jungmastente, Salz
Pfeffer, 1 Möhre, 2 Zwiebeln
1/4 Sellerieknolle
1/8 l Weißwein
1 große Dose Pfirsichhälften
4 Eßlöffel Zucker
2 Likörgläser Pott-Rum
4 Eßlöffel Weinessig
1 gehäufter Teelöffel Speisestärke.

Ente innen und außen würzen. In Fettpfanne in Scheiben geschnittene Möhre, Zwiebeln, Sellerie, Weißwein, Hals und Innereien der Ente geben. Gitter auflegen. Ente darauflegen. Bei 220 Grad, Gas-Backofen Stufe 4, 45–60 Minuten garen. Pfirsiche abgießen. Zucker zu Karamel schmelzen, mit 1/8 l Pfirsichsaft, Rum und Weinessig ablöschen. Pfirsiche darin erwärmen. Ente heiß stellen. Bratensaft abseihen, entfetten, zu den Pfirsichen geben, aufkochen. Pfirsiche um die Ente legen. Soße mit kalt angerührter Speisestärke binden. Mit Kartoffelpüree oder Kartoffelbällchen und Salat oder grünen Erbsen servieren.

Geflügel-Pörkölt

Scharfe Spezialität aus Ungarn

4 Portionen à 460 Kalorien = 1925 Joule

1 Hähnchen, Salz, Pfeffer
4 Zwiebeln, 1 Knoblauchzehe
1 Eßlöffel Schweineschmalz (ersatzweise Kokosfett oder Butterschmalz), 1 gehäufter Eßlöffel Edelsüß-Paprika (mild), 1/2 gestrichener Teelöffel Rosenpaprika (scharf)
1/2 Tasse Wasser, 1 kleine Dose Tomatenmark
2 grüne Paprikaschoten.

Hähnchen waschen, abtrocknen, vierteln und würzen. Geschälte Zwiebeln in Scheiben schneiden und mit gehacktem Knoblauch im Fett 7 Minuten hell dünsten, Edelsüß-Paprika und Rosenpaprika zugeben, Wasser zugießen, nochmals salzen und Hähnchenteile einlegen. 10 Minuten schmoren. Danach Tomatenmark und in Streifen geschnittenen Paprika zugeben und weitere 15 Minuten garen. Eventuell etwas Wasser nachgießen. Pörkölt pikant abschmecken. Mit Teigwaren, Reis sowie Essiggurken servieren.

Fasan Winzerin Art

Servieren Sie dazu Kartoffelpüree und Sauerkraut mit Weintrauben

4 Portionen à 680 Kalorien = 2856 Joule

1 junger Fasan, Salz
Pfeffer, etwas Kognak oder Weinbrand
2 Scheiben frischen fetten Speck
1 Zwiebel, 1 Möhre
¼ Sellerieknolle
2 Eßlöffel Butter oder Margarine
1 Teelöffel Wacholderbeeren
¼ l Rotwein, ¼ l Sahne.

Den Fasan salzen, pfeffern und innen mit Kognak oder Weinbrand betropfen. Die Speckscheiben auf die Brust legen und festbinden. Zwiebel, Möhre und Sellerie putzen und in Stücke schneiden. Butter oder Margarine im Bratentopf erhitzen, den Fasan hineinlegen und anbraten. Das Gemüse und zerdrückte Wacholderbeeren dazugeben und den Bratentopf offen in den Backofen (rechtzeitig auf 200 Grad einschalten!) stellen. Nach 35 Minuten die Speckscheiben abnehmen und noch 10 Minuten braten. Für die Soße Rotwein zum Gemüse gießen, kurz kochen, durchseihen, mit Sahne verrühren und mit Instant-Bratensoße binden.

Hirschsteaks mit Preiselbeeren

Spätzle gehören dazu, ebenso ein Glas Rotwein

4 Portionen à 285 Kalorien = 1193 Joule

**4 Hirschsteaks, Salz
Pfeffer, 6 Wacholderbeeren
1 Zwiebel, 1/4 Dose Steinpilze
2 Eßlöffel Öl, 1/8 l saure
Sahne, 1 Löffelspitze Paprika
1 Päckchen Bratensoße
1/8 l Rotwein, 1 Teelöffel Butter
Preiselbeerkompott als
Beilage.**

Die Hirschsteaks salzen, pfeffern und mit zerdrückten Wacholderbeeren bestreuen. Die Zwiebel schälen und fein hacken, die Steinpilze in Scheiben schneiden. 1 Eßlöffel Öl erhitzen und die gehackte Zwiebel darin goldgelb dünsten. Saure Sahne, Paprika, Bratensoße und Rotwein dazurühren, aufkochen und auf schwacher Hitze stehen lassen. 1 Eßlöffel Öl in einer Pfanne erhitzen, Steaks und Butter hineingeben und das Fleisch kurz braten, so daß es innen noch rosa ist. Die Steaks anrichten, die Steinpilze kurz im Bratfett dünsten und darübergeben.

Wildpastete

Die Krönung eines kalten Büfetts

16 Stücke à 460 Kalorien = 1925 Joule

Füllung: 1 kg sehnenfreies Wildfleisch, 350 g frischer fetter Speck, 2 Zwiebeln 2 Teelöffel Pastetengewürz 1/8 l Weinbrand, Salz 2 Eigelb. Teig: 350 g Mehl 150 g Butter, Salz, 2 Eigelb 5 Eßlöffel kaltes Wasser. Zum Bestreichen: 1 Eigelb 2 Eßlöffel süße Sahne.

Tip: Die erkaltete Pastete mit 1/4 Dose erwärmtem Madeiragelee füllen.

Zwiebeln hacken, mit Pastetengewürz, Weinbrand, in Streifen geschnittenem Fleisch, Speck mischen. 4–5 Fleischstreifen zurückbehalten. Rest salzen, durch Fleischwolf drehen, mit Eigelb mischen. Mehl, Fett, Eigelb, Salz und kaltes Wasser mischen, 1 Stunde kalt stellen. 2/3 des Teiges zu einer Platte, 1/3 zu einem Deckel ausrollen. Kastenformboden mit Folie und Platte auslegen, Hälfte der Farce hinein-, Fleischstreifen daraufgeben. Übrige Farce zugeben. Teigrand über Pastete ziehen. Mit Wasser bestreichen, Teigdekkel auflegen. Papierröhrchen in zwei Öffnungen stecken. Oberfläche mit Eigelb-Sahne bepinseln. Bei 275 Grad 10 Minuten backen. Danach ein Blech über die Pastete schieben und bei 200 Grad in 35 Minuten fertigbacken. Erkalten lassen.

Pastetchen mit Wildragout

Ein kleiner leckerer Abendimbiß

4 Portionen à 425 Kalorien = 1785 Joule

4 Pastetchen, 250 g mageres sehnenfreies Wildfleisch
1 Zwiebel, 1 Knoblauchzehe
50 g Räucherspeck
1 Teelöffel Paprika edelsüß
1 Teelöffel Tomatenmark
2 gestrichene Eßlöffel Mehl
¼ l Rotwein
Aromat oder Fondor
¼ Dose Pfifferlinge.

Die Pastetchen bei 50 Grad im Backofen erwärmen. Das Fleisch in 1 cm große Würfel schneiden. Zwiebel und Knoblauch schälen und fein hacken, den Speck würfeln, auslassen und Zwiebel und Knoblauch darin gelb dünsten. Die Fleischwürfel dazugeben und kurz anbraten. Dann Paprika, Tomatenmark und Mehl hineinrühren. Weiterrühren und danach Rotwein und ⅛ l Wasser dazugießen. Das Ragout aufkochen, bei schwacher Hitze etwa 30 Minuten garen und dann die Pfifferlinge hinzufügen. Mit etwas Aromat oder Fondor abschmecken, in Pastetchen füllen und vielleicht mit Petersilie und Tomaten garnieren. Paprikasalat dazu servieren.

Wildschweinragout mit Semmelknödel

Gönnen Sie sich dazu ein Glas Spätburgunder

4 Portionen à 380 Kalorien = 1596 Joule

750 g Wildschweinragout
Salz, Pfeffer, etwas Mehl
50 g durchwachsener Räucherspeck, 2 Zwiebeln
2 Eßlöffel Öl
½ Teelöffel Wacholderbeeren
1 Lorbeerblatt
1 Zweig Thymian
⅜ l Rotwein
1 Würfel Bratensaft
1 Teelöffel Speisestärke.

Das Fleisch mit Salz und Pfeffer bestreuen und in Mehl wenden. Speck und geschälte Zwiebeln würfeln. Das Öl im Schmortopf erhitzen, Speck- und Fleischwürfel hineingeben und schön braun braten. Dann Zwiebelwürfel, Wacholderbeeren, Lorbeerblatt und Thymian hinzufügen und 3 bis 4 Minuten weiterbraten. Nun Rotwein und Bratensaft hinzufügen, das Ragout aufkochen und zugedeckt bei schwacher Hitze in etwa 1¼ Stunden garschmoren. Speisestärke mit etwas Wasser verquirlen, dazurühren und kurz aufkochen. Das Ragout mit Salat und Semmelknödel aus fertigem Knödelmehl anrichten.

Hasenrücken mit Bananen

Eine pikante Note geben die gebratenen Bananenhälften

Zutaten für 4 Portionen:
1 Hasenrücken, 50 g frischer fetter Speck, Salz, Pfeffer, 3—4 zerdrückte Wacholderbeeren, 1 Eßl. Butter oder Margarine, 1 Zwiebel, 1/4 Sellerie, 1 Karotte, 1 Glas Rotwein, 1/4 l saure Sahne, 1—2 Teel. Speisestärke, 3—4 Bananen.
Pro Portion ca. 650 Kalorien = ca. 2720 Joule

Den Rücken enthäuten, mit Speckstreifen spicken und würzen. In einer Kasserolle das Fett zerlassen, gewürfeltes Gemüse darin anschwitzen, den Hasenrücken darauflegen und bei 225 Grad ca. 30 Minuten braten, gegen Ende der Bratzeit mit Rotwein ablöschen und mit Sahne übergießen. Den Rücken herausnehmen und die Soße mit angerührter Speisestärke binden. Die geschälten, halbierten Bananen in Fett braten und den Hasenrücken damit umlegen. Kleine Kartoffeltörtchen, aus Kartoffelpüreepulver, 1/2 l Flüssigkeit, Fett und 1 Ei bereitet und in der Röhre überbacken, mit Pfifferlingen oder Champignons gefüllt, dazu servieren.

Marinierter Wildschweinbraten

In der Beize liegt die Würze

4 Portionen à 395 Kalorien = 1653 Joule

750 g Wildschweinkeule oder gerollte -schulter
je 1 Teelöffel Wacholderbeeren schwarze Pfefferkörner und Thymian, 1 Lorbeerblatt
2 Nelken, 1 Zwiebel, 1 Möhre
1 Stück Sellerieknolle
1/3 Tasse Rotweinessig
1/2 l kräftiger Rotwein
Salz, 3 Eßlöffel Öl
1 schwach gehäufter Eßlöffel Mehl.

Fleisch waschen, in einer Schüssel mit Gewürzen, Zwiebel-, Möhren- und Selleriewürfeln, mit Essig und Rotwein 1–4 Tage marinieren. (Frisches Fleisch 4 Tage!) Danach Fleisch gut abtropfen lassen, salzen und im heißen Öl ringsum braun anbraten. Braten herausnehmen, Mehl im Bratenfett braun rösten, Marinade mit Gewürzen und Gemüse dazugießen und aufkochen. Braten hineinlegen und zugedeckt im Backrohr bei 180 Grad (Gas Stufe 2) ca. 1 1/2 Stunden schmoren lassen. Danach Soße durchpassieren und abschmecken. Den aufgeschnittenen Braten mit Birnen, mit Preiselbeeren gefüllt, oder mit Rosenkohl und Semmelknödeln servieren.

Zutaten für 4 Portionen:
750 g Rehschulter ohne Knochen, 1/2 Dose Champignons, 1 Eßl. gehackte Petersilie, Salz, Pfeffer, 4 Scheiben Räucherspeck, 1 Eßl. Butter oder Margarine, 1 Zwiebel, 1 Möhre, 1 Lorbeerblatt, 3 oder 4 Wacholderbeeren, 1 Glas Rotwein, etwas Speisestärke.
Pro Portion ca. 395 Kalorien = ca. 1650 Joule

Gerollte Rehschulter mit Champignons

Wild ist vitaminreich und fettarm

Die abgetropften Champignons mit der Petersilie vermischen. Das Rehfleisch mit Salz und Pfeffer einreiben, mit den Champignons belegen, aufrollen, mit den Speckscheiben umlegen und mit Garn umwickeln. Die Rehschulter im erhitzten Fett anbraten und dann im Backofen bei 200 Grad etwa 1 1/4 Stunden braten. Zwiebel und Möhre würfeln und nach 1/4 Stunde mit Lorbeerblatt und zerdrückten Wacholderbeeren zum Braten geben. Die fertige Rehschulter anrichten, den Bratensatz schnell mit etwas Rotwein und Wasser loskochen, durch ein Sieb geben und mit kalt angerührter Speisestärke aufkochen.

Gebeizte Hasenkeulen

Ein Festessen zur Jagdzeit

Zutaten für 4 Portionen:
ca. 1 kg Hasenkeule, 1 Zwiebel, 1 Knoblauchzehe, 1 Lorbeerblatt, 2 Nelken, Petersilienstiele, etwas Rosmarin und Thymian, $^3/_8$ l Rotwein, $^1/_2$ Weinglas Essig, Salz, 2 Eßl. Mehl, 1 Eßlöffel Butter oder Margarine, 50 g Räucherspeck, 1 Zwiebel,
Pro Portion ca. 490 Kalorien = ca. 2050 Joule

Hasenkeulen mit Zwiebelscheiben, zerdrücktem Knoblauch, Lorbeerblatt, Nelken, Petersilienstielen, Rosmarin und Thymian in ein enges Gefäß geben. Mit Rotwein und Weinessig übergießen und ca. 24 Stunden in der Marinade lassen. Hasenkeulen auf Kreppapier abtropfen lassen, salzen, in Mehl wenden und in aufschäumendem Fett gut anbraten. Räucherspeckstreifen und grobgewürfelte Zwiebel beifügen. Mit dem restlichen Mehl bestäuben, etwas braun werden lassen. Die Hälfte der Marinade zugießen und zugedeckt ca. $1^1/_2$ Stunden schmoren lassen. Nach Bedarf kann Marinade, Fleischbrühe oder Rotwein beigefügt werden.
Die Soße nicht durchpassieren.

Zutaten für 4 Portionen:
1 junge Wildente, Salz, Pfeffer, 1 Teel. Salbei, 2 Eßl. Butter oder Margarine, 1 Zwiebel, 1 Eßl. Mehl, 1/4 l Weißwein, 1/2 Dose Champignons, 1/2 l Fleischbrühe aus Brühwürfeln, 1 kleines Lorbeerblatt, 5—6 Wacholderbeeren, 1/4 l saure Sahne.
Pro Portion ca. 600 Kalorien = ca. 2510 Joule

Geschmorte Wildente mit Champignons

Kennzeichen für junge Tiere: hellgraue Beine

Wildente rupfen, absengen, ausnehmen (Talgdrüse entfernen), würzen und innen mit Salbei füllen. Fett erhitzen, die Ente darin ringsum anbraten, herausnehmen. Grobe Zwiebelwürfel und Mehl zugeben und dieses braun rösten. Mit Weißwein, Champignonbrühe und heißer Fleischbrühe auffüllen, aufkochen. Lorbeerblatt, zerdrückte Wacholderbeeren beifügen. Ente in dieser Soße ca. 1 1/2 Stunden langsam schmoren. Sie soll dabei bis zur Hälfte mit Soße bedeckt sein. Anrichten, Soße durchseihen, mit Sahne verkochen, Champignons zugeben, Ente damit übergießen.

Gebratener Kaninchenrücken

Kaninchen gibt es „rund ums Jahr“

Zutaten für 4 Portionen:
1 Kaninchenrücken und 1 Kaninchenleber, Salz, Pfeffer, milder Paprika, 1 Eßl. Butter oder Margarine, 1/4 l süße Sahne.
Pro Portion ca. 390 Kalorien = ca. 1630 Joule

Den Kaninchenrücken enthäuten und mit Salz, Pfeffer und etwas mildem Paprika einreiben. Das Fett in einer Pfanne zerlassen, den Kaninchenrücken darin auf der Fleischseite gut anbraten, auf die Knochenseite legen und dann für 30 Minuten in den Backofen (220 Grad) geben. In dieser Zeit ab und zu mit dem Bratfett übergießen. Die Kaninchenleber auch mit Salz, Pfeffer und Paprika würzen und mit der Sahne zum Braten geben. Nun noch 5 Minuten weiterbraten und dabei mit der Soße übergießen. Dazu Birnen mit Kompott aus roten Johannisbeeren essen.

Garnierter Rehrücken

Das zarteste Fleischstück des Rehes

Zutaten für 4 Portionen:
ca. 1 kg Rehrücken, 50 g fetter Räucherspeck, Salz, Pfeffer, 2 Eßl. Butter oder Margarine, 1 Zwiebel, 1 Karotte, 1/4 l süße Sahne, 1/8 l Fleischbrühe aus Brühwürfeln, 1/2 Dose Birnen, Johannisbeergelee.
Pro Portion ca. 670 Kalorien = ca. 2800 Joule

Rehrücken enthäuten, mit dünnen Speckstreifen spicken. Salzen, pfeffern und in erhitztem Fett auf der Fleischseite anbraten. Danach auf die Knochenseite legen, die grobgewürfelte Zwiebel und Karotte zugeben. In der Backröhre bei 225 Grad ca. 40 Minuten braten. Dabei mehrmals mit dem Bratensaft begießen. Zum Schluß der Garzeit Sahne und Fleischbrühe darübergießen. Den Rehrücken herausnehmen. Das Fleisch längs des Knochens loslösen und in schräge, ca. 3 cm dicke Stücke schneiden. Die Soße durchpassieren und dazu reichen. Das Fleisch mit Birnen, gefüllt mit Johannisbeergelee, garnieren. Beilage: Pfifferlinge sowie Rosenkohl und Kartoffelkroketten.

Beilagen
Hauptgerichte
Eintöpfe

Spargelrollen „Honauer Art“

Mit neuen Kartoffeln, ein kulinarisches Gedicht

4 Portionen à 290 Kalorien = 1213 Joule

1,5 kg mittelstarke weiße Stangenspargel, Salz
1 Stück Würfelzucker
1 Löffelspitze Aromat oder Fondor, 125 g hauchdünn geschnittener Schwarzwälder Schinken, 25 g geriebener Schweizer Emmentaler
2 Eßlöffel Butter
etwas Rosenpaprika.

Dünn, aber sauber geschälten Spargel in einen Topf geben. Mit kochendem Wasser übergießen, so daß die Spargelstangen bedeckt sind. Salz, Würfelzucker und Aromat oder Fondor zugeben. Etwa 30 Minuten kochen lassen. Garprobe: Mittels Daumen- und Zeigefingerdruck an einem Spargelköpfchen probieren, ob es weich ist. Spargel gut abtropfen lassen. Stangen quer halbieren und zu mehreren gebündelt auf eine feuerfeste Platte setzen. Mit Schinkenscheiben belegen und mit geriebenem Käse bestreuen. Zerlassene Butter darüberträufeln und unter dem Grill den Käse schmelzen lassen. Mit etwas Rosenpaprika bestäuben. Als Beilage zu den Spargelrollen neue Kartoffeln reichen. Mit grünem Salat servieren.

Grüner Spargel „Vinaigrette“

In Frankreich besonders populäre Spargelvariation

4 Portionen à 170 Kalorien = 711 Joule

1 kg grüner Spargel, Salz
1 Zwiebel, 1/2 Bund Petersilie oder Dill, 4 Eßlöffel Öl
4 Eßlöffel Essig, gemahlener schwarzer Pfeffer
1 Prise Zucker
2 hartgekochte Eier.

Von grünem Spargel nur das untere Drittel schälen. Spargelstangen mit Garn zu Bündeln zusammenbinden und in Salzwasser 15 Minuten kochen. Geschälte Zwiebel und gewaschene Petersilie hacken und mit Öl, Essig, Pfeffer, Salz und Zucker verrühren. Zuletzt 1 gewürfeltes Ei zugeben. Die Spargelbündel aus dem Wasser heben, abtropfen lassen und Garn entfernen. Spargel anrichten und mit Eiwürfeln garnieren. Dazu servieren Sie Scheiben von rohem oder gekochtem Schinken oder Salzkartoffeln.

Stangenspargel mit Champignons

Roher oder gekochter Schinken schmeckt gut dazu

Zutaten für 4 Portionen:
1,5 kg Stangenspargel, Salz, 1 Prise Zucker, 1/4 Dose Champignons, 2 Eßl. Butter, 1 Eßl. gehackte Petersilie, 2 Eßl. Semmelbrösel, 2 Eier.
Pro Portion ca. 220 Kalorien = ca. 920 Joule

Den Spargel dünn schälen, in kochendes Salzwasser geben und mit 1 Prise Zucker in ca. 30 Min. garkochen, anrichten. Champignons abtropfen lassen, in der Butter erhitzen, leicht salzen, mit den Spargeln anrichten, mit Petersilie bestreuen. Die Semmelbrösel im restlichen Fett bräunen, über den Spargel geben und mit hartgekochten Eiern belegen. Als Beilagen dazu Hamburger Rauchfleisch oder rohen Schinken sowie Salzkartoffeln oder dünne Pfannkuchen und nach Belieben verschiedene Salate reichen.

Erbsengemüse auf französische Art

Tiefgekühlte Erbsen sind preiswerter geworden!

Zutaten für 4 Portionen:
5 kleine Zwiebeln, 5 grüne Kopfsalatblätter, 1 Eßl. Butter oder Margarine, 1 Tasse Wasser, 1/2 Teel. Streuwürze, 1 Paket tiefgekühlte Erbsen (300 g), Salz, Pfeffer, 1 Stück Würfelzucker, 2 gestrichene Teel. Speisestärke.
Pro Portion ca. 125 Kalorien = ca. 525 Joule

Die Zwiebeln schälen und achteln, den Kopfsalat waschen und in Streifen schneiden. Beides mit Butter oder Margarine, Wasser und Streuwürze (Fondor oder Aromat) 5 Minuten dünsten. Die gefrorenen Erbsen, Salz, Pfeffer und den Würfelzucker zu Zwiebeln und Kopfsalat geben und zugedeckt 3 Minuten dünsten. Speisestärke mit 1/3 Tasse kaltem Wasser verrühren, zum Gemüse rühren und aufkochen. Das Erbsengemüse abschmecken und zu Kalbsbraten, würzigen Speckpfannkuchen, gebratenen Hähnchen oder gebratener Ente servieren.

Toast mit grünem Spargel

Zu grünem Spargel schmeckt auch „verlorenes Ei“

4 Portionen à 435 Kalorien = 1820 Joule

750 g grüner Spargel, Salz
4 Eier, 2 Eßlöffel Essig
3 Teelöffel Instant-Helle Soße
75 g Butter oder Margarine, 1/8 l süße Sahne
gemahlener weißer Pfeffer
etwas Muskat, 4 Scheiben Toastbrot.

Vom Spargel nur das untere Drittel schälen und Spargelstangen 15 Minuten in Salzwasser kochen. Eier nacheinander in je eine Tasse schlagen, in kochendes Essigwasser gleiten lassen und ohne zu kochen 5 Minuten ziehen lassen. 1/8 l Spargelbrühe mit der Instant-Soße binden. Fett darin zerlassen. Sahne steifschlagen und in die Soße rühren. Mit Salz, Pfeffer und Muskat abschmecken. Spargel auf geröstetem Toast anrichten, darauf die verlorenen Eier geben und mit Soße übergießen. Nach Wunsch feine Streifen von rohem Schinken darüberstreuen.

Endiviengemüse in Sahnesoße

Endivie ist mehr als eine Salatpflanze

4 Portionen à 220 Kalorien = 920 Joule

3 kleine Köpfe gelber Endiviensalat, 1 Zwiebel
2 Eßlöffel Butter oder Margarine, Saft von 1 Zitrone, Pfeffer, Streuwürze
1/8 l süße Sahne
1 Eigelb, 1 Teelöffel Speisestärke.

Salat waschen, längs halbieren, grüne Blattspitzen abschneiden. Zwiebel schälen und würfeln. In Butter oder Margarine gelb dünsten. Salat, Zitronensaft, Pfeffer und Streuwürze zugeben und zugedeckt etwa 30 Minuten dünsten. Danach die Flüssigkeit abgießen. Sahne, Eigelb und Speisestärke verquirlen, zur Endivienbrühe gießen und unter Rühren aufkochen. Soße abschmecken. Gemüse anrichten und mit der Soße übergießen. Dazu Weißbrot, Kartoffelpüree oder Bratkartoffeln und rohen Schinken reichen.

Gemüseplatte

Mit Schinken oder Spiegeleiern eine vollwertige Mahlzeit

Zutaten für 4 Portionen:
1 kleiner Kopf Blumenkohl, 250 g junger Spinat, 4 Tomaten, 2 Zwiebeln, 1 Knoblauchzehe, 2 Scheiben gekochter Schinken, 2 Eßl. Butter, Salz, Pfeffer, Muskat, Erbsen und Karotten nach Belieben.
Pro Portion ca. 200 Kalorien = ca. 840 Joule

Tomaten einschneiden und innen salzen. Zwiebeln und Knoblauch schälen und getrennt hacken, den Schinken würfeln. 1 Eßlöffel Butter und die Hälfte der Zwiebel kurz erhitzen, Blumenkohl, 1 Tasse Wasser, Salz und Muskat hinzufügen, zudecken und etwa 20 Minuten dünsten. Zwiebelrest und Knoblauch in Butter gelb dünsten. Spinat, Salz und Pfeffer hineingießen, zudecken und etwa 5 Minuten dünsten. Tomaten und etwas Butter in einer geschlossenen Pfanne 5 Minuten dünsten. Alles zusammen anrichten, dazu je nach Wunsch Erbsen und Karotten.

Grüne Bohnen mit Tomaten

Mit Bohnenkraut bereitet — besonders aromatisch

Zutaten für 4 Portionen:
1 kg Brechbohnen oder 2 Pakete à ca. 300 g Tiefkühl-Brechbohnen, $^1/_8$ l Fleischbrühe aus Brühwürfeln, 1 Zweig oder $^1/_2$ Teel. Bohnenkraut, 100 g Räucherspeck, 1 Teel. Butter oder Margarine, 2 Zwiebeln, 500 g Tomaten, Salz, Pfeffer.
Pro Portion ca. 300 Kalorien = ca. 1255 Joule

Die Bohnen vorbereiten (frische Bohnen putzen, waschen und in Stücke brechen), in Fleischbrühe mit Bohnenkraut ca. 25—30 Minuten dünsten. Unabhängig davon den Speck würfeln, in einer Pfanne auslassen, Fett zugeben, Zwiebelscheiben darin hellbraun werden lassen und die geschälten, in Spalten geschnittenen Tomaten beifügen. Die gegarten Bohnen abgießen, Speck, Zwiebeln und Tomaten untermischen und mit Salz und Pfeffer pikant abschmecken. Als Beilage zu Steaks oder Braten reichen.

Blumenkohl italienisch

Bei großem Appetit eine Scheibe Schinken dazu essen!

4 Portionen à 285 Kalorien = 1197 Joule

1 Blumenkohl, 2 Zwiebeln
2 Eßlöffel Margarine
1 Teelöffel Streuwürze
250 g Edamer Käse
1/2 Dose geschälte Tomaten
1/2 Teelöffel Thymian
etwas Knoblauchsalz.

Den Blumenkohl putzen, in Röschen zerteilen und in kaltes Salzwasser legen. Die Zwiebeln schälen, würfeln und in Margarine andünsten. Blumenkohlröschen, Streuwürze und 1 Tasse Wasser hinzufügen und das Gemüse zugedeckt etwa 20 Minuten dünsten. Inzwischen den Käse reiben und die Tomaten aus der Dose abtropfen lassen. (Den Saft trinken oder für Suppe oder Soße verwenden!) Die Tomaten auf eine feuerfeste Platte verteilen und mit Thymian und Knoblauchsalz bestreuen. Die Blumenkohlröschen (auch gut abgetropft!) auf die Platte geben, mit dem Käse bestreuen und im Backofen bei 200 Grad 20 Minuten überbacken.

Blumenkohl mit Käsesoße

Servieren Sie dazu dicke Scheiben gekochten Schinken

4 Portionen à 210 Kalorien = 882 Joule

1 großer Blumenkohl
Salz, 200 g bayerischer Tilsiter
1 Päckchen Helle Soße für 1/4 l, 1/8 l Milch oder Sahne, 2 Eigelb
1 Löffelspitze Rosenpaprika (scharf!)
1 Eßlöffel Margarine
1 Eßlöffel Semmelbrösel.

Den Blumenkohl putzen, vierteln und 10 Minuten in Salzwasser legen. 1/2 l Wasser gut salzen, aufkochen, den Blumenkohl hineinlegen, zudecken und bei schwacher Hitze 25 Minuten kochen. Inzwischen den Käse reiben, Soßenpulver mit Milch, Eigelb und Rosenpaprika verrühren. 1/8 l Blumenkohlwasser erhitzen, das angerührte Soßenpulver dazurühren und aufkochen. Die Hälfte geriebenen Käse hineingeben. Den Blumenkohl sehr gut abtropfen lassen, auf eine feuerfeste Platte legen und mit der Käsesoße übergießen. Mit Käse und Semmelbröseln bestreuen, mit Margarineflöckchen belegen und bei 200 Grad 15 Minuten überbacken.

Porree, mit Käse überbacken

Auch ohne Fleisch eine sättigende Mahlzeit

4 Portionen à 240 Kalorien = 1008 Joule

1 kg Porree, 1 Eßlöffel Butter oder Margarine
1 Teelöffel Aromat oder Fondor
Salz, Muskat, Pfeffer
125 g Emmentaler Käse in Scheiben
etwas scharfer Paprika (Rosenpaprika).

Die Blattspitzen und die Wurzelenden der Porreestangen abschneiden, dann der Länge nach bis zur Mitte einritzen und gut waschen. Butter oder Margarine in einem passenden Topf zerlassen, die Porreestangen hineinlegen, mit den Gewürzen bestreuen und kurz dünsten. Etwa 1 Tasse Wasser dazugießen, zudecken und etwa 20 Minuten kochen. Dann aus der Brühe heben, trocken auf eine feuerfeste Platte legen, mit den Käsescheiben belegen und überbacken, bis der Käse schmilzt. Dann mit Rosenpaprika bestreut servieren und vielleicht gebratene Fleischwurstscheiben und Kartoffelpüree dazu essen.

Überbackener Broccoli

Mit feinem Kartoffelpüree ein Festessen!

4 Portionen à 215 Kalorien = 903 Joule

2 Pakete tiefgekühlter Broccoli
Salz, 1 Päckchen Helle Soße (für 1/4 l), 1/8 l Milch
1 Eßlöffel Butter, 2 Eigelb
1/8 l Weißwein, Muskat
3 Eßlöffel geriebener Käse.

Den unaufgetauten Broccoli und 1 Tasse Salzwasser in einen passenden Topf geben, zudecken und 10 Minuten dünsten. Die Milch aufsetzen, das Soßenpulver hineinrühren und aufkochen. Dann vom Herd ziehen und die Butter darin schmelzen lassen. Eigelb und Weißwein in einem kochenden Wasserbad schlagen, bis ein fester Schaum entstanden ist. Die Helle Soße und 3 bis 4 Eßlöffel Broccolibrühe darunterrühren. Mit Muskat abschmecken und 2 Eßlöffel geriebenen Käse daruntermischen. Den Broccoli in eine feuerfeste Form legen, mit der Soße begießen, mit Käse bestreuen und kurz überbacken.

Allgäuer Schwarzwurzeln

Schwarzwurzeln unterstützen auch die Diabetes-Diät

4 Portionen à 530 Kalorien = 2218 Joule

1,5 kg Schwarzwurzeln
1/2 Tasse heller Essig
1 gehäufter Eßlöffel Mehl
1 l Wasser, Salz, Pfeffer
Muskat, 250 g Allgäuer Emmentaler, 1 gehäufter Eßlöffel Semmelbrösel
1/2 Bund Petersilie
25 g Margarine.

Essig, Mehl und Wasser in einem Topf verquirlen. Schwarzwurzeln zuerst gut abbürsten und die Haut abschaben. Schwarze Punkte ausstechen. Sofort in das Essig-Mehl-Wasser legen. Schwarzwurzeln in dem Wasser aufkochen, salzen, zugedeckt ca. 45 Minuten kochen. In der Zwischenzeit Käse reiben und mit den Bröseln vermischen. Petersilie fein hacken. Gegarte Schwarzwurzeln abgießen. Auf feuerfeste Platte geben, mit Muskat und Pfeffer würzen, mit Petersilie bestreuen, leicht vermischen. Margarine und Käse-Brösel-Gemisch darübergeben, unterm Grill oder im Backofen überbacken. Dazu rohe Schinkenröllchen und Salzkartoffeln.

Schwarzwurzel-Pfannkuchen mit Joghurtsoße

Die Soße ist ein delikates bulgarisches Rezept

4 Portionen à 710 Kalorien = 2982 Joule

1 kg Schwarzwurzeln
½ Tasse heller Essig
1 gehäufter Eßlöffel Mehl
¾ l Wasser
1 Zwiebel, 25 g Butter oder Margarine, Salz, Pfeffer etwas Aromat oder Fondor
5 Eier, 2 Becher Joghurt
1 gehäufter Teelöffel Speisestärke
Muskat, 125 g Mehl, ⅛ l Milch
1 Bund Schnittlauch, Bratfett.

Essig, Mehl und Wasser im Kochtopf verquirlen. Schwarzwurzeln gut abbürsten, waschen, die Haut abschaben und schwarze Stellen ausstechen. In 5 cm lange Stücke schneiden, sofort in das Essig-Mehl-Wasser legen. Zwiebel schälen und fein hacken, in Fett gelb dünsten. Schwarzwurzeln mit Gewürzen und 1 Tasse Wasser zugedeckt 45 Minuten dünsten. ½ Eiweiß mit Joghurt und Speisestärke unter ständigem Rühren einmal kurz aufkochen. Brühe von den Schwarzwurzeln in die Soße gießen und abschmecken. Schwarzwurzeln darunterheben. Aus Eiern, Mehl, Milch, Muskat, Salz und Schnittlauch Teig bereiten und in dem Fett Pfannkuchen braten.

Chicorée auf Spargel-Art

Delikates Essen – schnell zubereitet

4 Portionen à 560 Kalorien = 2344 Joule

8 Stangen Chicorée
Saft von 1 Zitrone
125 g Butter oder Margarine
Salz, gemahlener weißer Pfeffer, 1/8 l Wasser
2 Eigelb, 3 gehäufte Teelöffel Helle-Soße-Pulver
250 g roher Schinken.

Chicorée in einen Topf legen, Zitronensaft, 25 g Butter oder Margarine, Salz, Pfeffer und Wasser zugeben. Mit Pergamentpapier bedeckt (Luftabschluß) und zugedeckt 25 Minuten dünsten. Das Eigelb mit dem Chicoréewasser verquirlen, Helle-Soße-Pulver zugeben und im Wasserbad schaumig schlagen. Zuletzt restliches Fett untermischen. Chicorée mit Soße und rohem oder auch gekochtem Schinken servieren. Dazu Stangenbrot und leichten Weißwein.

Chicorée Brüsseler Art

Pikante Beilage zu Kalbsbraten oder Hackfleisch

4 Portionen à 230 Kalorien = 962 Joule

8 Stangen Chicorée
2 Zwiebeln, 2 Karotten
75 g durchwachsener Räucherspeck, Saft von 1 Zitrone, Salz, Pfeffer
$^1/_2$ Becher saure Sahne
1 Beutel Tomatensoße für $^1/_4$ l, $^1/_2$ Bund Petersilie.

Zwiebeln und Karotten in Scheiben, Speck in Streifen schneiden. Speck anbraten. Zwiebeln und Karotten darin 1 Minute dünsten. Chicorée darauflegen, Zitronensaft, Salz, Pfeffer und $^1/_8$ l Wasser zugeben. Mit Pergamentpapier bedeckt (Luftabschluß) und zugedeckt 25 Minuten dünsten. Chircoréewasser in einen Topf gießen, $^1/_8$ l kaltes Wasser, saure Sahne und das Soßenpulver zugeben, unter Rühren aufkochen und 1 Minute weiterkochen. Fein gehackte Petersilie untermischen. Die fertige Soße über den Chicorée gießen.

Gefüllte Tomaten und Paprika

Hackfleisch, ein beliebter „Füller"

4 Portionen à 425 Kalorien = 1779 Joule

2 grüne Paprikaschoten
8 große schnittfeste Tomaten
75 g Räucherspeck
2 Zwiebeln, 1 Beutel getrocknete Pilze (25 g)
1/8 l Rotwein, 250 g Hackfleisch
1/2 Bund Petersilie, 1 Ei
1 gehäufter Eßlöffel Semmelbrösel, Salz, Pfeffer
Muskat, Edelsüß-Paprika
Worcestersoße, Thymian.

Paprikaschoten längs halbieren und entkernen. Von Tomaten Deckel abschneiden, aushöhlen. Speckwürfel ausbraten, Zwiebelwürfel darin braun braten. Pilze und Rotwein zugeben, 5 Minuten kochen, abkühlen lassen. Hackfleisch mit gehackter Petersilie, Ei, Semmelbröseln und Gewürzen vermischen. Zwiebeln untermengen. Paprika und Tomaten damit füllen und in eine feuerfeste Form setzen. Mit Alufolie locker abdecken und bei 200 Grad (Gas-Backofen Stufe 3) 30 Minuten garen. Nach 20 Minuten Folien abnehmen. Nach Wunsch mit Tomatensoße, Reis oder Kartoffelpüree reichen. Dazu Rosé trinken.

Zwiebelgemüse

Würzige Beilage zu vielen Gerichten

4 Portionen à 295 Kalorien = 1234 Joule

1 kg Zwiebeln, 25 g Butter oder Margarine, 2 Teelöffel Aromat oder Fondor
1 Stück Würfelzucker
$^1/_4$ l Wasser, je 1 Löffelspitze Knoblauchpulver und gemahlener Kümmel oder Kümmel-Flüssigwürze
$^1/_8$ l süße Sahne, 1 Eigelb
2 gestrichene Eßlöffel Speisestärke, 1 Bund gehackte Petersilie oder Kerbel.

Geschälte Zwiebeln in Viertel (große in Achtel) schneiden. In Fett 2 Minuten dünsten, mit Streuwürze, Würfelzucker, Wasser, Knoblauch und Kümmel zugedeckt 20 Minuten langsam dünsten. Sahne, Eigelb und Speisestärke verquirlen, unter die Zwiebeln mischen, nur einmal aufkochen und Kräuter untermischen. Mit Salz abschmecken. Zu Braten, Pfannkuchen oder gekochtem Rindfleisch reichen.

Gekochter Sellerie „Béchamel“

Der Pfiff liegt in der Soße

4 Portionen à 135 Kalorien = 565 Joule

2 Sellerieknollen, 2 Zwiebeln
2 Teelöffel Aromat oder Fondor, Salz, Pfeffer
20 g Butter oder Margarine
20 g Mehl, $^1/_4$ l Milch
1 Lorbeerblatt
Muskat, weiße Pfefferkörner
2 Nelken.

Sellerie schälen, in 1 cm dicke Streifen schneiden. Zwiebeln schälen, fein hacken. Zwiebeln und Sellerie mit $^3/_8$ l Wasser, Aromat oder Fondor, Salz und Pfeffer zugedeckt 20 Minuten dünsten. Fett in zweitem Topf zerlassen, Mehl darin 3 Minuten hell schwitzen. Kalte Milch und heiße Selleriebrühe, Lorbeerblatt, Muskat, Pfeffer und Nelken zufügen und 5 Minuten kochen, durchseihen. Soße in eine Schüssel geben und Sellerie beifügen. Mit etwas feingehackter Petersilie oder gedünsteten Sellerieblättern bestreuen.

Sellerieklopse

Reis und grüner Salat schmecken gut dazu

4 Portionen à 475 Kalorien = 1995 Joule

1 Sellerieknolle, 1 Zwiebel
2 Eßlöffel Margarine
1 Teelöffel Aromat oder Fondor
3 rohe Bratwürste
1 Ei, 1 Scheibe Weißbrot
1 Prise Muskat
1 Eßlöffel Mehl
1/8 l Sahne oder Milch.

Sellerie schälen, waschen und in 1 cm große Würfel schneiden. Die Zwiebel schälen, würfeln und in 1 Eßlöffel Margarine gelb dünsten. Selleriewürfel, Aromat oder Fondor und 1/4 l Wasser dazugeben, zugedeckt 10 Minuten dünsten. Die Bratwurstfarce mit Ei, eingeweichtem und ausgedrücktem Weißbrot sowie 1 Prise Muskat vermischen und Klößchen daraus formen. Sahne oder Milch zum Sellerie geben, aufkochen, die Klöße hinzufügen und 10 Minuten dünsten. Mehl mit 1 Eßlöffel Margarine verkneten, mit etwas Kochbrühe verrühren und zu den Sellerieklopsen geben. Vorsichtig umrühren, aufkochen und pikant abschmecken.

Sellerie Meraner Art

Mit Brot für mittags und abends ein leicht bekömmliches Essen

4 Portionen à 340 Kalorien = 1438 Joule

2 Sellerieknollen
125 g roher Schinken
2 Zwiebeln
125 g Allgäuer Emmentaler
¼ l saure Sahne
1 Eßlöffel Margarine
etwas scharfer Paprika (Rosenpaprika).

Die Sellerieknollen unter kaltem Wasserstrahl sauber abbürsten, mit Salzwasser bedeckt aufsetzen und etwa 1 Stunde kochen (im Schnellkochtopf dauert es nur 20 Minuten!). Inzwischen den Schinken und die geschälten Zwiebeln in kleine Würfel schneiden. Den Käse reiben und mit der Sahne mischen. Die Margarine erhitzen, Zwiebel- und Schinkenwürfel darin andünsten. Den gekochten Sellerie kurz in kaltes Wasser legen, schälen, mit einem Buntmesser in Scheiben schneiden und mit Schinken und Zwiebeln in eine feuerfeste Form geben. Mit der Käse-Sahne übergießen, 20 Minuten bei 225 Grad überbacken, mit Paprika bestäuben.

Grünkohl mit Kasseler

Vorher oder nachher einen eiskalten Aquavit servieren!

Zutaten für 4 Portionen:
1 kg Grünkohl, 4 Zwiebeln, 2 Eßl. Schweineschmalz oder Pflanzenfett, Salz, Pfeffer, 1 Teel. Zucker, 500 g Kasseler-Rippchen, 6 Nelken, 1/2 l Wasser, 1 Eßl. Bratensoßenpulver, 1—2 Eßl. Senf.
Pro Portion ca. 540 Kalorien = ca. 2260 Joule

Den Grünkohl von den Rippen abstreifen, waschen und mit 1/2 Tasse Salzwasser 5 Minuten zugedeckt kochen. Dann abgießen und grob hacken. Die Zwiebeln schälen, würfeln und im Fett gelblich dünsten. Den Grünkohl, etwas Salz, Pfeffer und den Zucker dazugeben. Das Fleisch mit den Nelken bestecken, hineinlegen und mit dem Wasser übergießen. Das Gericht zugedeckt etwa 1 Stunde kochen, das Kasseler aufschneiden. Soßenpulver mit wenig Wasser verquirlen, zum Grünkohl rühren, mit Senf abschmecken und gebratene Kartoffeln dazu servieren.

Rosenkohlgemüse mit gebratenem Käse

Eine preiswerte und gesunde Mahlzeit

4 Portionen à 575 Kalorien = 2415 Joule

750 g Rosenkohl
500 g Möhren
1 Zwiebel, 2 Eßlöffel Butter oder Margarine, Salz
Aromat oder Fondor, Muskat
4 Scheiben Edamer Käse à 100 g
Mehl, 3 Eier, Cornflakes.

Den Rosenkohl putzen, die Möhren schälen, waschen und mit einem Buntmesser in Scheiben schneiden. Die Zwiebeln schälen, hacken und in 1 Eßlöffel Butter oder Margarine gelb dünsten. Rosenkohl und Möhren dazugeben und mit Salz, Aromat oder Fondor und Muskat würzen. 1/2 Tasse Wasser dazugießen, zudekken und auf schwacher Hitze dünsten. Die Käsescheiben in Mehl, verquirltem Ei und zerdrückten Cornflakes wenden. Sofort in 1 Eßlöffel erhitztes Fett legen und goldbraun braten. Einige Cornflakes im Bratfett bräunen. 2 hartgekochte Eier würfeln, über den Rosenkohl geben.

Rosenkohl „Vinaigrette" mit Schweinebraten

Gönnen Sie sich dazu ein Glas Rotwein

4 Portionen à 495 Kalorien = 2079 Joule

750 g Rosenkohl
Aromat oder Fondor
6 Eßlöffel Essig
4 Eßlöffel Öl
1 Teelöffel Senf
Salz, Pfeffer, 1 Prise Zucker
2 mittelgroße Zwiebeln
600 g Schweinerollbraten
Salz, gemahlener Kümmel
etwa 2 Likörgläser Rum
Pfeffer, 1 Eßlöffel Öl.

Den Rosenkohl mit 1/2 Tasse Wasser und Aromat oder Fondor etwa 15 Minuten zugedeckt dünsten. Dann gut abtropfen lassen. Essig, Öl, Senf, Pfeffer, Salz und 1 Prise Zucker in eine Salatschüssel geben, den lauwarmen Rosenkohl hineingeben und etwa 1 Stunde durchziehen lassen. Die Zwiebeln schälen, in sehr dünne Scheiben schneiden und zuletzt unter den Rosenkohl mischen. Den Schweinerollbraten mit Salz, Pfeffer, Kümmel, und Rum marinieren, mit Öl bestreichen, bei 200 Grad in den Backofen stellen und ca. 1 Stunde braten. Dann aufschneiden und zu Salat, gegrillten Tomaten und Bratkartoffeln anrichten.

Rosenkohl im Teig

Oder: Wie man Gemüse knusprig bäckt

4 Portionen à 235 Kalorien = 987 Joule

750 g frischer Rosenkohl
1 Zwiebel, Salz
Pfeffer, Saft 1/2 Zitrone
1/8 l Weißwein, 1 Ei
1/2 Teelöffel Zucker, Öl
4 gehäufte Eßlöffel Mehl
gut 1 kg Backfett oder 1 l Öl.

Rosenkohl putzen, waschen, abtropfen lassen. Zwiebel schälen, würfeln, mit Rosenkohl in einen Topf geben. 1/2 Tasse Wasser zugeben, salzen, pfeffern und 15 Minuten zugedeckt dünsten. Abgießen, Zitronensaft zugeben und erkalten lassen. Für den Teig: Weißwein, Eigelb, Zucker und Öl mischen. Mehl unterrühren. Eiweiß mit 1 Prise Salz zu steifem Schnee schlagen, unter den Teig heben. Rosenkohl in den Teig tauchen und im 180 Grad heißen Fettbad goldgelb backen. Dazu können Sie nach Wunsch Tomatensoße oder auch Remoulade reichen.

Rosenkohl in Specksoße

Mit Kartoffeln ein schnelles Hauptgericht

4 Portionen à 255 Kalorien = 1071 Joule

1 kg Rosenkohl
2 Zwiebeln
1 Teelöffel Aromat oder Fondor, Muskat
gemahlener weißer Pfeffer
Salz, 75 g durchwachsener Räucherspeck
20 g Mehl.

Rosenkohl putzen – lose Außenblätter entfernen – und waschen. Zwiebeln schälen und fein würfeln. Rosenkohl mit Zwiebeln, Aromat oder Fondor, Muskat, Pfeffer, Salz und $^1/_4$ l Wasser 20 Minuten dünsten. Speck in Streifen schneiden, im Topf auslassen und knusprig braten. Herausnehmen. Im Speckfett Mehl braun schwitzen, $^1/_8$ l kaltes Wasser und heiße Rosenkohlbrühe zugießen und 5 Minuten kochen. Rosenkohl unter die Soße mischen, anrichten und mit den rösch gebratenen Speckstreifen bestreuen.

Zutaten für 4 Portionen:
500 g frische Champignons, 1 Eßl. Butter oder Margarine, 50 g Räucherspeck, 1 Zwiebel, 1 Knoblauchzehe, 1/8 l Rotwein, 1 Päckchen oder Beutel Bratensoße, 1/8 l saure Sahne, 2 Tassen Reis, 4 Tassen Fleischbrühe aus Brühwürfeln, 2 Tomaten, 1 Tasse grüne Erbsen.
Pro Portion ca. 615 Kalorien = ca. 2570 Joule

Champignonragout im Reisrand

Wenn's geht, frische Wiesenchampignons verwenden

Die Champignons waschen und gut abtropfen lassen. Gewürfelten Räucherspeck in dem Fett glasig, gehackte Zwiebeln darin hellbraun werden lassen, zerdrückten Knoblauch zugeben, mit Rotwein ablöschen und die Champignons darin 5 Minuten dünsten. Die Bratensoße mit saurer Sahne anrühren, zu den Champignons geben, kurz aufkochen und pikant mit Salz und Pfeffer abschmecken. Den Reis mit etwas Öl verrühren, mit heißer Fleischbrühe auffüllen und zugedeckt ca. 20 Minuten kochen. Unter den gegarten Reis 2 geschälte, in Würfel geschnittene Tomaten und die gut abgetropften grünen Erbsen mischen, den Reis in eine ausgespülte Reisrandform füllen, stürzen. Das Champignonragout einfüllen.

Gefüllte Gurken

Sie können für das Gericht auch Salatgurken nehmen

Zutaten für 4 Portionen:
2 bitterfreie Gemüsegurken, 2 Zwiebeln, 100 g Räucherspeck, 375 g gemischtes Hackfleisch, 2 Eier, Thymian, Salz, Pfeffer, 1 Eßl. Butter oder Margarine, 1 Beutel oder Päckchen Bratensoße.
Pro Portion ca. 510 Kalorien = ca. 2130 Joule

Die Gurken schälen, längs halbieren und die Kerne mit einem Teelöffel herausnehmen. Zwiebeln und Räucherspeck fein würfeln und zusammen auslassen. Mit Hackfleisch und Eiern mischen und mit Thymian, Salz und Pfeffer würzen. Die Gurken damit füllen und in eine gebutterte Auflaufform legen. Mit Alufolie zudecken und bei 200 Grad etwa 35 Minuten garen, die Bratensoße kochen und 5 Minuten vor Beendigung der Garzeit zu den Gurken gießen. Essen Sie zu gefüllten Gurken Kartoffelpüree oder Reis.

Gefüllte Tomaten

Mit Reis als Beilage ein leichtes Hauptgericht

4 Portionen à 435 Kalorien = 1820 Joule

**6 große Tomaten, Salz
Pfeffer, 3 Zwiebeln
3 Eßlöffel Butter oder Margarine, 250 g frische Champignons, 250 g kalter Braten, 1 Teelöffel Thymian
75 g geriebener Käse, 2 Eier.**

Von den gewaschenen Tomaten Deckel abschneiden. Tomaten aushöhlen, innen salzen und pfeffern. Zwiebelwürfel in Fett gelb braten, geputzte, gehackte Champignons zugeben, salzen, pfeffern und in 5 Minuten trockendünsten. Kalten Braten durch den Fleischwolf drehen, mit Thymian zu den Champignons geben. Käse und verquirlte Eier zufügen und 2–3 Minuten erwärmen. Abschmecken. Abgetropfte Tomaten damit füllen. Deckel auflegen und Tomaten in eine feuerfeste Form setzen. Ringsherum das Tomateninnere geben. Tomaten im vorgeheizten Backofen bei 200 Grad (Gas Stufe 2) 30 Minuten garen.

Pilzgulasch

Dieses Pilzgulasch ist eine kulinarische Überraschung

4 Portionen à 335 Kalorien = 1402 Joule

1 kg frische Waldpilze (die Hälfte davon Röhrenpilze)
75 g durchwachsener Räucherspeck, 1 grüne Paprikaschote
4 junge Zwiebeln
4 Tomaten, 3 Teelöffel Edelsüß-Paprika, Salz, Pfeffer
1 Teelöffel Thymian
je 1 Becher saure und süße Sahne
1 Bund Petersilie, etwas Instant-Bratensoße.

Die Pilze putzen und in Viertel oder große Stücke schneiden. Speck, gewaschene Paprika und geschälte Zwiebeln würfeln. Tomaten kurz in heißes Wasser tauchen, häuten, entkernen und in Streifen schneiden. Speck ausbraten, Zwiebel- und Paprikawürfel 2 Minuten darin braten. Pilze zugeben, 2 Minuten dünsten. Danach Edelsüß-Paprika, Salz, Pfeffer, Thymian sowie saure und süße Sahne zugeben. 15 Minuten garen. Zuletzt gewaschene, gehackte Petersilie zugeben und das Pilzgulasch noch mit Bratensoße binden. Kartoffelpüree zum Gulasch reichen.

Steinpilze „Gourmet“

. . . sind nicht ganz billig, aber ihr Geld wert

4 Portionen à 250 Kalorien = 1046 Joule

1 kg frische Steinpilze
2 Eßlöffel Öl, Salz
gemahlener schwarzer Pfeffer
75 g Schinkenspeck, 2 Zwiebeln
1 Teelöffel Thymian
1/8 l saure Sahne.

Die Pilze putzen und waschen. Große „Hüte“ ganz lassen, die übrigen Pilze hacken. Alle Pilzköpfe salzen, pfeffern, in heißem Öl 5 Minuten braten und herausnehmen. Speckwürfel ausbraten, gehackte Zwiebeln darin gelb dünsten. Gehackte Pilze, Thymian, Salz, Pfeffer zugeben und 5 Minuten bei schwacher Hitze dünsten. Sahne zufügen und alles 1 Minute schmoren. Diese Masse in die Pilzköpfe füllen und mit Zitronenspalten garnieren. Getoastetes Stangenbrot, nach Wunsch ganz leicht mit einer Knoblauchzehe eingerieben, dazu reichen.

Tip: Sind die Pilze als Beilage gedacht, serviert man sie zu Rumpsteak oder zu Kalbsfilet im Teigmantel.

Steinpilz-Kasserolle

Ein Spezialgericht, das man sich nicht alle Tage gönnt

4 Portionen à 530 Kalorien = 2218 Joule

1 kg frische Steinpilze oder andere Röhrenpilze (Maronen-, Butter-, Birkenpilze)
100 g Schinkenspeck
2 Zwiebeln, 3 Knoblauchzehen
1 Teelöffel Thymian, Salz
2 Teelöffel Edelsüßpaprika
1 Eßlöffel Mehl
$^{1}/_{4}$ l süße Sahne
1 Bund Petersilie
125 g geriebener Gouda-Käse
1 Eßlöffel Semmelbrösel
1 Teelöffel Butter.

Pilze putzen, waschen und in Blättchen schneiden. Speck und Zwiebeln würfeln, Knoblauch fein hacken. Speck ausbraten, die Zwiebeln darin goldgelb werden lassen, die Pilze, Knoblauch, Thymian und Salz zugeben, 5 Minuten dünsten. Paprika und Mehl überstäuben, 1 Minute erwärmen, die Sahne zugießen. Einmal aufkochen, gehackte Petersilie und 100 g geriebenen Käse untermischen. In eine feuerfeste Form füllen, mit Käse und Bröseln bestreuen, mit Fettflöckchen belegen und im vorgeheizten Rohr bei 180 Grad (Gas Stufe 2) 30 Minuten backen. Dazu: Kartoffeln bzw. Kartoffelpüree.

Maiskolben mit Butter und Schinken

Süß und saftig und besser als ihr Ruf!

4 Portionen à 540 Kalorien = 2268 Joule

8 frische junge Maiskolben oder 2 Dosen mit je 4 Maiskolben
Salz, etwa 75 g Butter
8 Scheiben roher Schinken
weißer Pfeffer.

Tip: Frische Maiskolben gibt es im August und September. Maiskolben in Dosen oder Gläsern schmecken ebenfalls hervorragend.

Die frischen Maiskolben entblättern, enthaaren, waschen und in so viel kochendes Salzwasser legen, daß die Kolben davon bedeckt sind. 12 Minuten kochen, gut abtropfen lassen und heiß servieren. – Maiskolben aus der Dose mit der Flüssigkeit etwa 8 Minuten erhitzen. Während der Mais kocht, die Butter in dünne Scheiben schneiden und den Schinken anrichten. Bei Tisch die Butter auf den Maiskörnen schmelzen lassen und etwas Pfeffer darübermahlen. Die Maiskolbenhalter am oberen und unteren Ende hineinstechen und die Körner abknabbern. Dazu Schinken und evtl. ein Glas Weißwein genießen.

Artischocken mit Champignonfüllung

Leichter Abendimbiß für Feinschmecker

4 Portionen à 320 Kalorien = 1339 Joule

4 Artischocken, Salz
2 Zwiebeln, 1 Eßlöffel Butter oder Margarine
250 g Champignons
gemahlener weißer Pfeffer
1 Knoblauchzehe
1 Eßlöffel süße Sahne
175 g Emmentaler Käse.

Artischocken von Stengeln und äußeren Blättern befreien. Die übrigen Blattspitzen stutzen. Artischokken in Salzwasser 25 Minuten kochen. Danach mit Gabel zuerst die inneren Blätter entfernen, dann – mit einem Teelöffel – das am Boden befindliche „Heu" herausschaben. Zwiebelwürfel in Fett gelb dünsten, gewaschene, gehackte Champignons, Pfeffer, zerdrückten Knoblauch und Salz zugeben. Alles trockendünsten. Zuletzt Sahne und 150 g geriebenen Käse untermischen. Diese Masse in die Artischocken füllen, mit restlichem Käse bestreuen und bei 225 Grad (Gas Stufe 4) 20 Minuten im vorgeheizten Ofen überbakken. Mit Zitronenspalten garniert servieren.

Ungarisches Sauerkraut

Ein kräftiges Essen für kühle Frühlingstage

4 Portionen à 495 Kalorien = 2079 Joule

2 Zwiebeln, 1/2 Knoblauchzehe
1 grüne Paprikaschote
2 Eßlöffel Öl
1 gehäufter Eßlöffel edelsüßer Paprika
1 Dose Sauerkraut (600 g)
250 g durchwachsener Räucherspeck
1/2 l leicht gesalzene Hühnerbrühe (Würfel!)
1 Löffelspitze Kümmel.

Zwiebeln und Knoblauchzehe schälen. Die Zwiebeln in Scheiben hobeln und die Knoblauchzehe zerquetschen. Die Paprikaschote halbieren, entkernen, waschen und in Würfel schneiden. Das Öl in einem passenden Topf erhitzen und die Zwiebelwürfel darin gelb dünsten. Knoblauch, Paprikawürfel und -pulver, Sauerkraut, Speck, Brühe und den Kümmel dazugeben, zudecken und auf schwacher Hitze etwa 40 Minuten kochen. Dann den Speck in Scheiben schneiden und auf dem Sauerkraut anrichten. Dazu Brot, Kartoffelpüree oder Salzkartoffeln servieren, für den Durst ein Gläschen Bier oder roten Landwein.

Berner Rösti

Ein einfaches, aber schmackhaftes Rezept

Zutaten für 4 Portionen:
1,5 kg Pellkartoffeln, am Vortag gekocht, 2 Eßl. Butter oder Margarine, 6 Eßl. Öl, Salz.
Pro Portion ca. 490 Kalorien = ca. 2050 Joule

Die geschälten Kartoffeln hobeln (mit dem Rettichhobel), das Fett und Öl in einer Pfanne erhitzen, die Kartoffeln darin anbraten, salzen und mehrmals wenden. Zuletzt die Kartoffeln in der Pfanne etwas andrücken und auf der Unterseite goldbraun werden lassen. Die Berner Rösti auf eine Platte stürzen und mit beliebigen Salaten oder Aufschnitt servieren. Tip: Käse-Rösti: Unter die nach obigen Angaben angebratenen Kartoffeln zuletzt geriebenen Schweizer Käse geben und wie angegeben weiterbehandeln. Mit Petersilie schön garnieren.

Tomatengemüse mit Buletten

Im Juli beginnt die Hauptsaison für Tomaten

4 Portionen à 445 Kalorien = 1869 Joule

1 kg feste reife Tomaten
1 grüne Paprikaschote
2 Zwiebeln
1 Knoblauchzehe
3 Eßlöffel Öl, Salz
Pfeffer, Thymian
3 Eßlöffel Tomatenketchup
375 g gemischtes Hackfleisch
1 eingeweichtes Brötchen
1 Ei, 2 Teelöffel Senf
1 Spritzer Weinbrand
1 Eßlöffel Margarine.

Die Tomaten in kochendes Wasser tauchen, abziehen, vierteln und entkernen. Die Paprikaschote vierteln, entkernen, waschen und in Streifen schneiden. Zwiebeln und Knoblauch schälen und fein hacken, in Öl gelb dünsten. Paprikastreifen hinzufügen und fünf Minuten dünsten. Dann die Tomaten hinzufügen, mit Salz, Pfeffer und Thymian würzen und auf ganz schwacher Hitze noch etwa 5 Minuten dünsten. Mit Tomatenketchup abschmecken. Inzwischen Hackfleisch mit Brötchen, Ei, Senf, Weinbrand, Salz und Pfeffer verkneten, zu Buletten formen und in Margarine braun braten. Zum Tomatengemüse reichen, dazu Kartoffelklöße servieren.

Gebackene Käsekartoffeln

Mit einem kräftigen Weißwein ein feines Abendessen

4 Portionen à 305 Kalorien = 1281 Joule

4 große Kartoffeln, Salz
Pfeffer, 2 Eßlöffel Öl
200 g Allgäuer Emmentaler
4 Eßlöffel frische Sahne
etwa 1 Teelöffel Kümmel.

Die Kartoffeln unter fließendem Wasser schön sauber schrubben und so durchschneiden, daß die Hälften so flach wie möglich sind. Eine feuerfeste Platte mit Öl bestreichen und die Kartoffeln mit der Schnittfläche darauflegen. Mit einem spitzen Messer einritzen, mit Salz und Pfeffer bestreuen und mit etwas Öl betropfen. Bei 200 Grad mitten in den Backofen geben und 40 Minuten backen. Den Käse reiben, mit der Sahne verrühren und auf die Kartoffeln verteilen. Weitere 10 Minuten backen, mit Kümmel bestreuen. Dazu Chicoréesalat servieren, der mit gebratenen Speckstreifen bestreut wird.

Paprikakartoffeln mit Rostbratwürstchen

Gut für einen zünftigen Abend mit Bier vom Faß

4 Portionen à 585 Kalorien = 2457 Joule

750 g Kartoffeln, Salz
1 Teelöffel Kümmel
2 Zwiebeln
1 Knoblauchzehe
1 grüne Paprikaschote
1 Eßlöffel Butter oder Margarine
1 gehäufter Eßlöffel Paprika edelsüß
$^1/_8$ l Fleischbrühe
16 Nürnberger Rostbratwürstchen.

Die Kartoffeln mit kaltem Wasser bedeckt aufsetzen, je 1 Teelöffel Salz und Kümmel hinzufügen. 20 Minuten kochen, kalt abbrausen, pellen und in Scheiben schneiden. Inzwischen Zwiebeln und Knoblauchzehe schälen und fein hacken, die Paprikaschote vierteln, entkernen, waschen und in kleine Würfel schneiden. Butter oder Margarine erhitzen, Zwiebeln und Knoblauch darin hellbraun braten. Die Paprikawürfel hinzufügen und 5 Minuten braten. Danach Paprika hineinrühren, die Kartoffelscheiben daruntermischen und mit der Fleischbrühe übergießen. Etwas salzen und noch 5 Minuten dünsten. Dazu die gebratenen Würstchen servieren.

Brabanter Kartoffeln

Mit Spiegeleiern und Salat eine vollwertige Mahlzeit

4 Portionen à 425 Kalorien = 1785 Joule

1 kg Salatkartoffeln
1 Teelöffel Kümmel
5 Schalotten oder
2 Zwiebeln
1 Eßlöffel Margarine
1 Bund Petersilie
200 g Gouda-Käse, Salz
Pfeffer, Muskat
1 Zweig oder Teelöffel
Thymian, 1 Eßlöffel Kapern.

Kartoffeln mit Kümmel kochen, kalt abschrecken und schälen. In 1 cm dicke Scheiben schneiden. Schalotten oder Zwiebeln schälen und fein hacken, in Margarine gelb dünsten. Petersilie hacken, Käse fein reiben. In feuerfeste Form eine Schicht Kartoffeln legen, Zwiebeln, Petersilie und Käse daraufstreuen, würzen und die Form lagenweise wie oben angegeben füllen. Thymianzweig und Kapern obenauflegen und das Ganze mit Käse bestreuen. Bei 200 Grad 30 Minuten überbacken. Mit Feld- oder Endiviensalat servieren.

4 Portionen à 425 Kalorien = 1785 Joule

1 kg rohe Kartoffeln
2 Eier, 25 g Mehl
Salz, Pfeffer, Muskat
eventuell 1 Zwiebel
Bratfett (Kokosfett oder Schweineschmalz oder Öl)

Tip: Wenn Sie Kartoffelpuffer aus Fertigpulver bereiten: Geben Sie 2–3 Eier, 2 rohe, frischgeriebene Kartoffeln und eine fein gewürfelte Zwiebel oder etwas Zwiebelpulver dazu.

Kartoffelpuffer

Durch Eizusatz werden Puffer knusprig

Die Kartoffeln schälen und fein reiben. Sofort mit Eiern und Mehl verrühren. Mit Salz, Pfeffer und Muskat würzen, eventuell auch eine geriebene Zwiebel untermischen. Reichlich Fett in einer flachen Pfanne erhitzen und sehr heiß werden lassen, pro Puffer etwa 2 Eßlöffel Masse in die Pfanne geben, flachdrücken und auf beiden Seiten goldbraun braten. Nebeneinander auf eine heiße Platte legen. (Das restliche Fett eventuell auf Küchenkrepp abtropfen lassen.) Mit Apfelkompott oder Preiselbeeren servieren.

Auberginengemüse

Kalt oder warm als Beilage zu Braten

4 Portionen à 440 Kalorien = 1841 Joule

1,5 kg Auberginen
3 Zwiebeln, 750 g reife Tomaten, Salz, Pfeffer
1 Tasse Öl, 2 Knoblauchzehen und 1 Zweig Thymian.

Auberginen längs schälen, dabei jeden zweiten Streifen Schale stehenlassen. Das Gemüse in 3 cm große Würfel schneiden. Die Zwiebeln schälen und in Streifen schneiden. Tomaten kurz in heißes Wasser tauchen, abziehen, halbieren und Kerne herausdrükken. Die Auberginen salzen und pfeffern und im heißen Öl 3 Minuten braten. Danach in eine feuerfeste Form geben. Zwiebeln in der Pfanne gelb werden lassen, mit Tomatenhälften, gehacktem Knoblauch und Thymian unter die Auberginen mischen. Dann das Gemüse nochmals salzen und pfeffern. Im auf 200 Grad (Gas Stufe 3) vorgeheizten Backrohr ca. 40 Minuten zugedeckt garen.

Überbackenes Auberginengericht

Wenn Sie Gäste haben, servieren Sie Rosé-Wein dazu

Zutaten für 4 Portionen:
750 g Auberginen (Eierfrüchte), Salz, Mehl,
4 Eßl. Öl, 250 g Tomaten, 1 Zwiebel,
1 Knoblauchzehe, 250 g Schweinelende, Pfeffer,
50 g Emmentaler Käse.
Pro Portion ca. 320 Kalorien = ca. 1340 Joule

Die Auberginen schälen. Dann längs in 1/2 cm dicke Scheiben schneiden, salzen, 15 Minuten ziehen lassen, waschen, abtrocknen, mit etwas Pfeffer bestreuen, in Mehl wenden und in Öl goldgelb braten. Auberginen mit Tomatenscheiben in eine flache Auflaufform schichten. Gehackte Zwiebel und zerquetschten Knoblauch in dem Bratfett gelblich dünsten, das gewürfelte Fleisch 2 Minuten darin braten, salzen, pfeffern und über die Auberginen geben. Den Käse darüberreiben und das Gericht 5 Minuten überbacken.

Champignonpfannkuchen

Sie können dafür auch andere Pilze nehmen

Zutaten für 4 Portionen:
500 g frische Champignons, 2 Zwiebeln, 1 Knoblauchzehe, 25 g Räucherspeck, 1 Eßl. gehackte Kräuter, 200 g Mehl, 2 Eßl. feine Haferflocken, 4 Eier, 1/2 l Milch, Salz, Pfeffer, Muskat, Margarine oder Öl zum Braten.
Pro Portion ca. 510 Kalorien = ca. 2130 Joule

Die Pilze putzen, schnell waschen, gut abtropfen lassen und in Scheiben schneiden. Zwiebeln und Knoblauch schälen und fein hacken. Den Speck würfeln und in einer Pfanne auslassen. Zwiebeln und Knoblauch darin goldgelb braten, dann die Pilze dazugeben, kurz anbraten und mit Salz und Pfeffer bestreuen. Mehl mit Haferflocken, Eiern, Milch, Salz, Pfeffer und Muskat gut verrühren, Pilze und Kräuter daruntermischen und davon Pfannkuchen braten. Die Pilzpfannkuchen auf einer Platte heiß halten und zu einem Salat aus Gurken, Tomaten und grünen und roten Paprikaschoten essen.

Subrics mit rohem Schinken

Das sind kleine französische Pfannkuchen mit Spinat

4 Portionen à 435 Kalorien = 1827 Joule

1 kg junger Spinat, Salz
4 Eier, 2 gehäufte Eßl. Mehl
schwarzer Pfeffer
je 1 Löffelspitze Knoblauch- und Zwiebelpulver
2 Eßlöffel Butter oder Margarine
250 g saftiger roher Schinken.

Tip: Eine Variante sind Spinatpfannkuchen, die Sie vor dem Backen mit etwas Reibkäse und Muskat mischen.

Kleine junge Spinatblätter ganz lassen, große Blätter von den dicken Stielen befreien. Den Spinat je nach Verschmutzung 2- oder 3mal in viel kaltem Wasser waschen. 1/4 l Wasser mit 1 Teelöffel Salz aufkochen, den Spinat hineingeben, zudecken und zusammenfallen lassen. Dann in ein Sieb schütten und abtropfen lassen. Eier mit Mehl, Salz, gemahlenem Pfeffer, Knoblauch- und Zwiebelpulver verquirlen. Diesen Teig mit den kalten Spinatblättern mischen. Jeweils etwas Butter oder Margarine in einer Pfanne erhitzen, kleine Spinatpfannkuchen darin backen. Und dazu den saftigen Schinken reichen.

Spinatpudding

Ein Pudding kann auch mal pikant sein

4 Portionen à 525 Kalorien = 2197 Joule

500 g Spinat, 2 Zwiebeln
2 Eßlöffel Öl
2 altbackene Brötchen
200 g gekochter Schinken
5 Eier, 1/4 l saure Sahne
1 gestrichener Eßlöffel Speisestärke, Salz
Muskat, gemahlener weißer Pfeffer, 1 Teelöffel Streuwürze
1 Eßlöffel Butter oder Margarine, Semmelbrösel.

Spinat waschen und entstielen. Zwiebeln hacken und in Öl 1 Minute dünsten. Spinat zugeben, 4 Minuten dünsten und abtropfen lassen. Brötchen in dünne Scheiben, Schinken in kleine Würfel schneiden. Eier, Sahne, Speisestärke und Gewürze verquirlen. Porzellan- oder Metallschüssel ausfetten, Boden mit Alufolie belegen, Ränder mit Semmelbröseln bestreuen. Zuerst die Hälfte Schinken, dann die Hälfte ausgedrückten Spinat, danach Hälfte Semmeln, wieder Schinken, Spinat und Semmeln einfüllen und Eier daraufgießen. Im heißen Wasserbad im Backofen bei 180 Grad (Gas Stufe 2) mit 1 Stück Alufolie abgedeckt 1 Stunde garen.

Bandnudeln mit Spinat

Mit Käse überbacken ein herrliches Gericht

Zutaten für 4 Portionen:
375 g Bandnudeln, Salz, 2 Zwiebeln, 1 Knoblauchzehe, 175 g Räucherspeck, 300 g tiefgekühlter Spinat, 1/4 l saure Sahne, 1 gehäufter Teel. Speisestärke, Salz, Muskat, Worcestersoße, 200 g Schweizer Käse.
Pro Portion ca. 830 Kalorien = ca. 3470 Joule

Bandnudeln 6—8 Minuten in reichlich Salzwasser kochen, abgießen, kalt überbrausen, gut abtropfen lassen, in eine feuerfeste Form geben. Zwiebeln und Knoblauchzehe schälen und fein hacken. Speck würfeln, glasig auslassen, Zwiebeln und Knoblauch darin gelb dünsten, den Spinat und 1/3 Tasse Wasser zugeben. Etwa 10 Minuten auf kleiner Flamme auftauen lassen. Die Sahne mit Speisestärke verquirlen, zum Spinat rühren und aufkochen. Mit Salz, Muskat und Worcestersoße abschmekken, über die Nudeln geben, dünne Käsescheiben darauflegen. Etwa 10 Minuten bei 200 Grad überbacken.

Spinattorte

Eine der vielen Möglichkeiten, Spinat zuzubereiten

4 Portionen à 245 Kalorien = 1025 Joule

1 Packung gefrosteter Blätterteig, 500 g frischer Spinat, 3 Zwiebeln
50 g durchwachsener Räucherspeck, 5 Eier
1/4 l saure Sahne (oder Joghurt)
2 gestrichene Eßlöffel Speisestärke, Muskat
gemahlener weißer Pfeffer
Salz, 1 Teelöffel Streuwürze
175 g geriebener Käse.

Blätterteig nach Vorschrift auftauen. Spinat in kochendem Wasser einmal aufkochen, abgießen, im Sieb kalt abschrecken, Wasser herausdrücken. Speckwürfel ausbraten, in Streifen geschnittene Zwiebeln 5 Minuten dünsten. Eier, Sahne und Speisestärke mit Muskat, Pfeffer, Salz und Streuwürze verquirlen. Kuchenform mit ausgerolltem Teig auslegen, Boden mehrmals einstechen. Ca. 90 g Käse, darauf die Hälfte Zwiebeln und Spinat einfüllen. Übrige Zwiebeln und restlichen Käse darübergeben. Mit der Eiermasse auffüllen. Im auf 225 Grad vorgeheizten Backofen auf Unterschiene 15 Min. backen, dann auf 180 Grad auf Mittelschiene 25 weitere Min. backen.

Makkaroni-Auflauf

Dazu schmecken Tomatensalat und spanischer Rotwein

Zutaten für 4 Portionen: 250 g Makkaroni, 2 Zwiebeln, 100 g Räucherspeck, 175 g Emmentaler Käse, 1 Eßl. Butter oder Margarine, 250 g Hackfleisch, 4 Eier, 1/8 l Milch, Pfeffer, Muskat, 1 Bund Schnittlauch.
Pro Portion ca. 850 Kalorien = ca. 3555 Joule

Die zerbrochenen Makkaroni etwa 8—12 Minuten in Salzwasser kochen, abgießen, kalt duschen und gut abtropfen lassen. Zwiebeln schälen und fein hacken, Speck und Käse in 1 cm große Würfel schneiden. Fett erhitzen, Speck darin glasig braten und die Zwiebeln gelb dünsten. Das Hackfleisch zugeben, mit einer Gabel zerteilen und kurz anbraten. Mit Makkaroni und Käse in eine gefettete Auflaufform schichten, Eier mit Milch, Pfeffer, Muskat und feingeschnittenem Schnittlauch verquirlen, darübergießen und bei 200 Grad etwa 40 Minuten überbacken.

Teigwaren Nantua

Ein festliches Essen für Feinschmecker

Zutaten für 4 Portionen: 250 g Eierhütli, Salz, Zwiebel, 1 Eßl. Butter oder Margarine, 1/4-Dose indische Krabben, 1/2 Dose Hummersuppe, 1/8 l frische Sahne, 1 Beutel gehobelte Mandeln. Pro Portion ca. 580 Kalorien = ca. 2425 Joule

Die Eierhütli 8—10 Minuten in reichlich Salzwasser kochen, auf ein Sieb schütten, kurz überbrausen und gut abtropfen lassen. Die Zwiebel schälen, fein würfeln und in Butter oder Margarine gelblich dünsten. Krabbenbrühe, Hummersuppe und Sahne dazurühren und aufkochen. Die Soße eventuell mit etwas Speisestärke dikken. Die Krabben darin erhitzen, nicht kochen. Mit etwas Cognac oder Weinbrand abschmecken, in eine Sauciere füllen und zu den Eierhütli anrichten, die mit im Backofen leicht gerösteten Mandeln bestreut werden. Dazu grünen Salat servieren und ein Glas Weißwein.

Allgäuer Käsespätzle

Mit Salat ein Hauptgericht

4 Portionen à 650 Kalorien = 2720 Joule

350 g Mehl, 1 Teelöffel Salz
1 Prise Muskat, 4 Eier
ca. 1/4 l warmes Wasser
2 Zwiebeln, 2 Eßlöffel Butter oder Margarine
Schnittlauch
200 g Allgäuer Emmentaler.

Mehl in Schüssel sieben, mit Salz, Muskat, Eiern und warmem Wasser zu einem Teig rühren. 15 Minuten ruhen lassen. Zwiebeln schälen, würfeln, in Butter oder Margarine goldgelb dünsten. Schnittlauch schneiden. Käse fein reiben. Befeuchtetes Brett dünn mit Spätzleteig bestreichen, mit Palette oder Teigschaber dünne Streifen in kochendes Salzwasser schaben. Ziehen lassen, bis Spätzle oben schwimmen. Mit dem Schaumlöffel herausnehmen und in eine Schüssel geben. Jeweils eine Lage Spätzle mit Käse bestreuen. Obenauf mit geriebenem Käse, Zwiebeln und mit etwas Schnittlauch bestreuen.

Nudeln mit Schinken und Champignons

Teigwaren à la Italia zubereitet

4 Portionen à 685 Kalorien = 2867 Joule

400 g Teigwaren, Salz
1 Zwiebel, 1 Knoblauchzehe
2 Eßlöffel Butter oder Margarine, 125 g frische Champignons
175 g gekochter Schinken
Muskat, weißer Pfeffer
1 Beutel oder Päckchen Tomatensoße, 50 g geriebener Parmesankäse.

Teigwaren in Salzwasser nach Vorschrift kochen und abgießen. Zwiebel und Knoblauch fein hacken, in Fett gelb dünsten, Champignonscheiben zugeben und ca. 5 Minuten dünsten. Schinken in Streifen schneiden und mit Champignons unter die Teigwaren mischen. Mit Muskat, Pfeffer und Salz abschmecken. Anrichten. Mit nach Vorschrift bereiteter Tomatensoße übergießen und mit geriebenem Parmesankäse bestreuen. Ganz nach Wunsch noch feingehackten Salbei untermischen.

Spaghetti alla Carbonara

Gönnen Sie sich dazu italienischen Rotwein

Zutaten für 4 Portionen:
375 g Spaghetti, Salz, 250 g roher Schinken, 1 kleine Dose Sardellenfilets, 1 Bund Petersilie, 6—8 Eier, Pfeffer, Muskat, geriebener Parmesankäse.
Pro Portion ca. 685 Kalorien. = ca. 2865 Joule

Reichlich gesalzenes Wasser zum Kochen bringen, die Spaghetti hineinlegen und unter mehrmaligem Rühren etwa 8—10 Minuten kochen. Dann in ein Sieb schütten, kurz überbrausen und gut abtropfen lassen. Inzwischen den Schinken in etwa $^{1}/_{3}$ cm große Würfel schneiden, die Sardellenfilets und die Petersilie fein hacken. Eier mit Pfeffer und Muskat verquirlen. Den Schinken in einer Pfanne andünsten. Sardellenfilets, Petersilie und Eier dazugeben und ein lockeres Rührei machen. Die Spaghetti anrichten, das Rührei daraufgeben und dazu Parmesankäse und frischen Endiviensalat servieren.

Lasagne al Forno

Italienischer Nudelauflauf mit pikanter Füllung

4 Portionen à 860 Kalorien = 3599 Joule

**250 g grüne oder gelbe Nudelteigplatten (für Lasagne)
50 g Räucherspeck, 3 Zwiebeln
375 g gemischtes Hackfleisch
Salz, Pfeffer, je 1 Teelöffel Thymian und Basilikum, 500 g reife Tomaten, 1 kleine Dose Tomatenmark, $^1/_8$ l Weißwein
1 Eßlöffel Butter, 125 g frische Champignons, 2 gestrichene Eßlöffel Mehl, $^1/_8$ l süße Sahne
1 Bund gehackte Petersilie oder Kerbel, 75 g geriebener Emmentaler Käse.**

Teigplatten 7 Min. kochen, abschrecken, abtropfen. Speckwürfel ausbraten, $^2/_3$ Zwiebelwürfel darin gelb dünsten. Hackfleisch braun braten. Gewürze zugeben. Abgezogene, halbierte, entkernte Tomaten, Tomatenmark, Wein zum Fleisch geben, 5 Min. schmoren. Restliche Zwiebelwürfel in Butter gelb dünsten, Champignonscheiben zugeben, 3 Min. weiterdünsten. Mehl überstäuben, Sahne beifügen, salzen, pfeffern, 3 Min. kochen. Kräuter untermischen. Feuerfeste, gefettete Form mit Teig auslegen. Hackfleisch einlegen, ca. 50 g Käse überstreuen. Mit Teig abdecken, darauf Champignons streichen. Übrigen Käse darübergeben, im vorgeheizten Backofen bei 180 Grad 35 Min. backen.

Käsesoufflé mit Schinken und Lauch

Ein Soufflé kann auch pikant sein

4 Portionen à 230 Kalorien = 966 Joule

6 Lauchstangen, Salz
Pfeffer, 1/8 l Fleischbrühe
25 g Butter, 15 g Mehl
2 Eier, 50 g geriebenen Käse
Muskat
4 Scheiben gekochten Schinken.

Lauch putzen, grüne Blätter entfernen, längs halbieren und gut waschen. In der mit Salz und Pfeffer gewürzten Fleischbrühe 20 Minuten dünsten. Fett zerlassen, Mehl darin 3 Minuten hell schwitzen. Lauchbrühe zugießen, 3 Minuten kochen, von der Kochstelle nehmen. Eigelb unterrühren, Eiweiß zu steifem Schnee schlagen und mit geriebenem Käse locker unter die noch warme Soße heben. Lauch in einer feuerfesten Form anrichten, mit Schinkenscheiben belegen und mit Soufflémasse bedecken. Bei 200 Grad, Gas-Backofen Stufe 3, etwa 25 Minuten backen.

Serbisches Reisfleisch

Mit Salat, Rotwein oder Bier eine leckere Mahlzeit

4 Portionen à 547 Kalorien = 2297 Joule

500 g Schweineschulter
3 Zwiebeln, 1 Knoblauchzehe
3 Eßlöffel Öl, Salz, Pfeffer
2 gehäufte Teelöffel Paprika edelsüß
2 Eßlöffel Tomatenmark
4 Tassen Fleischbrühe (Würfel)
2 grüne oder 2 rote Paprikaschoten
1 Stange Porree
2 Tassen Reis
vielleicht etwas saure Sahne und gehackte Petersilie.

Das Fleisch in 3 cm große Würfel schneiden. Zwiebeln und Knoblauch schälen und hacken. Fleisch, Zwiebeln und Knoblauch in 1 Eßlöffel heißem Öl anbraten. Kurz vom Herd nehmen, salzen, pfeffern und mit Paprika verrühren. Tomatenmark und Fleischbrühe hinzufügen und 30 Minuten kochen. Inzwischen Paprikaschoten vierteln, entkernen, waschen und in Streifen schneiden. Porree putzen und in Ringe schneiden. Das Gemüse in 2 Eßlöffel Öl andünsten und mit dem Reis zum Fleisch geben und daruntermischen. Das Reisfleisch noch 25 Minuten garen und dann vielleicht noch saure Sahne und Petersilie dazugeben. Vorweg grünen Salat essen.

Ratatouille (provençalisches Gemüseragout)

Bei diesem Gemüsetopf nicht mit Würzen geizen

4 Portionen à 210 Kalorien = 879 Joule

3 Courgettes, 2 Auberginen
2 Paprikaschoten, 2 Zwiebeln
3 große Fleischtomaten
4 Eßlöffel Olivenöl
Salz, Pfeffer, Muskat
1 Teelöffel getrockneter oder
1 frischer Zweig Thymian
2 Knoblauchzehen.

Die gewaschenen Courgettes in 1 cm dicke Scheiben schneiden. Auberginen streifig abschälen (jeweils den 2. Streifen stehen lassen). Auberginen würfeln. Gewaschene Paprika vierteln, entkernen und mit geschälten Zwiebeln in Streifen schneiden. Tomaten in kochendes Wasser legen, enthäuten, halbieren, Kerne herausdrücken und Tomaten grob würfeln. Öl in einem Topf erhitzen, Gemüse zugeben, verrühren und 3 Minuten dünsten. Mit Salz, Pfeffer, Muskat und Thymian würzen und ungeschälten Knoblauch zugeben. Zugedeckt bei geringer Hitze 40 Minuten schmoren. Zuletzt die Knoblauchzehen herausfischen. Warm zu Kalbssteaks oder -braten oder kalt mit frischen Weißbrotscheiben servieren.

Kohlrabi-Gemüse mit Hähnchenbrüsten

Ein leicht bekömmliches Mittag- oder Abendessen

4 Portionen à 210 Kalorien = 882 Joule

5 junge Kohlrabi
2 Bund junge Möhren
1 kleine Zwiebel
Salz, Aromat oder Fondor
etwas Butter oder Margarine
1 gehäufter Teelöffel Zucker
½ Glas Weißwein
1 Päckchen tiefgekühlte panierte Hähnchenbrüste.

Die Kohlrabi dünn schälen und in Spalten schneiden, die Herzblättchen in Streifen schneiden. Die Möhren schaben und waschen, die Zwiebel schälen und fein hacken. 1 Tasse Wasser mit etwas Salz, Aromat oder Fondor und 1 Teelöffel Butter oder Margarine aufkochen, die Kohlrabi darin 12 Minuten dünsten. 1 Eßlöffel Butter oder Margarine in einem zweiten Topf erhitzen, die Zwiebelwürfel darin goldgelb dünsten. Möhren, Zucker, Weißwein und ½ Tasse Wasser dazugeben. Offen dünsten, bis die Möhren weich sind und die Flüssigkeit verdampft ist. Das Gemüse anrichten, dazu Hähnchenbrüste, die – wie auf der Packung empfohlen – gebraten werden.

Frühkohl mit Möhren und Schweinefleisch

Im Juli ist Frühkohl besonders zart und saftig

4 Portionen à 235 Kalorien = 987 Joule

375 g Schweineschulter
3 Zwiebeln, 1/2 l Fleischbrühe (Würfel), Salz
1/2 Teelöffel Kümmel
schwarzer Pfeffer
1 Lorbeerblatt
1 Kopf Frühkohl
500 g Möhren
1 gestrichener Eßlöffel Speisestärke.

Zuerst das Fleisch in 3 cm große Würfel schneiden, die Zwiebeln schälen und in Streifen schneiden. Fleisch, Zwiebeln und Fleischbrühe in einen großen Topf geben und mit Salz, Kümmel, Pfeffer und Lorbeerblatt würzen. Aufsetzen und 25 Minuten kochen. Inzwischen den Kohl putzen und in kleine Blättchen schneiden, die Möhren schälen, waschen und in Streifen schneiden. Das Gemüse unter das Fleisch mischen und das Gericht in weiteren 30 Minuten garkochen. Die Speisestärke mit wenig Wasser verquirlen, hineinrühren und einmal aufkochen lassen. Dann zu Brot oder Kartoffeln servieren und als Dessert ein Früchtejoghurt reichen.

Bohnen, Birnen und Speck

Eine norddeutsche Spezialität, die auch woanders schmeckt

4 Portionen à 800 Kalorien = 3360 Joule

375 g durchwachsener Räucherspeck
750 g grüne Bohnen
1 Zweig Bohnenkraut
500 g Kartoffeln
500 g feste Birnen
2 gestrichene Eßlöffel Mehl
weißer Pfeffer.

Den Speck mit etwa $^{1}/_{2}$ l Wasser aufsetzen und 15 Minuten kochen. Inzwischen die Bohnen putzen, waschen und in etwa 4 cm lange Stücke brechen. Bohnen und Bohnenkraut zum Speck geben und 15 Minuten mitkochen. Die Kartoffeln schälen und in Würfel schneiden. Kleine Birnen waschen und ganz lassen, große Birnen schälen, vierteln und entkernen. Kartoffeln und Birnen zu den Bohnen geben und das Gericht weitere 15 Minuten garen. Das Mehl mit etwas Wasser verquirlen, hineinrühren und kurz kochen. Den Eintopf mit weißem Pfeffer abschmecken und heiß anrichten. Und danach eine Quarkspeise mit frischen Sommerfrüchten servieren.

Weiße Bohnen in Tomatensoße

Die Bohnen am Abend vorher in ³/₄ l kaltem Wasser weichen lassen

4 Portionen à 300 Kalorien = 1260 Joule

250 g weiße Bohnen
2 Zwiebeln
1 Knoblauchzehe
2 Eßlöffel Biskin
¹/₂ Tasse Rotwein
1 kleine Dose Tomatenmark
etwas Instant-Bratensoße
Salz, Pfeffer, Majoran.

Bohnen im Einweichwasser aufsetzen und in 1¹/₂ Stunden weichkochen. Zwiebeln und Knoblauchzehe schälen, fein hacken und in Biskin goldbraun rösten. Rotwein und Tomatenmark hinzufügen, umrühren und aufkochen. Die gekochten Bohnen und 1 bis 2 Tassen Kochwasser dazugeben und etwas Instant-Bratensoße hineinrühren. Aufkochen, mit Salz, Pfeffer und etwas Majoran (in den Händen fein zerreiben!) abschmecken. Nach Wunsch süß-sauer würzen; dafür 3 bis 4 Eßlöffel Essig und etwas Zucker verwenden. Mit gebratenem Speck und Weißbrot oder mit Bratwürsten servieren.

Cassoulet – Toulouser Bohnentopf

Dazu Weißbrot und Rotwein servieren

4 Portionen à 1 160 Kalorien = 4 855 Joule

500 g weiße Bohnen
1 Lorbeerblatt
Petersilienstiele, 1 Zweig Thymian, 3 Zwiebeln
2 Knoblauchzehen, 2 Möhren
2 Paar Bauernbratwürste
500 g durchwachsene Schweineschulter, 2 Eßlöffel Schweine- oder Entenfett
1 große Dose geschälte Tomaten, Semmelbrösel.

Weiße Bohnen in kaltem Wasser über Nacht einweichen und dann mit Lorbeerblatt, Petersilie und Thymian garkochen. Zwiebeln, Knoblauch und Möhren schälen und in Streifen, Bratwürste in Scheiben, Schweineschulter in 3 cm große Würfel schneiden. Fett im Topf erhitzen, Fleisch, Wurst darin 3 Minuten anbraten, Zwiebeln und Knoblauch hinzufügen und goldgelb werden lassen. Jetzt das Gemüse dazugeben und alles etwa 1 Stunde schmoren. Danach mit den abgetropften Bohnen in eine feuerfeste Schüssel schichten, als letzte Schicht Bohnen. Mit Semmelbröseln überstreuen und bei 220 Grad etwa 40 Minuten im Ofen backen. Im Topf servieren.

Pikanter Linsen-Eintopf

Ein Schuß Essig gibt pikante Würze

Zutaten für 4 Portionen:
350 g Linsen, 1 l Wasser, 1 Eßl. Butter oder Margarine, 2 Zwiebeln, 2 Karotten, 2 Stangen Lauch, 1 Lorbeerblatt, 2 Nelken, 1 Löffelspitze Thymian, 750 g Kartoffeln, 250 g gekochter Schinken, 1 Paar Bauernbratwürste oder Landjäger, 1 Beutel Bratensoße, 1 Eßl. Tomatenmark, Essig, 1 Prise Zucker.
Pro Portion ca. 950 Kalorien. = ca. 3970 Joule

Linsen über Nacht in kaltem Wasser einweichen. In Fett Zwiebelwürfel hell anschwitzen, gewürfelte Karotten und Lauch zugeben, ebenfalls anschwitzen lassen, Linsen mit Einweichwasser zugeben, mit Lorbeerblatt, Nelken, Thymian und etwas Salz würzen und zugedeckt ca. 45 Minuten kochen. Die grobgewürfelten Kartoffeln zugeben, weitere 15 Minuten kochen. Zuletzt Schinken und Bauernbratwürste in Würfel schneiden, beifügen, die nach Vorschrift angerührte Bratensoße mit dem Tomatenmark zugießen, durchkochen lassen und pikant mit Essig, 1 Prise Zucker und Salz abschmecken.

Nudeltopf

Geflügel, Gemüse und Nudeln: ein klasse Eintopf

4 Portionen à 360 Kalorien = 1506 Joule

500 g Hühnerteile, 1 Zwiebel
2 Nelken, 1 Lorbeerblatt
2 Möhren, Salz, Pfeffer
1 Teelöffel Streuwürze
1 Stange Lauch, 2 Eier
4 Eßlöffel Milch, Muskat
100 g Suppennudeln
1 Bund gehackte Petersilie oder Kerbel.

Geflügel waschen, in $1^1/_4$ l kaltes Wasser geben. Aufkochen, die mit Nelken und Lorbeerblatt besteckte Zwiebel, geputzte Möhren, Salz, Pfeffer und Streuwürze zugeben und alles etwa 1 Stunde bei geringer Hitze kochen lassen. Lauch nach 30 Minuten Kochzeit zugeben. Eier mit Milch, Muskat und Salz verquirlen und in kunststoffbeschichteter Pfanne zugedeckt stocken lassen. Auf Papier stürzen, kleine Halbmonde ausstechen. Geflügelteile herausnehmen. Fleisch von den Knochen ablösen, Gemüse in Scheiben schneiden, in der Brühe mit den Nudeln 5 Minuten kochen. Kräuter und Eierstich beifügen.

Gaisburger Marsch

Das klassische Gericht der schwäbischen Küche

4 Portionen à 630 Kalorien = 2637 Joule

500 g Rinderbrust, Salz
1 Teelöffel Streuwürze
1 Bund Suppengrün
500 g Kartoffeln
3 Zwiebeln, 1 Eßlöffel Butter oder Margarine, 125 g Spätzle
weißer gemahlener Pfeffer
Muskat
$^1/_2$ Bund feingeschnittener Schnittlauch oder Petersilie.

Rinderbrust in $1^1/_2$ l kochendes Salzwasser geben. Streuwürze und Suppengrün beifügen und bei geringer Hitze etwa $1^1/_4$ Stunden kochen lassen. Suppengrün herausnehmen und geschälte, in 3 cm große Würfel geschnittene Kartoffeln beifügen. Noch 20 Minuten kochen. Zwiebelwürfel in Fett 5 Minuten gelb dünsten. Spätzle in Salzwasser 12 Minuten garen, abgießen. Rinderbrust in Würfel schneiden, mit Spätzle in die Brühe geben und mit Gewürzen abschmecken. Anrichten und Zwiebeln sowie geschnittenen Schnittlauch oder Petersilie daraufgeben.

Wirsing-Roulade

Ein „Spargericht“ mit großem Vitamingehalt

4 Portionen à 590 Kalorien = 2469 Joule

1 Kopf Wirsingkohl (ca. 1 kg) Salz, 100 g durchwachsener Räucherspeck, 4 Zwiebeln 2 altbackene Brötchen 250 g gemischtes Hackfleisch 2 Eier, 2 Teelöffel Majoran 1 Teelöffel Kümmel, Pfeffer 2 Möhren, 1/4 l Fleischbrühe (Würfel), 2 Teelöffel Instant-Bratensoße.

Wirsingkohl in viel Salzwasser 10 Minuten kochen, kalt abschrecken, entblättern, dicke Rippen ausschneiden. Speckwürfel ausbraten, 3 gehackte Zwiebeln darin gelb schwitzen. Eingeweichte, ausgedrückte Brötchen mit Hackfleisch, Eiern, Majoran, Kümmel, Pfeffer und Salz unter abgekühlte Zwiebeln und Speck mischen. Masse auf die Kohlblätter streichen, Kohl aufrollen. Kohlrolle mit Garn umwickeln. Feuerfeste Form mit Zwiebel- und Möhrenscheiben auslegen, die Roulade hineinlegen. Mit Fleischbrühe begießen, bei 180 Grad 1 Stunde garen. Soße binden.

Hühnertopf

Ein geschmacklich hervorragender Eintopf

4 Portionen à 565 Kalorien = 2365 Joule

1 junges Suppenhuhn oder 1 Poularde, Salz
1 Lorbeerblatt, Pfeffer
¹/₄ Kopf Weißkohl, 3 Karotten
¹/₂ Sellerieknolle
1 Stange Lauch, 1 Würfel Hühnerbrühe, 100 g feine Bandnudeln.
Für den Eierstich: 3 Eier Pfeffer, Muskat.

Huhn in viel Salzwasser, mit Lorbeerblatt und Pfeffer 1 Stunde kochen. Huhn herausnehmen, abkühlen lassen. Geputztes, gewaschenes Gemüse in Streifen schneiden, mit Brühwürfel in die Geflügelbrühe geben. 30 Minuten garen. Während der letzten 5 Minuten die Nudeln mitgaren. Die Eier mit Salz, Pfeffer und Muskat verquirlen, in eine leicht geölte beschichtete Pfanne gießen. Pfannendeckel auflegen und die Eier bei geringer Hitze stocken lassen und stürzen. Geflügelfleisch von den Knochen lösen, die Haut entfernen, und mit in Rauten geschnittenem Eierstich zum Eintopf geben, darin erhitzen, mit etwas Salz, Pfeffer und Muskat abschmecken.

Borschtsch

Fleisch-Gemüse-Topf aus der Küche Rußlands

4 Portionen à 660 Kalorien = 2762 Joule

750 g Rinderschulter
1 Lorbeerblatt, Salz
1 kleiner Kopf Weißkohl
2 Zwiebeln, 2 Stangen Lauch
3 Karotten, 1/4 Sellerieknolle
1 Fleischbrühwürfel
1 frische oder 1/3 Glas gekochte Rote Bete
100 g durchwachsener Räucherspeck, 2 Zwiebeln
1 Dose gekühlter Fertigteig für Teigtaschen, etwas saure Sahne.

Rinderschulter in kochendes Wasser geben, mit Lorbeerblatt und Salz würzen und 1 1/2 Stunden bei geringer Hitze kochen. Geputztes Gemüse in Würfel, Stäbchen oder Scheiben schneiden. Das Gemüse zum Fleisch geben, mit Fleischbrühwürfel würzen und noch 25 Minuten kochen lassen. Fleisch in Scheiben schneiden und die gekochte oder feingeriebene, rohe Rote Bete zugeben. Inzwischen Räucherspeckwürfel ausbraten, Zwiebelwürfel darin 5 Minuten dünsten. Fertigteig ausrollen und Teigstücke mit der Speck-Zwiebel-Masse füllen, im auf 200 Grad (Gas Stufe 3) vorgeheizten Backofen backen. Borschtsch mit 1 Klecks Sauerrahm und den Teigtaschen servieren.

Pichelsteiner Eintopf

Servieren Sie eine Scheibe Bauernbrot dazu

Zutaten für 4 Portionen:
500 g gemischtes Fleisch (Hammel, Kalb, Schwein, Rind, in 2 cm große Würfel schneiden), Salz, Pfeffer, 1 Eßl. Butter oder Margarine, 2 Zwiebeln, 4 Karotten, 1 Sellerieknolle, 1 Kopf Wirsingkohl, 750 g Kartoffeln, 1 Lorbeerblatt, ca. $^1/_2$ l Fleischbrühe.
Pro Portion ca. 670 Kalorien. = ca. 2800 Joule

Das gewürfelte Fleisch mit Salz und Pfeffer würzen. In heißem Fett Zwiebelscheiben hell anschwitzen, Fleisch zugeben und ca. 5 Minuten langsam dünsten. Karottenscheiben, Würfel von Sellerie und Wirsingkohl sowie Kartoffelscheiben lagenweise auf das Fleisch schichten, Lorbeerblatt zugeben und mit der kräftigen Fleischbrühe auffüllen. Zugedeckt ca. $1^1/_2$ Stunden langsam dünsten. Eventuell etwas Fleischbrühe nachgießen. Den Pichelsteiner Eintopf mit Bauernbrot servieren, als Nachspeise Obst reichen.

Vegetarischer Eintopf

Mal was anderes am fleischlosen Freitag

Zutaten für 4 Portionen:
1,5 kg frisches Gemüse (Blumenkohl, weiße Rüben, Karotten, Lauch, Wirsing usw.). 2 Zwiebeln, 3 Eßl. Butter oder Margarine, $1^1/_4$ l Wasser, Salz, Pfeffer, 2 Teel. Streuwürze, 1 Lorbeerblatt, 2 Knoblauchzehen, $^1/_2$ Dose Mischpilze, 4 Kartoffeln, 125 g Suppennudeln, Muskat, 1 Bund Schnittlauch.
Pro Portion ca. 510 Kalorien. = ca. 2130 Joule

Gemüse putzen, waschen und zerkleinern. Zwiebeln würfeln. In einen hohen Topf Fett geben, Zwiebeln darin hellgelb dünsten. Gemüse zugeben, kurz mitdünsten, mit Wasser ablöschen. Salz, Pfeffer, Aromat oder Fondor, Lorbeerblatt, zerdrückten Knoblauch zugeben und zugedeckt ca. 15 Minuten kochen. Danach Mischpilze, kleingewürfelte Kartoffeln und Suppennudeln beifügen. In weiteren 20 Minuten garen und den Eintopf zuletzt mit feingeriebenem Muskat und dem geschnittenen Schnittlauch verfeinern.

Fischsuppe mit Reis

Sättigend und bekömmlich

Zutaten für 4 Portionen:
100 g Räucherspeck, 1 Zwiebel, 1 grüne Paprikaschote, 1 Tasse Reis, $1^1/_4$ l Fleischbrühe aus Brühwürfeln, 500 g Fischfilet, 1 Ei, 4 Eßl. Kondensmilch, Salz, Muskat, Pfeffer.
Pro Portion ca. 450 Kalorien.
= ca. 1880 Joule

Speckwürfel auslassen, Zwiebel- und Paprikawürfel darin hell anschwitzen, Reis und Fleischbrühe zugeben und 15 Minuten kochen lassen. 250 g Fischfilet in Würfel schneiden, das restliche Fischfilet im Mixer mit dem Ei, Kondensmilch und Gewürzen gut vermischen und zerkleinern. In die Brühe gibt man die Fischwürfel und die zu Klößchen geformte Fischmasse und läßt ca. 5 Minuten ziehen. Die Suppe kann man zuletzt mit Würfeln von abgezogenen Tomaten (ohne das Mark) bestreuen.

Süßspeisen

Gefüllte Dampfnudeln

Mittags oder abends mit heißer Vanillesoße servieren

4 Portionen à 520 Kalorien = 2184 Joule

1 Päckchen tiefgekühlter Hefeteig, 2 Eßlöffel Butter oder Margarine
2 Eßlöffel Zucker
1/8 l frische Milch
1/2 Glas rote Fruchtmarmelade.

Den Hefeteig wie empfohlen auftauen lassen, auf bemehlter Fläche 2 cm dick ausrollen. Mit einem in Mehl getauchten Glas runde Plätzchen ausstechen und diese auf ein bemehltes Backblech legen. Bei 50 Grad in den Backofen geben und gehen lassen, bis sie doppelt so groß sind. Dann auf jedes Hefeplätzchen 1 Teelöffel rote Marmelade geben und diese ganz in den Teig einhüllen. Eine kunststoffbeschichtete Pfanne auf die Automatikplatte stellen, Stufe 3 (schwach) einschalten. Butter oder Margarine, Zucker und Milch darin erhitzen, die Dampfnudeln hineinsetzen, den Deckel mit geöffneter Lüftungsklappe daraufsetzen. Fertig nach 1 Stunde.

Quarkpfannkuchen mit Apfelkompott

Ein süßes Hauptgericht oder eine Abendmahlzeit

4 Portionen à 330 Kalorien = 1386 Joule

1 kg Augustäpfel
Saft von 1 Zitrone
1 Stange Vanille, Zucker
3 Eier, Salz
125 g Magerquark
4 gehäufte Eßlöffel Mehl
1 gestrichener Teelöffel Backpulver
etwas fein abgeriebene Zitronenschale
etwa 1 Eßlöffel Butter oder Margarine.

Die Äpfel schälen, achteln und dabei entkernen. Etwa 1/2 Tasse Wasser mit Zitronensaft, aufgeschlitzter Vanillestange und 3 Eßlöffel Zucker aufkochen. Die Äpfel hineingeben und zugedeckt gar ziehen lassen. Für die Pfannkuchen das Eiweiß mit 1 Prise Salz ganz steif schlagen. 2 gehäufte Eßlöffel Zucker einrieseln lassen und weiterschlagen. Eigelb mit Quark, Mehl, Backpulver und Zitronenschale verrühren, auf den Eischnee geben und vorsichtig darunterziehen. Jeweils wenig Fett in einer kunststoffbeschichteten Pfanne zerlassen und 4 Pfannkuchen darin braten. Mit warmem Apfelkompott servieren.

Semmelschmarrn mit Kirschen

Ein schnelles Essen, das satt macht

Zutaten für 4 Portionen:
500 g Sauerkirschen,
2 Eßl. Zucker, 1 Tasse Wasser, 6 Brötchen, 1/8 l frische Sahne, 1/4 l Milch, 3 Eier, 1 Eßl. Zucker, 2 Eßl. Butter oder Margarine.
Pro Portion ca. 545 Kalorien. = ca. 2280 Joule

Die Sauerkirschen entstielen und waschen. Zucker und Wasser aufkochen und die Sauerkirschen 5 Minuten darin kochen. Die Brötchen in Scheiben schneiden und Sahne, Milch, Eier und Zucker miteinander verquirlen. Brötchen und Eiermilch mischen und 5 Minuten stehen lassen. Fett in einer großen Pfanne erhitzen, die Brötchen hineingeben und in etwa 5 Minuten rundherum goldgelb braten. Die gut abgetropften Sauerkirschen daruntermischen und den Semmelschmarrn auf einer heißen Platte anrichten. Dazu am besten heißen Kaffee trinken.

Wiener Kaiserschmarren

Mit Apfelkompott ein süßes Hauptgericht

4 Portionen à 570 Kalorien = 2386 Joule

250 g Mehl, 1 Prise Salz
3/8 l Milch, 4 Eier
3 gehäufte Eßlöffel Zucker
2 Eßlöffel Butter oder Margarine, 100 g Sultaninen.

Mehl, Salz, Milch, Eigelb und Zucker verrühren. Eiweiß zu steifem Schnee schlagen, unter den Teig heben. 1 Eßlöffel Fett in der Pfanne zerlassen, Teighälfte hineingießen und 50 g gewaschene Sultaninen daraufstreuen. Langsam braten, auf Deckel gleiten lassen, wenden und fertigbraten. Pfannkuchen mit zwei Gabeln in große Stücke zerreißen, herausnehmen. Zweiten Pfannkuchen ebenso braten. Zuletzt Pfannkuchenstücke in die Pfanne zurückgeben und noch 1 Minute braten. Die Stücke reichlich mit Puderzucker bestäuben und Apfelkompott dazu reichen.

Böhmische Liwanzen

Das Gebäck schmeckt am besten, wenn es noch lauwarm ist

4 Portionen à 450 Kalorien = 1890 Joule

250 g Mehl, 1 Prise Salz
1/4 l Milch
1 Päckchen Dauerbackhefe
50 g Zucker, 2 Eier
50 g Butterschmalz
Margarine oder Butter zum Backen, Pflaumenmus (mit 1 Glas Rum verrührt)
Zimt und Zucker.

Mehl und Salz in eine Schüssel sieben. Lauwarme Milch, Hefe und 1 Eßlöffel Zucker verrühren und 15 Minuten stehen lassen. Milch, übrigen Zucker, Eigelb und zerlassenes Butterschmalz nacheinander zum Mehl rühren, am besten mit dem Knethaken des Handmixers. Eiweiß steifschlagen und unter den Teig heben, der jetzt bei 50 Grad im offenen Backofen etwa 1/2 Stunde gehen soll. Eine Spiegeleier- oder Knödelpfanne erhitzen, die Vertiefungen einfetten und jeweils 1 bis 1 1/2 Eßlöffel Teig hineingeben. Die Liwanzen von beiden Seiten goldbraun backen, anrichten, mit Pflaumenmus bestreichen und mit Zimt und Zucker bestreuen.

Apfelpfannkuchen

Mit einem klaren Gemüsesüppchen ein willkommenes Essen

4 Portionen à 475 Kalorien = 1995 Joule

3 Äpfel
1 bis 2 Eßlöffel Zucker
1 gestrichener Teelöffel Zimt
Saft von ½ Zitrone
1 Gläschen Rum
200 g Mehl, 4 Eier
¼ l Wasser oder Milch
1 Prise Salz
1 Eßlöffel Zucker
2 Eßlöffel Margarine.
Tip: Mit Wasser werden die Pfannkuchen schön knusprig!

Die Äpfel schälen, entkernen und in Ringe schneiden. Zucker mit Zimt, Zitronensaft und Rum mischen, die Äpfel darin wenden und 10 Minuten ziehen lassen. Mehl, Eigelb, Milch und Salz gut miteinander verrühren. Eiweiß steifschlagen, 1 Eßlöffel Zucker hinzufügen, kurz weiterschlagen und den festen Schnee unter den Pfannkuchenteig heben. Für jeden Pfannkuchen etwas Margarine in einer Pfanne erhitzen, Pfannkuchenteig hineingeben, Apfelringe dicht aneinander darauflegen und die Pfannkuchen wenden, wenn die Unterseite schön gebräunt ist. Fertigbraten und mit Zimtzucker servieren. Und dazu Kaffee anbieten.

Pofesen

. . . auch Kartäuserklöße genannt

Zutaten für 4 Portionen:
4 Milchbrötchen, 4 Eßl. Marmelade, am besten Zwetschgenmus, mit etwas Rum verrührt, $^1/_2$ l Milch, 3 Eier, 2 Päckchen Vanillinzucker, 1 Eßl. Zucker, 3 Eßl. Butter oder Margarine.
Pro Portion ca. 480 Kalorien.

Brötchen auseinanderbrechen, mit Marmelade füllen. Milch, Eier, Vanillinzucker und Zucker zusammen gut verrühren, die Brötchen mit dieser Milch übergießen und gut vollsaugen lassen. Die Pofesen in Fett goldgelb braten und anrichten. Mit Zucker und Zimt bestreuen. Tip: Die Brötchen für Pofesen können auch in Milch eingeweicht und dann in Ei und Semmelbröseln paniert und in heißem Fett gebacken werden. Man kann dazu auch Scheiben von Toastbrot nehmen. Dazu füllt man je zwei Scheiben mit der Marmelade, weicht in Milch und paniert. Auch kann man die Milch durch Wein ersetzen.

Buchweizen-Blinis

Eine russische Spezialität

4 Portionen à 800 Kalorien = 3348 Joule

1 Beutel Trockenhefe oder 1 Würfel frische Hefe
1/2 l Milch, 125 g Weizenmehl
375 g Buchweizenmehl (aus dem Reformhaus), 4 Eier
Salz, 1 Teelöffel Zucker
100 g Butter oder Margarine.

Die Hefe in 1/2 Tasse erwärmte Milch geben, 1 Teelöffel Mehl zufügen, alles miteinander verrühren und 30 Minuten gehen lassen. Weizenmehl, Buchweizenmehl, die übrige Milch, Eier, Salz und Zucker in eine Schüssel geben und gut mit der aufgegangenen Hefe vermischen. Diese Mischung mit den Knethaken eines Handrührgerätes verarbeiten und mit einem sauberen Küchentuch bedeckt 15 Minuten auf die heruntergeklappte Tür des auf 50 Grad gestellten Backofens stellen. Danach aus dem Teig im zerlassenen Fett Blinis (kleine Fladen von ca. 10 cm ∅) braten. Mit Zimtzucker bestreuen und dazu mit Zitronenschale und Zimtstange gedünstetes Apfelkompott reichen.

Kirschenauflauf

Von diesem Auflauf möchte jeder gern naschen

4 Portionen à 460 Kalorien = 1925 Joule

500 g Süßkirschen
abgeriebene Schale und Saft von 1 Zitrone
50 g gemahlene Mandeln
4 Eier, 100 g Zucker
1 Päckchen Vanillinzucker
100 g Mehl, 25 g Speisestärke
1 gestrichener Teelöffel Backpulver.

Kirschen waschen, abtropfen lassen, entstielen und entsteinen. Kirschen mit Zitronenschale und gemahlenen Mandeln mischen. Eigelb mit Zitronensaft und 50 g Zucker weißschaumig rühren. Das Eiweiß steifschlagen, übrigen Zucker und Vanillinzucker gut unterschlagen. Eischnee auf Eigelbcreme geben. Mehl, Speisestärke und Backpulver darübersieben. Mit dem Schneebesen locker vermischen. Die gefettete, mit Zucker ausgestreute Auflaufform mit den Kirschen füllen, die Auflaufmasse daraufgeben und einige Kirschen noch obenaufsetzen. Im vorgeheizten Backofen bei 180 Grad (Gas Stufe 2) 45 Minuten backen. Heiß mit Vanillesoße oder Fruchtsaft servieren.

Quarkauflauf mit Äpfeln

Als Vorspeise: Klare Fleischbrühe mit viel Gemüse

4 Portionen à 540 Kalorien = 2268 Joule

750 g Äpfel, 4 Eier
150 g Zucker
fein abgeriebene Schale von 1 Zitrone
1 Päckchen Vanillinzucker
500 g Magerquark
125 g Grieß
½ Päckchen Backpulver
Salz, etwas Zitronensaft.

Die Äpfel schälen, vierteln, entkernen und in dünne Spalten schneiden. Eigelb in eine Rührschüssel geben, dazu Zucker, Zitronenschale und Vanillinzucker. Mit dem Schneebesen schön schaumig rühren und dann Quark, Grieß und Backpulver daraufgeben, gut daruntermischen. Eiweiß mit Salz und etwas Zitronensaft ganz steif schlagen und unter die Quarkcreme heben. Mit den Äpfeln in eine gefettete Auflaufform füllen und bei 200 Grad mitten in den Backofen stellen. Nach 35 Minuten prüfen, ob der Auflauf fertig ist. Bleibt an einem hineingesteckten Stäbchen kein Teig mehr hängen, können Sie den heißen Auflauf mit einer Vanillesoße servieren.

Quarkknödel mit Kirschenkompott

Vorweg eine Spinatsuppe – ein gesundes Mittagessen

4 Portionen à 730 Kalorien = 3066 Joule

1 Päckchen Kartoffelklöße halb und halb, 3/8 l Milch
2 Eier, 2 Eßlöffel Zucker
fein abgeriebene Schale von 1 Zitrone, 500 g Hüttenkäse oder Jocca-Frischkäse
Salz, 100 g Haselnüsse
2 Eßlöffel Butter oder Margarine, 2 Eßlöffel Zucker
1 Dose Sauerkirschen ohne Stein
1 Teelöffel Speisestärke
1 Teelöffel Zimt.

Das Kloßmehl in eine Rührschüssel geben, dazu Milch, Eier, Zucker, Zitronenschale, Hüttenkäse oder Jocca-Frischkäse. Alles gut miteinander verrühren und 10 Minuten stehen lassen. Dann in nassen Händen walnußgroße Klößchen formen. Reichlich Wasser und etwas Salz aufkochen, die Klößchen hineinlegen und in etwa 10 Minuten gar ziehen lassen. Nicht kochen! Inzwischen die Nüsse fein schneiden und in Butter oder Margarine anrösten. Die Speisestärke mit etwas Kirschsaft verquirlen, zu den erhitzten Kirschen geben und aufkochen. Die fertigen Klöße gut abtropfen lassen, anrichten, mit gerösteten Nüssen, Zimt und Zucker bestreuen.

Birnen-Auflauf

Für Kinder und Schlanke ein ungetrübter (Kalorien-) Genuß

4 Portionen à 450 Kalorien = 1890 Joule

4 reife Birnen, 3 Eier
Saft ½ Zitrone
1 Prise Salz
3 gehäufte Eßlöffel Zucker
3 gehäufte Eßlöffel Mehl
50 g geriebene Nüsse
1 gestrichener Teelöffel Backpulver
1 Eßlöffel Butter oder Margarine
½ Dose Aprikosen
½ Tasse Zucker
Saft 1 Zitrone.

Die Birnen schälen, halbieren und entkernen. Die Eier trennen, das Eiweiß mit Zitronensaft und Salz zu sehr steifem Schnee schlagen, den Zucker unterschlagen und Eigelb, Mehl, Nüsse und Backpulver locker unterheben. Eine flache, feuerfeste Form ausfetten, die Auflaufmasse hineingießen, die Birnen daraufsetzen, mit Zucker bestreuen und bei 200 Grad im Backofen ca. 40 Minuten backen. Den Auflauf heiß servieren und dazu heiße Aprikosensoße reichen, die so gemacht wird: Aprikosen mit dem Saft, Zucker und dem Saft einer Zitrone im Mixer pürieren und einige Minuten kochen lassen.

Apfel-Brot-Auflauf

Warm als süßes Hauptgericht, kalt als Dessert servieren

4 Portionen à 525 Kalorien = 2197 Joule

4 altbackene Brötchen, 3 Eier ¹/₄ l Milch, 1 Päckchen Vanillinzucker, 1 gehäufter Eßlöffel Zucker, 1 kg Äpfel (zum Beispiel James Grieve) 50 g Sultaninen, 25 g geschälte Mandeln, 3 Eßl. Aprikosenmarmelade, Saft von 2 Zitronen gemahlene Nelken, etwas Muskat, Zimt. Nach Wunsch: 2–3 Likörgläser Weinbrand, Calvados oder Rum.

Die Brötchen in dünne Scheiben schneiden. Eier, Milch, Vanillinzucker und den Zucker miteinander verquirlen und über die Brötchen gießen. Die Äpfel schälen, vierteln, entkernen und in dünne Spalten schneiden. Mit gewaschenen Sultaninen, Mandeln, Marmelade, Zitronensaft, Gewürzen und – falls gewünscht – mit Weinbrand, Calvados oder Rum vermischen. Eine feuerfeste Form ausfetten. Die Seiten mit eingeweichten Brötchenscheiben auslegen, in die Mitte die Äpfel einfüllen. Den Auflauf im vorgeheizten Backofen bei 180 Grad (Gas Stufe 2) ca. 45 Minuten backen. Warm mit Zucker bestreut servieren.

Gefüllte Bratbälle

Eine leckere Mehlspeise aus Österreich

4 Portionen à 590 Kalorien = 2469 Joule

**250 g Mehl, 1/4 l Milch
25 g Hefe, 1 gehäufter Eßlöffel Zucker, 1 Päckchen Vanillinzucker, 1 Prise Salz
3 Eier, 125 g Backpflaumen
abgeriebene Schale von 1 Zitrone
1/8 l Weißwein
2 gehäufte Eßlöffel Zucker
1 gestrichener Teelöffel Zimt, Margarine zum Braten.**

Das Mehl in eine Schüssel sieben, mit der Hand eine Mulde eindrücken. Die lauwarme Milch mit zerbrökkelter Hefe, Zucker und Vanillinzucker verrühren und in die Mulde gießen. Hefe 20 Minuten gehen lassen. Dann Mehl mit der Milch verrühren, Salz und die Eier gut unterschlagen, erneut gehen lassen. Die Pflaumen entsteinen, mit Zitronenschale, Weißwein, Zucker und Zimt dick einkochen. Eine Knödelpfanne erhitzen, je 1 Teelöffel Margarine in die Vertiefungen geben, zu 3/4 mit Teig füllen und jeweils einen Klecks Pflaumenmus hineingeben. Die Bratbälle goldbraun backen, wenden und fertigbacken. In Zucker gewälzt anrichten.

Rum-Palatschinken

Dessert für 8 – süßes Hauptgericht für 4 Personen

8 Stück à 410 Kalorien = 1716 Joule

200 g Mehl, 2 Eier
3/8 l Milch, 1 Prise Salz
2 Eßlöffel Butter, 75 g grobgehackte Haselnüsse
100 g Sultaninen, 1 gehäufter Eßl. Zucker, 2 Likörgläser Rum.
Für die Soße:
1/8 l süße Sahne, 1 Eßl. Zucker
1 Päckchen Vanillinzucker
50 g Vollmilchschokolade
1 Eigelb, 2 Eßlöffel Milch.

Mehl, Eier, Milch und Salz verquirlen. 1/2 Stunde stehen lassen. In beschichteter Pfanne in wenig Butter dünne Pfannkuchen braten. Haselnüsse mit Sultaninen und Zucker rösten, bis der Zucker karamelisiert, mit Rum ablöschen. Diese Mischung in die Palatschinken einrollen. Warm stellen. Sahne mit Zucker und Vanillinzucker aufkochen, die zerkleinerte Schokolade darin auflösen. Eigelb mit Milch verquirlen, in die Schokolade rühren, nicht kochen lassen. Über die Palatschinken gießen und heiß servieren. Nach Belieben noch mit etwas Puderzucker bestäuben.

Warmer Pudding

Für alle, die mittags Appetit auf süße Sachen haben

4 Portionen à 370 Kalorien = 1554 Joule

3 Eier, 40 g Zucker
50 g Schwarzbrotbrösel
2 Likörgläser Kirschwasser oder Rum
150 g gemahlene Haselnüsse
Zimt, gemahlene Nelken
fein abgeriebene Schale von ½ Zitrone, Salz.

Die Eier sauber trennen, Eigelb und Zucker zusammen weißschaumig rühren. Die Schwarzbrotbrösel in eine Schüssel geben, dazu Kirschwasser oder Rum, Haselnüsse, etwas Zimt, sparsam Nelke und fein abgeriebene Zitronenschale. Alles gut vermischen und nun das Eiweiß mit 1 Prise Salz sehr steif schlagen. Eigelbcreme und die trockene Mischung auf den Eischnee geben und locker darunterheben. Den Teig in eine gefettete Puddingform füllen, nicht mehr als ¾ voll. Mit dem Deckel verschließen, in kochendes Wasser stellen und 45 Minuten kochen. Dann stürzen und mit heißer Soße (Vanille- oder Fruchtsaft) und Kompottfrüchten servieren.

Vanillesoufflé mit Himbeermark

Ein Soufflé, das auf der Zunge zergeht

4 Portionen à 460 Kalorien = 1925 Joule

100 g Zucker, 1 Eßlöffel Butter
6 Eier, 1 Vanilleschote
1 Prise Salz, 750 g Himbeeren
50 g Puderzucker
Saft von 1 Zitrone
1 Likörglas Himbeergeist.

Feuerfeste, geradwandige Auflaufform mit zerlassenem Fett ausstreichen und mit Zucker ausstreuen. Eigelb, übrigen Zucker und herausgekratztes Mark der Vanilleschote in eine Schüssel geben, im Wasserbad mit Handrührgerät in ca. 4 Minuten cremig-dicklich schlagen. Eiweiß mit 1 Prise Salz zu steifem Schnee schlagen, locker unter die noch warme Eigelbcreme heben. Masse in die Auflaufform füllen, im auf 225 Grad vorgeheizten Backofen auf der untersten Schiene 5 Minuten, danach bei 200 Grad 20 Minuten backen. Sofort mit Himbeermark servieren. Dazu vorbereitete Beeren durch ein Sieb drücken. Mark mit Puderzucker, Zitronensaft und Himbeergeist vermischen.

Flambierte Pfirsiche

Im August sind Pfirsiche preiswert und besonders gut

4 Portionen à 195 Kalorien = 816 Joule

4 reife, feste Pfirsiche
2 ungespritzte Orangen
6 Stück Würfelzucker
1 Eßlöffel Butter
1 Eßlöffel Zucker
1 Weinglas Orangenlikör.

Die Pfirsiche kurz in kochendes Wasser tauchen, abziehen, halbieren und dabei entkernen. Würfelzucker an der Orangenschale reiben, bis die Stücke völlig von dem Orangenöl der Schale durchzogen sind. Die Flambierpfanne oder eine schöne Emaillierpfanne auf das brennende Rechaud setzen und erhitzen. Die Butter hineingeben, darin aufschäumen lassen, dann den Streuzucker hinzufügen und zu einem goldgelben Karamel kochen. Den Saft der Orangen, Würfelzucker und Pfirsiche hineingeben und kochen, bis der Saft sirupartig ist. Nun mit Orangenlikör übergießen, anzünden und so oder mit einer sehr feinen Vanillecreme servieren.

Äpfel im Schlafrock

Nachtisch für Leute mit großem Appetit auf Süßes

4 Portionen à 800 Kalorien = 3348 Joule

300 g Mehl, 200 g Butter oder Margarine, 1 Prise Salz
6 Eßlöffel eisgekühltes Wasser
4 mürbe Äpfel (Goldparmänen, Ananasrenetten oder Boskop)
2 Eßlöffel Himbeermarmelade
25 g grobgehackte Haselnüsse oder Mandeln.

Mehl, Fett und Salz zu Streuseln verarbeiten. Eisgekühltes Wasser mit den Knethaken eines Handrührgerätes gut unter das Mehlgemisch kneten. 1 Stunde kalt stellen. Äpfel schälen, Kerngehäuse mit Apfelausstecher entfernen. Marmelade mit Nüssen vermischen, in die Öffnungen der Äpfel füllen. Teig dünn ausrollen, Dessertteller auflegen und 4 Kreise (20 cm Ø) ausschneiden. Äpfel auf Teigmitte setzen, Teig nach oben schlagen, obere Teigränder mit Wasser befeuchten, damit der Teig zusammenklebt. Teigblättchen ausstechen, mit Wasser befeuchten und auf die Äpfel setzen. Äpfel auf Backblech setzen und bei 200 Grad (Gas Stufe 3) 40 Minuten auf der Mittelschiene backen. Dazu paßt Tee.

Gestürzte Apfelcreme

Ein Dessert, das am Vortag zubereitet werden kann

4 Portionen à 540 Kalorien = 2260 Joule

1 kg Äpfel, 1/8 l Wasser
Saft von 1 Zitrone
100 g Zucker, 50 g gewürfeltes Orangeat, 1 Päckchen Vanillinzucker, 12 Blatt helle Gelatine, 2 Likörgläser Rum (54 %)
1/4 l süße Sahne
Kirsch- oder Himbeersaft.

Äpfel schälen, entkernen und in Spalten schneiden. In Wasser und Zitronensaft weichdünsten und mit Zukker, Orangeat und Vanillinzucker verrühren. Zuvor 5 Minuten in kaltem Wasser eingeweichte Gelatine gut ausdrücken und in der heißen Apfelmasse auflösen. Kalt stellen und vor dem Stocken Rum und geschlagene Sahne unterheben. In eine kalt ausgespülte Kastenform füllen und mindestens 2 bis 3 Stunden kalt stellen. Form in heißes Wasser tauchen, Apfelcreme auf Platte stürzen und mit Kirsch- oder Himbeersaft servieren. Dazu schmeckt Tee.

Melonenkaltschale

Sommerlich und erfrischend, Vorspeise oder Dessert

4 Portionen à 190 Kalorien = 798 Joule

1 bis 2 Melonen (1 kg-Netz Honig- oder Wassermelonen)
$^1/_2$ l Rotwein
2 Eßlöffel Sago
4 bis 5 Eßlöffel Zucker
Saft von 2 Zitronen
1 kleine Flasche Mineralwasser.

Zuerst Rotwein, Sago und Zucker zusammen aufkochen, 10 Minuten ziehen lassen und dann kalt stellen. Nun die Melonen halbieren, entkernen und so viele Kügelchen ausstechen, bis 2 Tassen davon gefüllt sind. Das übrige Fruchtfleisch am besten mit dem Passierstab des Handmixers durch ein Sieb streichen oder im Mixer pürieren. Melonenpüree, Zitronensaft und Mineralwasser in die abgekühlte Weinsuppe rühren, die Melonenkügelchen hinzufügen. Die Melonenkaltschale abschmecken und in hübschen Glasschälchen oder tiefen Tellern anrichten.

Rote Grütze mit Tapioka

Wenn Kinder mitessen, auf Alkoholzusatz verzichten

4 Portionen à 340 Kalorien = 1423 Joule

1 kg rote Johannisbeeren und Himbeeren, $^1/_2$ l Wasser
100 g Tapioka, 125 g Zucker
Saft von 2 Zitronen
2 Likörgläser Himbeergeist, Kirschwasser oder guter Weinbrand.

Die verlesenen, gewaschenen, entstielten Beeren in Wasser 5 Minuten bei geringer Hitze kochen, danach durch ein Haarsieb streichen. In den Topf zurückgeben und mit Tapioka und Zucker 10 Minuten quellen, aber nicht kochen lassen. Zuletzt Zitronensaft und Alkohol untermischen. Masse in Schüssel füllen und 2–3 Stunden kalt stellen. Mit Vanillesoße (Fertigprodukt) servieren.

Übrigens: Tapioka ist eine aus Maniokwurzeln gewonnene Speisestärke.

Himbeerkaltschale

Ein Sommersüppchen, das nach „mehr" schmeckt

4 Portionen à 170 Kalorien = 714 Joule

750 g frische Himbeeren
¼ l Weißwein
½ l Wasser
4 gehäufte Eßlöffel Zucker
3 gestrichene Eßlöffel Speisestärke
Saft von 2 Zitronen.

Zuerst Weißwein, Wasser und Zucker zusammen aufkochen, die Speisestärke mit wenig Wasser verquirlen, dazurühren und einmal aufwallen lassen. Den Topf ohne Deckel in ein kaltes Wasserbad stellen und den Inhalt so abkühlen lassen. Inzwischen die Himbeeren ganz kurz in kaltem Wasser waschen, etwas abtropfen lassen, sorgfältig verlesen und im Mixer pürieren. Das Himbeerpüree und den Zitronensaft in die Weinsuppe rühren. Zugedeckt in den Kühlschrank stellen und gut kalt werden lassen. Dann anrichten und dabei vielleicht noch ein paar zurückgelassene Früchte hineinstreuen. Wer mag, knabbert dazu knusprige Zwieback.

Rhabarbergrütze mit Milch

Schmeckt auch als Imbiß zwischen zwei Mahlzeiten

4 Portionen à 340 Kalorien = 1423 Joule

500 g Rhabarber, 1/4 l Wasser 1/8 l Weißwein, 150 g Zucker 1 Päckchen Vanillinzucker 75 g Sago, etwa 1/2 l frische Milch.

Den Rhabarber waschen und in 1 cm lange Stücke schneiden. Mit Wasser aufsetzen, 10 Minuten kochen und durch ein Sieb streichen. Weißwein, Zucker und Vanillinzucker hinzufügen und aufkochen. Den Sago hineinstreuen und ausquellen lassen, bis er ganz durchsichtig ist und keinen weißen Kern mehr hat. Die Rhabarbergrütze abschmecken, in eine Glasschale füllen und abkühlen lassen. Bei Tisch in tiefe Teller verteilen, mit frischer Milch übergießen und mit Suppenlöffeln essen. – Sie können die Rhabarbergrütze auch mit Speisestärke zubereiten. Für 1 l Saft 60 g Speisestärke verwenden.

Johannisbeerkaltschale

Eine besondere Erfrischung an heißen Tagen

Zutaten für 4 Portionen:
1 kg Johannisbeeren, ca. 150 g Zucker, 1/2 l Wasser, 2 Eiweiß, 1 Prise Salz, 1 Eßl. Zucker, 80 g Sago, Streifen von Orange oder Zitrone.
Pro Portion ca. 336 Kalorien. = ca. 1405 Joule

Die Beeren entsaften. Wasser mit Zucker aufkochen. Eiweiß mit Salz zu Schnee schlagen, einen Eßlöffel Zucker unterheben. Mit einem Teelöffel von der Eiweißmasse Klößchen abstechen und in das heiße Zuckerwasser geben, zugedeckt 5 Minuten ziehen, aber nicht kochen lassen. Die Klößchen herausnehmen und abkühlen lassen. Sago in das wieder erhitzte Zuckerwasser einrühren und ausquellen lassen, diese Masse erkaltet unter den Johannisbeersaft rühren und eventuell noch nachsüßen. Die gut gekühlte Kaltschale in einer Terrine anrichten, mit Eiweißklößchen belegen und mit Orangen- oder Zitronenstreifen bestreuen, eventuell noch Beeren als Einlage dazugeben. Hierzu Löffelbiskuits reichen.

Reis Trauttmansdorff

Nach einem österreichischen Adelsgeschlecht benannt

Zutaten für 4 Portionen:
125 g Reis, 1/2 l Milch, 1 Prise Salz, 1 Stück Zitronenschale, 3 Eßl. Zucker, 1/2 Dose gemischte Früchte, 1/4 l süße Sahne, 4 Blatt helle Gelatine.
Pro Portion ca. 570 Kalorien. = ca. 2390 Joule

Milch erhitzen; Reis, Salz und Zitronenschale zugeben und bei schwacher Hitzezufuhr ca. 35 Minuten garen. Zuletzt Zucker unterrühren und den Reis kalt stellen. Früchte abgießen und gut abtropfen lassen. Gelatine in kaltem Wasser 5 Minuten aufquellen lassen, in 1 Tasse erhitztem Fruchtsaft auflösen. Geschlagene Sahne, Früchte und die Gelatineflüssigkeit unter den Milchreis geben. Alles in eine kalt ausgespülte Form drücken und im Kühlschrank ca. 1 Stunde kalt stellen. Den Reis Trauttmansdorff durch Eintauchen der Form in heißes Wasser stürzen und dazu Himbeersirup (im Handel erhältlich) geben.

Überbackene Marzipanpfirsiche

Wer mag, kann Johannisbeergelee dazu essen

Zutaten für 4 Portionen: 4 frische Pfirsiche, 2 Eßl. rote Fruchtmarmelade oder Fruchtgelee, 75 g Mandeln, 1 Ei, 2 gehäufte Eßl. Puderzucker, 1/8 l süße Sahne, eventuell 1 Eßl. Rum, Kirschwasser, Himbeergeist oder Weinbrand. Pro Portion ca. 435 Kalorien. = ca. 1820 Joule

Die Pfirsiche in heißes Wasser tauchen, abziehen, entkernen und abtropfen lassen. Dann 1/2 Teelöffel Marmelade oder Fruchtgelee in die Höhlung füllen und die Pfirsiche mit der Schnittfläche nach unten in eine feuerfeste Form setzen. Die Mandeln kurz in kochendes Wasser legen, abgießen und abziehen. Dann mit Ei, Puderzucker, Sahne, Rum, Kirschwasser oder Weinbrand in den Mixer geben und darin 1 Minute pürieren. Die Pfirsiche mit dieser Marzipanmasse übergießen. 5 Minuten überbacken und kalt oder heiß essen. Die Marzipancreme können Sie auch aus 100 g Rohmarzipan, 1 Ei, Sahne und Rum machen.

Omelett mit Rum

Echte Omeletts werden immer ohne Mehl bereitet

Zutaten für 4 Portionen:
5—6 Eier, 2—3 Eßl. Milch, 1 Prise Salz, 1 Eßl. Butter oder Margarine, 3—4 Eßl. Aprikosenmarmelade, Rum, 2 Eßl. Zucker, 2—3 Scheiben Ananas.
Pro Portion ca. 270 Kalorien = ca. 1405 Joule

Eier mit Milch und Salz gut verquirlen. Fett in einer Pfanne aufschäumen lassen, Eimasse hineingeben und mit der Gabel rühren, dabei die Pfanne schütteln. Die leicht gestockte Eimasse oval zusammenschieben. Aprikosenmarmelade mit 2 Eßlöffel Rum verrühren, in die Mitte des Omeletts geben. Die Omelettränder darüberschlagen, auf eine heiße Platte stürzen und das Omelett mit Zucker bestreuen. Eventuell mit einem glühend gemachten Eisenstab (im Fachhandel erhältlich) ein Gittermuster auf das Omelett brennen. Rum in eine kleine Schöpfkelle geben, an Flamme entzünden, brennend darübergießen. Mit Ananas umlegen.

Avocado-Fruchtsalat

Das zarte Aroma dieser Frucht wird Ihnen gefallen

Zutaten für 4 Portionen:
3 Orangen, 1 Eßl. Zucker, 1 Prise Ingwer, 1 Päckchen Vanillinzucker, 2 Avocados, 2 Bananen, 1 Likörglas Orangenlikör. Pro Portion ca. 430 Kalorien = ca. 1800 Joule

Orangen schälen und das Fruchtfleisch mit spitzem Messer enthäuten. Den Saft aus den Resten drücken. Mit Zucker, Ingwer und Vanillinzucker 2 Minuten kochen. Dann abkühlen lassen. Die Avocados längs bis zum Kern durchschneiden und die Hälften voneinander trennen. Das Fruchtfleisch bis $1/2$ cm von der Schale entfernt herauslösen. Bananen schälen, in Scheiben schneiden und mit dem Fruchtfleisch von Avocados und Orangen mischen. Den Zuckersirup mit dem Likör mischen und über den Fruchtsalat gießen. In die Avocadohälften füllen.

Fruchtgelee

Der Fantasie sind keine Grenzen gesetzt

Zutaten für 4 Portionen:
$^3/_8$ l Fruchtsaft (von Kompottfrüchten oder frisch), Saft 1 Zitrone, 6 Blatt weiße Gelatine, 1 gehäufter Eßl. Zucker, 500 g frische Früchte oder $^1/_1$-Dose beliebige Früchte, Sahne. Pro Portion ca. 220 Kalorien = ca. 1545 Joule

$^1/_8$ l Fruchtsaft erhitzen, die zuvor 5 Min. in kaltem Wasser eingeweichte und danach gut ausgedrückte Gelatine zugeben und auflösen, zu dem restlichen Fruchtsaft geben und Zitronensaft und Zucker unterrühren. Die Früchte in kleine Förmchen verteilen, mit dem Fruchtsaft auffüllen und kalt stellen. Durch Eintauchen der Förmchen in heißes Wasser das Fruchtgelee stürzen und mit geschlagener, mit Vanillinzucker gesüßter Sahne garnieren. Tip: Werden frische Früchte verwendet, Zukkermenge um 1—2 Eßlöffel erhöhen.

Aprikosen „Mistral“

Ein herzhaftes Dessert oder leckerer Imbiß am Abend

4 Portionen à 240 Kalorien = 1004 Joule

500 g reife, feste Aprikosen
2 Eßlöffel Zucker, Saft von ½ Zitrone, 125 g frische oder tiefgekühlte Himbeeren
1 Eßlöffel rote Marmelade
⅛ l frische Sahne
½ Becher Joghurt
½ Päckchen Mandelsplitter.

Die Aprikosen in kochendes Wasser geben, kurz ziehen lassen, wieder herausheben, abziehen, halbieren und dabei entsteinen. ½ Tasse Wasser, Zucker und Zitronensaft aufkochen, die Aprikosen hineingeben, 5 Minuten darin ziehen und zugedeckt abkühlen lassen. Himbeeren und Marmelade durch ein Sieb streichen, mit dem Fruchtsaft der Aprikosen verrühren, in 4 Gläser verteilen, die Aprikosen auch hineingeben. Die Sahne steif schlagen, Joghurt darunterheben. Diese Creme nach Belieben noch mit Vanillinzucker würzen, über die Aprikosen geben und mit gerösteten Mandeln bestreuen.

Rhabarbercreme

Wenn's wärmer wird, verlocken leichte Cremes

4 Portionen à 390 Kalorien = 1632 Joule

600 g Rhabarber, abgeriebene Schale von 1 Zitrone
1 Päckchen Vanillinzucker
125 g Zucker, 1/4 l Apfelsaft oder Apfelwein, 7 Blatt helle Gelatine, 1/4 l süße Sahne.

Gewaschenen, ungeschälten Rhabarber in 2 cm lange Stücke schneiden. Zitronenschale, Vanillinzucker, Zucker und Apfelsaft in einen Topf geben und aufkochen. Rhabarber darin 3 Minuten leicht dünsten. Gelatine in kaltem Wasser einweichen, ausdrücken und unter den heißen Rhabarber geben, kalt stellen. Vor dem Stocken die Sahne steifschlagen und locker unter den Rhabarber heben. In einer Schüssel oder in Gläsern kalt stellen. Nach Wunsch mit Melisseblättern garnieren.

Tip: Rhabarber läßt sich gut einfrieren: Stengel säubern, in Stücke schneiden und tiefgefrieren.

Götterspeise „Cherry“

Bei wenig Zeit Borkenschokolade verwenden

4 Portionen à 320 Kalorien = 1339 Joule

750 g Sauerkirschen
$^1/_8$ l Rotwein, 1 Stange Zimt
1 Päckchen Vanillinzucker
1 Eßlöffel Speisestärke, $^1/_4$ Tafel Schokolade „edelbitter“
$^1/_8$ l frische Sahne
2 Eßlöffel Zucker
1 Scheibe Pumpernickel.

Die Sauerkirschen waschen, kurz abtropfen lassen und entsteinen. Rotwein mit Zimt und Vanillinzucker aufkochen, die Kirschen hineingeben und zugedeckt 3 Minuten dünsten. Dann Speisestärke mit etwas Wasser verquirlen, dazurühren und aufkochen. Die Kirschen nun erkalten lassen. Die Schokolade schmelzen, auf Pergament gießen und wieder fest werden lassen. Davon mit einem Messer mit sehr dünner Klinge feine Späne abschaben. Die Sahne steif schlagen, mit Zucker abschmecken. Pumpernickel in winzige Würfelchen schneiden. Die Kirschen anrichten, mit Sahne bedecken, mit Pumpernickel und Schokoladespänen bestreuen.

Schlesische Mohnpielen

Wer Mohn liebt, schwört auf diese süße Spezialität

4 Portionen à 800 Kalorien = 3348 Joule

250 g Mohn, gut 3/8 l Milch
50 g Mandeln, 100 g Zucker
1 Pck. Vanillinzucker
2 Teel. Zimt, abgeriebene Schale 1 ungespritzten Zitrone
1 Prise Salz, 3/8 l Milch
2 Milchbrötchen und
1/8 l süße Sahne.

Den Mohn in kochendes Wasser geben, einmal aufkochen und in einem sauberen Küchentuch ablaufen lassen. Mohn mit 1/4 l Milch und den Mandeln im Mixer fein zerkleinern. 75 g Zucker, Vanillinzucker, 1 Teel. Zimt, Zitronenschale, Salz und noch 1/8 l Milch zufügen und einmal aufkochen. Brötchen halbieren, die Hälften nochmals durchschneiden, mit Milch tränken. Lagenweise mit dem abgekühlten Mohn in eine Schüssel füllen und einige Stunden kalt stellen. Zuletzt mit der süßen Sahne übergießen und mit dem Zimtzucker bestreuen.

Sommerlich frische Desserts

Quark-Sahne auf Kirschen

4 Portionen à 330 Kalorien = 1381 Joule

500 g Sauerkirschen entsteinen, mit 1 Eßlöffel Puderzukker überstreuen. 1/8 l süße Sahne schlagen. 375 g Magerquark mit Saft 1 Zitrone und 4 gehäuften Eßlöffel Zucker verrühren. Sahne locker unter Quark geben. 4 Bl. weiße eingeweichte, gut abgetropfte Gelatine unter die Sahnecreme schlagen. Kirschen in Gläser verteilen. Creme darüber.

Kirschwasser-Creme

4 Portionen à 230 Kalorien = 962 Joule

15 Maraschinokirschen hakken, mit 250 g Magerquark, 2 Likörgläser Kirschwasser, 2 gehäuften Eßlöffel Zucker und Saft 1/2 bis 1 Zitrone verrühren. 1 Beutel Dessertschaum (schlagfit oder Schlagschaum) mit 1/8 l Milch schaumig schlagen und locker unter den Quark heben. In Gläsern kalt stellen.

Karamel-Joghurt

4 Portionen à 140 Kalorien = 586 Joule

50 g Zucker zu Karamel zerlassen, 1/8 l heißes Wasser zugeben und zur Hälfte einkochen. Kalt stellen. 5 Becher Joghurt in Schüssel verrühren, in Gläser verteilen und darauf Karamel gießen. Mit Löffelstiel verrühren und servieren.

Orangenfilets mit Joghurtsoße

Eine leicht bekömmliche Köstlichkeit

4 Portionen à 200 Kalorien = 837 Joule

8 Orangen, 2 Gläschen Orangenlikör, 1 Becher Magermilch-Joghurt, 2 gehäufte Eßlöffel Puderzucker ½ Päckchen Mandelsplitter

Die Orangen mit einem scharfen Messer dick abschälen. Dann das Fruchtfleisch aus den Bindehäuten schneiden, entkernen und in 4 Dessertgläser verteilen. Mit Orangenlikör betropfen und so etwa 10 Minuten durchziehen lassen. Joghurt und Puderzucker gut miteinander verrühren und über die Orangenfilets verteilen. Mit leicht gerösteten Mandelsplittern bestreuen und nach Wunsch mit feinem Biskuitgebäck oder Waffeln servieren. Ein anderes Mal die Joghurtsoße mit braunem Zucker verrühren und abschmekken. Und wer Kalorien sparen möchte oder muß, süßt die Soße einfach mit Süßstoff.

Quarkcreme mit Pfirsichen

Mit Tomaten „Marseiller Art" eine gesunde Mahlzeit

4 Portionen à 265 Kalorien = 1113 Joule

4 reife Pfirsiche
375 g Magerquark
3 Eßlöffel Puderzucker
Saft von 1 Zitrone
1 Likörglas Orangenlikör Apricot Brandy oder Wild Lemon
1/8 l frische Sahne
einige Mandeln und Florentiner Gebäck zum Garnieren.

Die Pfirsiche in heißes Wasser tauchen, abziehen, in Spalten schneiden und dabei entkernen. Quark, Puderzucker und Zitronensaft in eine hohe Schüssel geben und mit dem Schneebesen des Handmixers schaumig schlagen. Orangenlikör, Apricot Brandy oder Wild Lemon unter die Quarkcreme ziehen. Die Sahne steifschlagen und darunterheben. Pfirsichspalten und Quarkcreme in 4 hohe Gläser schichten und das Dessert noch etwa 10 Minuten kühlen. Dann mit geschnittenen Mandeln und Florentiner Gebäck schmücken. Und dazu oder hinterher eine Tasse starken, heißen Kaffee trinken.

Mandarinencreme

Ein Dessert für verwöhnte Leckermäuler

4 Portionen à 340 Kalorien = 1428 Joule

4 Blatt helle Gelatine, 2 Eier
3 gehäufte Eßlöffel Zucker
1/8 l Weißwein
1/8 l frisch gepreßter Mandarinensaft
1/4 l frische Sahne
2 Likörgläschen Weinbrand oder Orangenlikör.

Die Gelatine in kaltes Wasser legen, Eigelb und Zucker zusammen weißschaumig rühren. Weißwein und Mandarinensaft aufkochen, zum schaumigen Eigelb rühren, in ein kochendes Wasserbad setzen und 2 Minuten mit dem Schneebesen des Handmixers schaumig schlagen. Die Gelatine ausdrücken und in die heiße Creme rühren. Dann kühl stellen und warten, bis die Creme zu stocken beginnt. 2 Eiweiß ganz steif schlagen und darunterziehen. Die Sahne auch steif schlagen und unter die Creme heben. Zum Schluß Weinbrand oder Orangenlikör in die Creme geben, die dann sofort in 4 schöne Gläser verteilt und noch hübsch garniert wird.

Orangen-Wein-Gelee

Ein Dessert, das Sie schon rechtzeitig zubereiten können

4 Portionen à 260 Kalorien = 1092 Joule

5 bis 6 saftige und möglichst kernlose Orangen
9 Blatt helle Gelatine
3/8 l Weißwein, 100 g Zucker
1/2 Glas Maraschinokirschen.

Die Orangen mit einem scharfen Messer ganz dick abschälen – bis auf das saftige Fruchtfleisch. Dann in feine Scheiben schneiden und vielleicht vorhandene Kerne entfernen. Die Gelatine 10 Minuten in kaltes Wasser legen. Etwas Wein und den Zucker bis kurz vor dem Aufkochen erhitzen, die ausgedrückte Gelatine darin auflösen. Maraschinosirup und übrigen Wein dazugießen. Die Orangenscheiben mit den Kirschen in eine Glasschale schichten und das Weingelee darübergießen. Fest werden lassen und nach Wunsch mit etwas Schlagsahne servieren.

Erdbeeren in Burgunder

Eine aromatische Köstlichkeit für nette Gäste

4 Portionen à 110 Kalorien = 462 Joule

500 g frische Erdbeeren
4 Teelöffel Puderzucker
1 Flasche roter Burgunder oder roter Sekt.

Die Erdbeeren einzeln am Stiel fassen und kurz durch kaltes Wasser ziehen. Dann vorsichtig entstielen und in 4 Gläser verteilen. Je 1 Teelöffel Puderzucker darüberstreuen, mit Klarsichtfolie zudecken und etwa 1 Stunde kalt stellen. Roten Burgunder oder Sekt gut kühlen. Die Gläser auf ein Tablett stellen und die Erdbeeren mit rotem Burgunder oder Sekt übergießen. Dann sofort servieren und dazu Löffelbiskuits anbieten.

Tip: Sie können die Erdbeeren auch mit gut gekühltem Portwein, Sherry oder Marsala übergießen.

Orangencreme mit Bananen

Diese Creme können Sie schon am Tag vorher zubereiten

8 Portionen à 210 Kalorien = 882 Joule

4 Eier
2 gehäufte Eßlöffel Zucker
1 Päckchen Vanillinzucker
4 Blatt helle Gelatine
Saft von einer Zitrone
1/4 l frisch gepreßter Orangensaft
2 oder 3 reife Bananen
1/4 l frische Sahne
2 Likörgläser Rum
(auch Weinbrand, Orangenlikör oder Apricot Brandy), Filets von 2 oder 3 Orangen.

Eigelb, Zucker und Vanillinzucker zusammen schaumig rühren, die Gelatine in kaltes Wasser legen. Zitronen- und Orangensaft bis kurz vor dem Kochen erhitzen und mit der Eigelbcreme verrühren, die jetzt in kochendes Wasser gestellt und 5 Minuten geschlagen wird. Die Gelatine ausdrücken, hineinrühren und die Creme nun kalt stellen, bis sie zu stocken beginnt. Inzwischen die Bananen mit einer Gabel fein zerquetschen, Sahne und vielleicht noch 2 Eiweiß steif schlagen. Diese Zutaten und den Rum unter die stockende Creme ziehen, die gleich darauf mit Orangenfilets in Gläsern verteilt wird. Noch kurz kalt stellen und servieren.

Haselnußcreme

Ein besonderer Genuß, wenn die Nüsse noch ganz frisch sind

6 Portionen à 320 Kalorien = 1344 Joule

100 g Haselnußkerne
1 Teelöffel Pulverkaffee oder 2 bis 3 Teelöffel Kaba oder Nesquik, 250 g Quark
3 bis 4 Eßlöffel Zucker
1/4 l frische Sahne
1 Päckchen sahnesteif oder 2 Teelöffel san-apart
1 Likörglas Kirschwasser, Rum oder Weinbrand.

Die Nüsse sehr fein hacken oder besser durch eine Mandelmühle drehen. Dann mit Pulverkaffee oder Kaba (Nesquik) mischen und mit Quark und Zucker gut verrühren. Die Sahne am besten mit dem Schneebesen des Handmixers halbsteif schlagen, sahnesteif oder san-apart hineinstreuen und weiterschlagen, bis die Sahne ganz steif ist. Die Sahne unter die Nußcreme ziehen, die nun noch mit Kirschwasser, Rum oder Weinbrand abgeschmeckt wird. Danach locker in eine Glasschale einfüllen und bis zum Verzehr kühl stellen. Damit bitte nicht mehr lange warten und dazu feines Gebäck und Kaffee oder heiße Schokolade servieren.

Birnendessert Alma

Von diesem Dessert werden Ihre Gäste schwärmen

4 Portionen à 445 Kalorien = 1869 Joule

4 Birnen
3 gehäufte Eßlöffel Zucker
ungespritzte Orangenschale
1 Tasse Wasser
½ Glas Portwein oder Sherry (evtl. auch Birnengeist, Kirschwasser, Rum oder Aprikot Brandy)
2 Eßl. Zucker, 1 Teel. Butter
3 Eßl. Nüsse, ¼ l frische Sahne
1 Päckchen Vanillinzucker.

Zucker mit etwas Orangenschale und Wasser aufkochen. Die Birnen schälen, halbieren, aushöhlen und in Zuckersirup aufkochen. Portwein oder Sherry zugeben und die Birnen zugedeckt kalt werden lassen. Zucker und Butter goldgelb schmelzen, grobgehackte Nüsse zugeben, auf einem leicht geölten Porzellanteller kalt werden lassen' und danach mit einem Kartoffelstößel zur Krokantmasse zerdrücken. Sahne steifschlagen, mit Vanillinzucker würzen, in 4 kalte Gläser spritzen, die Birnen mit etwas Krokant füllen, wieder zusammensetzen, mit einem Stiel garnieren und mit dem restlichen Krokant bestreuen.

Erdbeeren „Melba“

Sommerliche Leckerei: Eis mit Früchten

4 Portionen à 335 Kalorien = 1402 Joule

500 g Erdbeeren
1 Eßlöffel Puderzucker
125 g Himbeeren
1 Likörglas Kirschwasser
1 Haushaltspackung Vanille-Eiscreme.

Entstielte, halbierte Erdbeeren mit Puderzucker mischen und 1 Stunde kalt stellen. Durchpassierte Himbeeren mit Kirschwasser verrühren. Eiscreme auf gekühlter Glasschale anrichten, mit Erdbeeren garnieren und mit Himbeermark dick übergießen.
Tip: Eine fertig gemischte, mit Himbeergeist abgeschmeckte Himbeer-Dessertsoße gibt es unter der Bezeichnung „Saucette“ zu kaufen.

Johannisbeeren „Fermière“

Erfrischend zum Frühstück oder als Dessert

4 Portionen à 205 Kalorien = 858 Joule

500 g frische rote Johannisbeeren
1 Eßlöffel Zucker
2 Eßlöffel Bienenhonig
250 g Sahnequark
½ Tasse Milch
1 Teelöffel Zimt, 1 Päckchen Vanillinzucker.

Die Johannisbeeren waschen, von den Stielen streifen, in eine Schüssel geben und mit Zucker mischen. Zudecken und für etwa ½ Stunde in den Kühlschrank stellen. Den Bienenhonig in einen hohen Rührbecher geben, dazu den Sahnequark, Milch, Zimt und Vanillinzucker. Mit dem Schneebesen des Handmixers ganz luftig aufschlagen und danach abschmecken. Vier schöne Weingläser oder Sektschalen bereitstellen, die Johannisbeeren und die Quarkcreme in mehreren Schichten hineingeben, dann sofort servieren.

Melonen mit Weinbrandfrüchten

Kühle Köstlichkeit für Melonen-Freunde

4 Portionen à 175 Kalorien = 732 Joule

2 Melonen (Zucker-Cantaloupe-, Netz- oder Ogenmelonen)
3 Pfirsiche, 125 g rote Johannisbeeren oder Himbeeren, 1 Eßlöffel Zucker oder Honig
1 Päckchen Vanillinzucker
2 Likörgläser Weinbrand.

Melonen mindestens 2 Stunden kühl stellen. Pfirsiche in heißes Wasser tauchen, Haut abziehen. Kugeln mit Kartoffelbohrer abstechen. Melonen halbieren, entkernen und ebenfalls Kugeln abstechen. Mit Pfirsichen und entstielten Beeren vermischen. Mit Zucker oder Honig, Vanillinzucker und Weinbrand vermengen und in die Melonenhälften füllen. Auf kleingeschlagenem Eis servieren. Mit gewaschenen Melissenblättchen hübsch garnieren oder Melissenblätter fein hacken und unter die Fruchtkugeln mischen.

Kirsch-Eisbecher

Ein Dessert für alle, die es mit „Schuß" mögen

4 Portionen à 400 Kalorien = 1680 Joule

500 g frische süße Kirschen
3 Eßlöffel Zucker
1/2 Stange Zimt
2 bis 3 Eßlöffel Johannisbeergelee
1 Likörglas Kirschwasser Weinbrand oder Rum
1 Haushaltspackung Vanilleeiscreme
Schokoladenspäne oder -streusel.

Die Kirschen waschen, abtropfen lassen und entsteinen. Mit Zucker und Zimt in eine kleine Kasserolle geben und bei schwacher Hitze zum Kochen bringen, 2 bis 3 Minuten im geschlossenen Topf ziehen lassen und dann das Johannisbeergelee darin verrühren und auflösen. Den Topf in ein kaltes Wasserbad stellen und die Kirschen so abkühlen. Danach mit Kirschwasser, Weinbrand oder Rum würzen. Kirschen und Vanilleeiscreme in 4 Gläser verteilen und die Eiscreme dabei mit einem in heißes Wasser getauchten Eßlöffel abstechen. Das Dessert mit Schokoladenspäne oder -streuseln garnieren.

Pfirsich-Eisbecher

Als Dessert und kleiner Imbiß immer willkommen!

4 Portionen à 465 Kalorien = 1953 Joule

½ Dose Pfirsichspalten oder 500 g frische Pfirsiche (in Zuckerwasser gegart!)
1 Likörglas Aprikosenlikör oder anderer Fruchtlikör
⅛ l frische Sahne
25 geriebene Mandeln
1 Päckchen Vanillinzucker
1 Haushaltspackung Erdbeer-Eiscreme.

Die Pfirsichspalten in ein Sieb schütten, den Saft auffangen und später vielleicht mit Mineralwasser gemischt als Erfrischungsgetränk servieren. Die abgetropften Fruchtstückchen in eine Schüssel geben, mit Aprikosenlikör oder einem anderen Fruchtlikör übergießen, zudecken und im Kühlschrank gut durchziehen lassen. Die Sahne steifschlagen, geriebene Mandeln und Vanillinzucker darunterheben. Früchte, Schlagsahne und Erdbeereiscreme in 4 Gläser verteilen und dabei die Eiscreme mit einem in heißes Wasser getauchten Löffel abstechen. Den Eisbecher nach Wunsch mit knusprigem Gebäck schmücken.

Vor Genuß acht Stunden frosten

„Himbeer-Sorbet"

4 Portionen à 235 Kalorien = 983 Joule

$^{1}/_{4}$ l Wasser, 100 g Zucker, 1 Zitrone, 375 g Himbeeren, 1 Teelöffel Himbeergeist, $^{1}/_{8}$ l süße Sahne

Wasser mit Zucker und Schale von 1 Zitrone 5 Minuten kochen. Durchseihen. Gewaschene Himbeeren durchpassieren. Mit Himbeergeist unter erkalteten Sirup mischen, 8 Stunden frosten. Geschlagene Sahne unter Sorbetmasse geben. Dabei Schüssel in eine andere mit Eis, Wasser und 2–3 Eßl. Salz gefüllte stellen. Ins Gefrierfach stellen, in gekühlten Gläsern servieren.

„Orangen-Sorbet"

4 Portionen à 190 Kalorien = 795 Joule

$^{1}/_{2}$ l frisch gepreßter Orangensaft
125 g Zucker, Saft 1 Zitrone
1 Eiweiß

Orangensaft, Schale 1 Orange mit Zucker und Zitronensaft 10 Minuten kochen. Kalt stellen, 8 Stunden frosten. Eiweiß zu Schnee schlagen. Eiswürfel, Wasser und 2–3 Eßlöffel Salz in eine Schüssel geben. Sorbet-Masse in eine zweite Schüssel hineinstellen, schaumig schlagen. 1 Stunde kalt stellen und in gekühlten Gläsern servieren.

Fürst-Pückler-Eisbombe

Ein Dessert für Festmenüs

8 Portionen à 630 Kalorien = 2637 Joule

1 l süße Sahne, 4 Scheiben Ananas, 2 gehäufte Eßlöffel Zucker, 150 g Kuvertüre (Koch-Schokolade), 1/3 Glas Erdbeer-Konfitüre, 1 Eßlöffel Pistazien, 125 g Puderzucker 3 Päckchen sahne-steif

Sahne kalt stellen. Ananas fein mixen oder hacken, mit Zucker 5 Minuten kochen und kalt stellen. Kuvertüre im Wasserbad zerlassen. Pistazien abziehen und grob hacken. Gut gekühlte Sahne mit sahne-steif-Mittel sahnig schlagen, mit Puderzucker steif schlagen. In 3 Schüsseln verteilen. Abgekühlte flüssige Kuvertüre, Ananasmark mit Pistazien und Erdbeer-Konfitüre in je eine Schüssel geben, unter die Sahne heben. Gut gekühlte Eisbomben-Form zuerst mit Schokoladensahne ausstreichen, dann Erdbeersahne, zuletzt Ananassahne einfüllen. Form verschließen, 4 Stunden tiefkühlen. Bombe in heißes Wasser tauchen, stürzen und hübsch garnieren.

Bananen „Copacabana“

Ersetzen Sie die Bananen einmal durch Ananas

Zutaten für 4 Portionen:
1/2 Likörglas Rum, 2 gehäufte Eßl. Zucker, 4 Bananen, 1 Eßl. Kakao, 1/2 Tafel (50 g) Schokolade, 1/2 Teel. Pulverkaffee, 1 Paket (250 g) Vanille-Eiscreme.
Pro Portion ca. 370 Kalorien = ca. 1545 Joule

1/8 l Wasser, Rum und Zucker aufkochen und beiseite stellen. Geschälte Bananen in diese Zuckerlösung schneiden, 1 Minute kochen. Dann mit einem Sieblöffel herausheben und auf 4 Glasteller verteilen. Kakao, zerbröckelte Schokolade und Pulverkaffee in den Sirup geben und unter Rühren auflösen. Einen Eßlöffel in heißes Wasser tauchen und damit von der Vanille-Eiscreme dicke Späne schaben, zu den Bananen geben und das Dessert mit der Soße übergießen.

Gefüllte Eis-Äpfel

Mit etwas Schlagsahne eine kleine Zwischenmahlzeit

Zutaten für 4 Portionen:
4 mittelgroße Äpfel (Golden Delicious), 1/8 l Wasser, 1/4 l Weißwein, Saft von 1/2 Zitrone, 2 Eßl. Zucker, 2 bis 3 Eßl. rote Marmelade oder rotes Gelee, 1 Familienpackung Fürst-Pückler-Eiscreme.
Pro Portion ca. 390 Kalorien = ca. 1630 Joule

Die Äpfel schälen, einen Deckel abschneiden und das Innere aushöhlen. Wasser, Weißwein, Zitronensaft und Zucker aufkochen, die Äpfel darin 5 Minuten ziehen und dann in dem Sirup kalt werden lassen. Danach aus dem Saft heben, gut abtropfen lassen, auf Glasteller legen und in den Kühlschrank stellen. Den Saft mit der Marmelade oder dem Gelee verrühren und nach Belieben noch mit Rum, Brombeerlikör oder Orangenlikör abschmecken. Die Äpfel mit Fürst-Pückler-Eiscreme füllen, mit der roten Fruchtsoße umgießen und dann sofort servieren.

Himbeer-Eiscreme

Auch Früchte wie Erdbeeren oder Kirschen eignen sich

Zutaten für 4 Portionen:
375 g Himbeeren,
3 Eßl. Zucker, 1 Eßl. Zitronensaft,
$^1/_4$ l frische Sahne, 2 Päckchen Vanillinzucker.
Pro Portion ca. 280 Kalorien = ca. 1170 Joule

Die Himbeeren verlesen, waschen und auf einem Sieb abtropfen lassen. Dann etwa $^2/_3$ der Früchte im Mixer pürieren oder durch ein Sieb streichen (Kirschen vorher entsteinen). Den Fruchtbrei mit Zucker und Zitronensaft vermischen, kalt stellen und dabei gleich den Kühlschrank ganz kalt einstellen. Sahne steifschlagen. Zuerst Vanillinzucker und dann das Himbeerpüree darunterziehen. Die Creme in die Eiswürfelform füllen, ins Eiswürfelfach oder in Gefriertruhe stellen und etwa 2 Stunden gefrieren lassen. Dann umrühren und noch eine Stunde gefrieren. Mit Früchten in Gläsern anrichten.

Vanille-Eiscreme mit heißer Schokolade

Kurz vor dem Servieren anrichten

Zutaten für 4 Portionen:
1 Haushaltspackung Vanille-Eiscreme, 1/2 Dose Kompottfrüchte (Pfirsiche, Birnen oder Fruchtcocktail), 1/2 Tasse Fruchtsaft, 1/2 Tasse Zucker, 1 Tafel Schokolade oder 2—3 gehäufte Eßl. Kakao.
Pro Portion ca. 540 Kalorien = ca. 2260 Joule

Die Eiscreme mit einem Löffel abstechen und in 4 gut gekühlte Gläser verteilen, mit Früchten belegen und in das Tiefkühlfach stellen. Den Fruchtsaft aus der Dose mit Zucker 2—3 Minuten kochen, danach zerkleinerte Schokolade oder Kakao zufügen und noch einmal kurz durchkochen lassen. Nach Geschmack mit etwas geriebener Orangen- oder Zitronenschale, gewürfeltem kandiertem Ingwer oder Ingwerpulver abschmecken. Die Schokoladensoße heiß zu der Vanille-Eiscreme servieren. Dazu beliebiges Gebäck — am besten Eiswaffeln — reichen.

Pfirsich „Melba“

Mit Himbeerkonfitüre etwas für Süßmäuler

Himbeerkonfitüre

Insges. 6985 Kalorien = 29340 Joule

3 Pfund frische Himbeeren, 3¼ Pfund Zucker, 5 g kristallisierte Zitronensäure, 1 Normalflasche Opekta.

Die Früchte kurz waschen, abtropfen, verlesen. Die Hälfte im Mixer pürieren, mit den übrigen Früchten und Zucker über Nacht durchziehen lassen. Danach mit Zitronensäure unter Rühren aufkochen, 10 Minuten kochen, Opekta hinzufügen und 5 Sekunden weiterkochen. In Gläser füllen und verschließen.

Pfirsich „Melba“

4 Port. à 230 Kalorien = 966 Joule

4 Eßlöffel Himbeerkonfitüre, ½ Dose Pfirsichhälften und 1 Haushaltspackung Vanilleeiscreme.

Die Himbeerkonfitüre mit so viel Pfirsichsaft verrühren, daß sie dickflüssig wird. Die Pfirsichhälften abtropfen lassen, mit Kugeln aus Vanilleeiscreme in eiskalte Gläser schichten und mit der Himbeersoße übergießen. Mit knusprigem Gebäck schmücken und danach sofort zu Tisch geben.

Erdbeeren „Cottage“

Gut als Zwischenmahlzeit, Frühstück oder Dessert

4 Portionen à 155 Kalorien = 648 Joule

500 g frische Erdbeeren
Saft von 1/2 Zitrone
2 Eßlöffel Puderzucker
1 kleine Dose Kompottpfirsiche
1 Becher Cottage-Cheese oder Hüttenkäse.

Die Erdbeeren entstielen, waschen, abtropfen lassen und einmal längs durchschneiden. Mit Zitronensaft beträufeln, mit Puderzucker bestreuen und schwenken. Dann zugedeckt in den Kühlschrank stellen und durchziehen lassen. Die Kompottpfirsiche ohne Saft in 4 Gläser verteilen, Cottage-Cheese oder Hüttenkäse mit etwas Pfirsich- oder Erdbeersaft verrühren und auf die Pfirsiche geben. Die durchgezogenen Erdbeeren obendrauf häufen und servieren. Nach Wunsch knuspriges Knäckebrot, röschen Zwieback oder zarte Kräkker mit etwas Butter oder Margarine bestreichen und dazu essen.

Weincreme

Zum festlichen Essen ein passender Abschluß

Zutaten für 4 Portionen:
$^1/_4$ l Weißwein, Saft und Abgeriebenes $^1/_2$ Zitrone, 3 Eigelb, 3 gehäufte Eßl. Zucker,
6 Blatt helle Gelatine,
$^1/_4$ l süße Sahne, einige Maraschinokirschen und Trauben.
Pro Portion ca. 220 Kalorien = ca. 920 Joule

Weißwein, abgeriebene Zitronenschale und Zitronensaft, Eigelb und Zucker im Wasserbad gut schaumig schlagen. Die Creme muß dabei dicklich werden. Die in kaltem Wasser 5 Minuten eingeweichte Gelatine ausdrücken, unter die Eiercreme geben, kalt stellen und dabei einige Male umrühren. Vor dem Stocken der Creme $^1/_4$ l geschlagene Sahne unterheben. Die Creme in Gläser oder in eine Schüssel füllen und mit kleingehackten Maraschinokirschen und Trauben hübsch garnieren.

Pfirsiche mit Brombeersoße

Mit Likör, Rum, Kirschwasser oder Weinbrand

Zutaten für 4 Portionen:
4 frische Pfirsiche,
2 geh. Eßl. Zucker,
1 Päckchen Vanillinzucker, 125 g Brombeeren,
2 Likörgläser roter Fruchtlikör oder Weinbrand,
Saft $^1/_2$ Zitrone, $^1/_8$ l süße Sahne, $^1/_2$ Beutel gehobelte Mandeln.
Pro Portion ca. 285 Kalorien = ca. 1190 Joule

Die Pfirsiche in heißes Wasser tauchen, abziehen, halbieren und entkernen. 1 Tasse Wasser, Zucker und Vanillinzucker in flachem Topf erhitzen und die Pfirsiche darin 5 Minuten dünsten. Nun herausnehmen und die Brombeeren darin kurz aufkochen. Soße abkühlen lassen, mit Likör und Zitronensaft abschmecken. Die Pfirsiche mit der Schnittfläche nach oben in eine Glasschüssel setzen. Sahne schlagen, mit etwas Zucker süßen und in die Pfirsiche spritzen. Mit gerösteten Mandeln bestreuen. Brombeersoße dazu servieren.

Schokoladencreme

Mit Sahnetupfer und Mandarinenschnitzen garnieren

Zutaten für 4 Portionen:
4 Eigelb, 2 Eßl. Zucker, ½ Tafel grob zerkl. Schokolade, 1 Eßl. Kakao, 1 Teel. Pulverkaffee, 1 Prise Zimt, ¼ l Milch, 4 Bl. helle Gelatine, ¼ l süße Sahne, 1 P. Vanillinzucker, 1—2 Likörgläser Rum.
Pro Portion ca. 320 Kalorien = ca. 1380 Joule

Eigelb mit Zucker verrühren, Schokolade, Kakao, Pulverkaffee und Zimt zugeben, die heiße Milch beifügen und diese Masse im kochenden Wasserbad ca. 2—3 Min. schlagen. Die in kaltem Wasser eingeweichte Gelatine gut ausdrücken und in die heiße Creme geben. Die Creme kalt stellen und vor dem Stocken die geschlagene, mit Vanillinzucker gesüßte Sahne unterheben. Mit Rum oder Weinbrand abschmecken. Die Schokoladencreme in kalt ausgespülte Gläser füllen und ca. 1—2 Stunden kalt stellen.

Ananas „Surprise"

Von Dezember bis April ist Saison für frische Ananas

4 Portionen à 375 Kalorien = 1575 Joule

1 frische Ananas
1/2 Glas Kirsch-Konfitüre
1 Likörglas Rum
1 Haushaltspackung Eiscreme (Vanille, Erdbeer oder Kirsch), 3 Eiweiß
1 Prise Salz, 75 g Zucker
etwas Puderzucker.

Die Ananas längs durchschneiden, Fruchtfleisch herausschälen, die Schalen in den Kühlschrank legen. Das Fruchtfleisch in feine Streifen schneiden und dabei alles Harte wegschneiden. Die Ananasstreifen mit der Konfitüre verrühren, mit Rum abschmecken und in einen Glaskrug geben. Die Ananashälften mit Eiscreme füllen und 1 Stunde ins Tiefkühlfach legen. Das Eiweiß mit Salz steif schlagen, Zucker hinzufügen und kurz weiterschlagen. Den Eischnee auf die gefüllten Ananas häufen, die Eiscreme dabei ganz umhüllen, mit Puderzucker bestäuben und bei 250 Grad goldgelb überbacken. Sofort servieren.

Goosebeery-Fool

Mit Waffelgebäck servieren

Stachelbeerkonfitüre:

Insges. 5910 Kalorien = 24822 Joule

2 3/4 Pfund Stachelbeeren, 1 Päckchen Gelfix, 3 Pfund Zucker.

Die Stachelbeeren von Stiel und Blüte befreien, waschen. Die Hälfte durch den Fleischwolf geben, mit den übrigen, etwas zerdrückten Früchten und Gelfix unter Rühren aufkochen. Den Zucker hineinrühren, wieder aufkochen und genau 1 Min. sprudelnd kochen. Den Topf vom Herd nehmen und die Konfitüre noch 5 Min. rühren. In Gläser füllen, mit Cellophan verschließen.

Goosebeery-Fool:

4 Port. à 350 Kalorien = 1470 Joule

1/4 l frische Schlagsahne, 1/2 Glas Stachelbeerkonfitüre, Waffelgebäck.

Die gut gekühlte Sahne steifschlagen und vielleicht mit „sahnesteif“ oder „san-apart“ (Verwendung laut Gebrauchsanweisung!) festigen. Die Stachelbeerkonfitüre glattrühren, locker unter die Sahne heben und das Dessert in Glasschälchen anrichten. Danach vielleicht eine Tasse Kaffee reichen und eventuell dazu ein Gläschen Weinbrand anbieten.

Kuchen
Torten
Kleingebäck

Tomaten-Pizza

Für Gäste vorher backen und später kurz aufbacken!

4 Portionen à 775 Kalorien = 3255 Joule

Teig: 400 g gesiebtes Mehl
1 Eßlöffel geschmeidiges Pflanzenfett oder Schweineschmalz, 1 gestrichenen Teelöffel Salz, ½ Teelöffel Zucker, 1 dl lauwarmes Wasser
25 g Hefe. –
Belag: 3 Zwiebeln
50 g durchwachsener Räucherspeck, 1 kg Tomaten
250 g grob geriebenen Gouda oder Edamer, Salz, schwarzer Pfeffer, 1 Teelöffel Oregano
1 Eßlöffel gehackte Petersilie.

Mehl mit Fett, Salz und Zucker mischen. Die Hefe im Wasser auflösen, mit dem Mehlgemisch verrühren, zudecken und 2 Stunden gehen lassen. Mit bemehlten Händen vier 30 cm große Fladen formen. Auf bemehlte Backbleche legen. Zwiebeln und Speck in feine Streifen schneiden und goldgelb dünsten. Tomaten in kochendes Wasser tauchen, abziehen und in Scheiben schneiden. Die Teigfladen mit der Hälfte des Käses bestreuen, mit Tomaten belegen, Zwiebeln und Speck daraufgeben und mit Salz, Pfeffer, Oregano, Käse und Petersilie bestreuen. Bei 275 Grad auf der Unterschiene 15 Minuten backen.

4 Portionen à 115 Kalorien = 483 Joule

Teig: 400 g Mehl, 1 Teelöffel Salz, 20 g Hefe, schwach ¼ l lauwarmes Wasser, 3 bis 4 Eßlöffel Öl. –
Belag: 3 Zwiebeln
3 Knoblauchzehen, ⅓ Tasse Öl
1/1 Dose geschälte Tomaten
2 kleine Dosen Tomatenmark (etwa 140 g), 1 Teelöffel Basilikum, 1 Teelöffel Oregano
½ Teelöffel Zucker, 1 Prise Salz schwarzer Pfeffer, 2 grüne Paprikaschoten (in Streifen geschnitten!), 8 Scheiben Salami 250 g grob geriebener Gouda oder Edamer.

Neapolitanische Pizza

Ein herzhafter Imbiß für Partygäste

Die Hefe im Wasser auflösen und mit Mehl, Salz und Öl glattkneten. Mit Mehl bestäuben, zudecken und 2 Stunden gehen lassen. 4 runde Fladen ausrollen (etwa 30 cm) und auf ein bemehltes Blech legen. Zwiebel und Knoblauch schälen, fein hacken und in Öl hellgelb dünsten. Tomaten, Tomatenmark, Basilikum, Oregano, Zucker, Salz und Pfeffer dazugeben, etwa 45 Minuten leise kochen und dabei mehrmals umrühren. Abgekühlt auf die Teigfladen verteilen. Paprikastreifen, Salamischeiben und Käse daraufgeben und mit etwas Öl beträufeln. Bei 250 Grad auf der Unterschiene 15 Minuten backen.

Schinkenhörnchen

Sehr lecker zu einem kühlen Bier

Pro Stück ca. 175 Kalorien = 735 Joule

1 Paket tiefgekühlter Blätterteig
125 g roher Schinken
1 Zwiebel
1 Teelöffel Butter oder Margarine, etwas Pfeffer
1 Eßlöffel geriebener Käse
1 Eigelb
1 Eßlöffel Dosenmilch oder Sahne.

Den Blätterteig wie empfohlen auftauen lassen. Schinken und geschälte Zwiebel fein würfeln, Schinken in Butter oder Margarine kurz dünsten, die Zwiebeln zugeben und gelblich dünsten. Kalt werden lassen und dann Pfeffer, vielleicht gehackte Petersilie und Käse daruntermischen. Den Blätterteig rechteckig (20 cm breit) ausrollen, längs durchschneiden und quer Dreiecke daraus schneiden. Je 1/2 Teelöffel Füllung daraufgeben und am Rand mit verquirltem Eigelb und Sahne bestreichen. Zu Hörnchen aufrollen und auf ein mit Wasser benetztes Backblech legen. Bei 225 Grad etwa 20 Minuten backen.

Käse-Blätterteig-Kuchen

Reste in kunststoffbeschichteter Pfanne aufbacken

Pro Stück ca. 380 Kalorien = 1596 Joule

1 Paket tiefgekühlter Blätterteig
250 g Emmentaler Käse
3 Zwiebeln
250 g gekochten Schinken in Scheiben
1 Eßlöffel Butter oder Margarine
1 Becher Joghurt, 2 Eier
1 gehäufter Teelöffel Speisestärke
etwas scharfer Paprika
¼ Dose Champignons.

Den Blätterteig wie empfohlen auftauen lassen. Den Käse fein reiben und die geschälten Zwiebeln in Würfel schneiden. Das Schinkenfett abschneiden, fein würfeln, mit Butter oder Margarine auslassen und die Zwiebeln darin goldgelb dünsten. Joghurt mit Eiern, Speisestärke, Paprika und Käse vermischen. Den Teig ausrollen und eine mit Wasser benetzte runde Kuchenform damit auslegen. Den Rand gut andrücken und den Boden mehrmals einstechen. Die Schinkenscheiben darauflegen und mit der Käsemasse bestreichen. Zwiebeln und Champignons darauf verteilen, bei 225 Grad 20 Minuten backen.

Pikante Florentiner Torte

Mit Speck- oder Schinkenwürfeln

12 Stück à 195 Kalorien = 816 Joule

1 Paket gefrosteter Blätterteig
1 Paket gefrosteter Spinat (300 g) oder 500 g frischer Spinat
2 Zwiebeln, 125 g durchwachsener Räucherspeck
3 Eier, 1/4 l saure Sahne
3 gehäufte Teelöffel Speisestärke
Salz, Pfeffer, Muskat
50 g geriebener Käse
1 Eßlöffel Semmelbrösel.

Blätterteig nach Vorschrift auftauen und rund ausrollen. Auf feuerfeste, gefettete und bemehlte Schüssel oder auf ein Blech legen und einen Rand formen. Spinat mit einer Tasse Wasser dünsten, bis er aufgetaut ist, frischen Spinat waschen, ebenfalls dünsten und abgießen. Zwiebeln schälen und fein hacken. Speck würfeln, auslassen, Zwiebeln darin gelb dünsten und zum Spinat geben. Verquirlte Eier, Sahne und Speisestärke untermischen, würzen und die Hälfte des Käses beifügen. Teigboden mit einer Gabel einstechen. Die Masse einfüllen, mit dem Rest Käse und Semmelbrösel bestreuen, bei 190 Grad ca. 1 Stunde backen. Heiß mit Suppe oder Salat servieren.

Käse- und Kümmelstangen

Party-Naschwerk – selbstgemacht

32 Stück à 50 Kalorien = 209 Joule

1 Päckchen gefrorener Blätterteig (4 Teigscheiben)
1 Ei, 75 g frisch geriebener Emmentaler Käse
1 gestrichener Teelöffel Edelsüß-Paprika
1 Löffelspitze Rosen-Paprika
2 Teelöffel Kümmel
½ Teelöffel Aromat oder Fondor.

Jede Platte des aufgetauten Blätterteigs um die Hälfte länger und breiter ausrollen. 2 Platten mit Eiweiß bestreichen und mit Paprika vermischten Käse draufstreuen; etwas andrücken. Übrige Platten mit Eigelb bestreichen und mit Kümmel-Gewürz-Mischung bestreuen. Jede Platte längs in 7–8 Streifen schneiden. Streifen an einem Ende festhalten, anderes Ende mehrmals drehen. Enden fest auf das mit etwas Wasser angefeuchtete Backblech drücken: So rollen sich die Stangen nicht auf. Bei 225 Grad, Gas-Backofen Stufe 4, ca. 12 Minuten backen.

Wurstbrötchen

Warm oder kalt ein pikanter Imbiß

8 Stück à 410 Kalorien = 1716 Joule

1 Päckchen gefrosteter Blätterteig
250 g Bratwurstbrät
250 g Schweinemett (grobes Schweinehack)
25 g Emmentaler Käse
$^1/_2$ Bund Petersilie
1 Stück Peperoni
$^1/_2$ gestrichener Teelöffel Pastetengewürz
Salz, 1 Teelöffel Weinbrand oder Rum, 1 Eigelb, 2 Eßlöffel Kondensmilch.

Brät und Schweinemett mit gewürfeltem Käse, gehackter Petersilie, gewürfelter Peperoni (ohne Kerne), Gewürzen und Alkohol mischen. Teig zu einer Platte (44 × 32 cm) auswellen. In acht Rechtecke teilen. Farce in Spritzbeutel ohne Tülle füllen und längs auf die Mitte der Teigstücke spritzen. Teig mit Wasser ringsum bestreichen, schmale Seiten einschlagen, danach lange Seiten überschlagen. Mit Naht nach unten auf ein mit Wasser benetztes Blech setzen. Fischgrätmuster mit Messer einritzen. Mit Eigelb, verquirlt mit Milch, bestreichen. Bei 225 Grad, Gas-Backofen Stufe 4, Mittelschiene, 12 Minuten backen.

Lauchtorte

Pikant auch für den Herrenabend

12 Stück à 265 Kalorien
= 1109 Joule

250 g Mehl, 125 g Margarine
1 Prise Salz, 5 Eier
5–8 Stangen Lauch
(ca. 1,2 kg), 1 Eßlöffel Butter
1 Teelöffel Aromat oder Fondor
Salz, Pfeffer, Muskat
1 Becher Joghurt
1/8 l saure Sahne
3 gehäufte Teelöffel
Speisestärke
25 g Räucherspeck
25 g geriebener Käse.

Mehl, Margarine und Salz mit Knethaken verrühren. 1 Ei schnell unterkneten und Teig 1–2 Stunden kalt stellen. Teig danach rund auswellen und rundes Kuchenblech damit auslegen. 2 Eier hartkochen, Lauch längs halbieren, grüne Blätter wegschneiden, waschen und in Streifen schneiden. In Butter, Aromat oder Fondor, Salz und 1/2 Tasse Wasser 5 Minuten dünsten und abtropfen lassen. Joghurt, Sahne, Speisestärke, Pfeffer, Muskat und 2 rohe Eier unter den abgekühlten Lauch mischen. In den Tortenboden füllen. Mit fein geschnittenen Speckwürfeln und dem geriebenen Käse bestreuen, mit den halbierten Eiern belegen und bei 200 Grad 50 Minuten backen.

Quiches Lorraines

Lothringer Specktörtchen: ein abendlicher Imbiß

8 Stück à 290 Kalorien = 1213 Joule

Teig: 175 g Mehl, 100 g Butter oder Margarine, 1/4 Tasse Wasser, 1 Prise Salz. – Füllung: 2 gewürfelte Zwiebeln 75 g Räucherspeck 1/8 l Milch, 2 Eier Salz, Paprika, Kümmel 50 g Emmentaler Käse 1 Bund Schnittlauch.

Gesiebtes Mehl mit geschmeidigem Fett, Wasser und Salz zu einem Mürbeteig verarbeiten. Eine Stunde kalt stellen. Für die Füllung: Speck kleingeschnitten anbraten, darin Zwiebeln gelb dünsten. Milch, Eier, Gewürze und feingewürfelten Käse verrühren, Speck und Zwiebeln untermischen. – Den Teig dünn ausrollen und kleine Metallförmchen (7 cm ∅) damit auslegen. Böden mit Gabel mehrmals einstechen. Zwiebelmasse einfüllen. Mit geschnittenem Schnittlauch bestreuen. Im vorgeheizten Backofen bei 200 Grad (Gas-Backofen Stufe 3) 20 Minuten backen.

Pfitzauf

Flaumweiches Backwerk mit knuspriger Kruste

12 Stück à 145 Kalorien = 606 Joule

150 g Mehl, ¼ l Milch
3 Eier, 1 Prise Salz
1 Päckchen Vanillinzucker
60 g Butter oder Margarine
¼ Tasse Öl.

Gesiebtes Mehl, Milch, Eier, Salz und Vanillinzucker wie bei einem Pfannkuchenteig miteinander mischen, zuletzt zerlassenes Fett dazugeben. Je 1 Teelöffel Öl in die Pfitzauf-Formen geben und bis zur Hälfte mit Teig füllen. Im vorgeheizten Backofen bei 200 Grad (Gas-Backofen Stufe 3) 40 Minuten backen. Heiß mit Puderzucker bestäuben und Kompott dazu reichen. Oder mit Marmelade bestreichen. Erkaltet eventuell mit Schlagsahne garnieren.

Tip: Eine pikante Note bekommt der Pfitzauf, wenn Sie den Vanillinzucker weglassen und dafür 50 g geriebenen Käse unter den Teig mischen.

Schlosserbuben

Warm als süßes Hauptgericht servieren

4 Portionen à 525 Kalorien = 2205 Joule

250 g große getrocknete Pflaumen (etwa 25 Stück)
Schale ½ Zitrone
40 g Mandeln, ⅛ l Bier
100 g Mehl, 1 Ei
1 Prise Salz
1 gehäufter Eßlöffel Zucker
Backfett
50 g Halbbitter-Schokolade
1 gehäufter Teelöffel Zucker.

Pflaumen mit Zitronenschale in ½ l Wasser 40 Minuten kochen, abgießen und entkernen. In jede Pflaume 1 geschälte Mandel stecken, Bier und Mehl schnell verrühren. Eigelb, Salz und Zucker zugeben. Das Eiweiß zu steifem Schnee schlagen, unterheben. Backfett auf 180 Grad erhitzen. Pflaumen in Bierteig tauchen, in Fett ausbacken und auf Küchenkrepp abtropfen lassen. Geriebene Schokolade mit Zucker mischen und die abgetropften Schlosserbuben darin wälzen.

Erdbeertörtchen

Für die Mutti an ihrem Ehrentag!

Pro Törtchen ca. 320 Kalorien = 1344 Joule

Zutaten für 6 Törtchen:

50 g gemahlene Mandeln
50 g Butter oder Margarine
50 g Zucker, 125 g Mehl
1 Ei, 3 Eßlöffel Milch
250 g frische Erdbeeren
¼ l frische Sahne
1 Beutel ‚sahnesteif' oder
2 gehäufte Teelöffel ‚san-apart'
etwas Puderzucker.

Mandeln, Butter oder Margarine, Zucker, Mehl, Ei und Milch schnell zu einem glatten Teig kneten. 1 bis 2 Stunden kalt stellen, danach dünn ausrollen und Tortenförmchen damit auslegen. Die Teigböden mehrmals mit einer Gabel einstechen und die Förmchen mit getrockneten Erbsen füllen. (So bleibt die Form erhalten.) Die Törtchen in den Backofen geben und bei 200 Grad 12 bis 15 Minuten backen. (Die Erbsen können immer wieder verwendet werden.) Die Erdbeeren kurz waschen und putzen, die Sahne mit ‚sahnesteif' oder ‚san-apart' steifschlagen. Die Törtchen mit Sahne füllen, mit Erdbeeren belegen und mit etwas Puderzucker überstäuben.

Pfirsichtorte

Mit frischen Pfirsichen ist diese Torte ein wahrer Genuß

12 Stück à 260 Kalorien = 1088 Joule

5 Eier, 3 Eßlöffel heißes Wasser
125 g Zucker, 1 Prise Salz
150 g Mehl, 1 Teelöffel Backpulver, 5–6 frische Pfirsiche oder 2 Dosen Pfirsichhälften
2 Packungen Vanillinzucker
50 g Zucker, $^1/_2$ Glas Aprikosen-Konfitüre
2 Likörgläser Rum
2 Päckchen Dessertschaum
4 Blatt helle Gelatine.

Eigelb mit Wasser und Zucker weißschaumig rühren. Eischnee von 4 Eiweiß auf die Eigelbmasse geben, Mehl mit Backpulver darübersieben und alles locker mischen. Springformboden einfetten. Teig einfüllen, im vorgeheizten Backofen bei 175 Grad 30 Minuten backen. Frische Pfirsiche häuten, halbieren, entkernen. Die Hälften in 1 Tasse Wasser mit Vanillinzucker und Zucker zugedeckt 5 Minuten dünsten, kalt stellen. Tortenboden waagrecht halbieren, mit Aprikosen-Konfitüre, mit Rum verrührt, füllen. Mit Pfirsichhälften und -spalten belegen. Dessertschaum steifschlagen. Eingeweichte Gelatine in 2 Eßlöffel heißem Pfirsichsaft auflösen, unter den Dessertschaum schlagen. Torte damit garnieren.

Obstkuchen

Obstkuchen sind die Favoriten des Sommers

12 Stück à 350 Kalorien = 1465 Joule

75 g gemahlene Haselnüsse
75 g Butter oder Margarine
125 g Zucker, 150 g Mehl
1/2 gestrichener Teel. Backpulver
3 Eier, 1 Prise Salz, 50 g Zucker
1 Pck. Vanillinzucker, 50 g Mehl
3 Pfirsiche, 50 g Zucker
3 Likörgläser Kirschwasser oder Weinbrand, 1 Tasse Melonenkugeln von 1 Zuckermelone ausgestochen, 125 g saubere Brombeeren, 1 Pck. klarer Tortenguß, 1 Pck. Dessertschaum, 1 Beutel gehobelte Mandeln.

Nüsse mit weichem Fett, Zucker, 150 g Mehl, Backpulver und 1 Ei zu einem Teig verarbeiten und eine Springform (24 cm ∅) damit auslegen. 1 Stunde kalt stellen, im vorgeheizten Backofen bei 175 Grad 40 Minuten backen. 2 Eiweiß mit 1 Prise Salz zu sehr steifem Schnee schlagen, Zucker gut unterschlagen. Vanillinzucker, übriges Eigelb und 50 g Mehl locker untermischen, auf den Teig geben, 30 Minuten weiterbacken. Pfirsiche häuten, halbieren, mit 50 g Zucker in 1/2 Tasse Wasser 10 Minuten dünsten. Tortenboden auf Kuchenplatte legen, mit Alkohol beträufeln, mit Früchten belegen. Tortenguß mit Pfirsichsirup bereiten, über die Früchte gießen. Kuchen mit Dessertschaum und gerösteten Mandelblättchen garnieren.

Hefezopf

Zum Osterfrühstück mit Butter und Honig

30 Stück à 100 Kalorien = 420 Joule

500 g Mehl, 25 g Hefe
schwach 1/4 l Milch
50 g Margarine, 50 g Zucker
1 Ei, Salz, 1 Eigelb
1 Eßlöffel Kondensmilch
2 Eßlöffel Hagelzucker
1 Beutel gehobelte Mandeln.

Mehl in Schüssel sieben. Hefe in die Mitte bröckeln, lauwarme Milch zugießen. Hefe, etwas Mehl und die Milch zu dickem Teig verrühren. Tuch darauflegen und gehen lassen. Margarine, Zucker, Ei und 1 Prise Salz zum Teig geben und gut kneten. Teig im Warmen gehen lassen. 2/3 Teig zu drei 40 cm langen, Teigrest zu drei 30 cm langen Rollen formen. Je drei Teigstränge zu Zöpfen flechten. Langen Zopf auf gefettetes Blech legen. Mit Wasser bestreichen. Kurzen Zopf daraufsetzen. Gehen lassen. Eigelb mit Kondensmilch verquirlen. Zopf damit bestreichen, mit Hagelzucker und gehobelten Mandeln bestreuen. Bei 180 Grad 35 Minuten backen.

Butterkuchen

Schmeckt zum Nachmittagskaffee

20 Stück à 210 Kalorien = 882 Joule

Hefeansatz: 60 g Hefe
2 dl Milch (schwach 1/4 l)
200 g Mehl.
Teig: 400 g Mehl
50 g Zucker, 3 Eigelb
150 g Butter oder Margarine, 1 Prise Salz
abgeriebene Schale 1 Zitrone.
Belag: 200 g Butter
150 g Zucker, 2 Päckchen Vanillinzucker.

Hefe mit lauwarmer Milch verrühren. 200 g Mehl einrühren. Teig warm stellen und aufgehen lassen. Restliches Mehl in Schüssel sieben. Mit Zucker, Eigelb, geschmeidigem Fett, Salz, Zitronenschale und dem Hefeansatz gut verkneten, bis sich der Teig von der Schüssel löst. Auf rechteckiges, gefettetes Kuchenblech geben, ausrollen. Gehen lassen. Dann mit Butterstückchen belegen, mit Zucker und Vanillinzukker bestreuen. Backofen auf 200 Grad aufheizen. Pfännchen mit heißem Wasser hineinstellen, Wasserdampf macht den Kuchen locker. Blech in die Mitte schieben, Backzeit ca. 25 Minuten.

Rodonkuchen

Auch Napfkuchen genannt

20 Stück à 265 Kalorien = 1113 Joule

200 g Mehl, 40 g Hefe
1/10 l Milch (schwach 1/8 l)
225 g Margarine, 225 g Zucker
1 Prise Salz, abgeriebene Schale 1 Zitrone, 4 Eier
300 g Mehl, 25 g Butter
2 Päckchen Vanillinzucker
25 g Puderzucker.

Mehl in Schüssel sieben. Hefe in lauwarme Milch geben, verrühren, mit Mehl zu Teig vermischen. Mit etwas Mehl bestäuben und an warmem Platz aufgehen lassen. Margarine, Zucker, Salz und Zitronenschale gut schaumig rühren. Eier nach und nach untermischen. Mehl daraufsieben, vermischen. Danach mit Hefeansatz gut verrühren. In gefettete Napfkuchenform füllen. In etwas geöffnetem Backofen bei 50 Grad 30 Minuten gehen lassen. Danach auf 180 Grad schalten. Bei Erreichung der Temperatur 1 Stunde backen. Stürzen, heiß mit zerlassener Butter einpinseln und mit Vanillinzucker bestreuen. Erkaltet Puderzucker überstäuben.

Englischer Cake

Für die Teestunde am Sonntagnachmittag

20 Stück à 315 Kalorien = 1323 Joule

75 g Korinthen, 75 g Orangeat
75 g Zitronat, 75 g Haselnüsse
75 g kandierte Kirschen
75 g getrocknete Aprikosen
2 Eßlöffel Rum, 50 g Mehl
250 g Butter oder Margarine
250 g Puderzucker, 4 Eier
250 g Mehl, 50 g Speisestärke
1 gestrichener Teelöffel Backpulver.

Korinthen, Orangeat, Zitronat, grobgehackte Haselnüsse, in Scheiben geschnittene Kirschen und in 1 cm große Würfel geschnittene Aprikosen mit Rum vermischen und mit 50 g Mehl bestäuben. Butter oder Margarine mit Puderzucker schaumig rühren und die Eier dabei einzeln hinzufügen. 250 g Mehl mit Speisestärke und Backpulver mischen und zum Teig rühren. Die Trockenfrüchte locker darunterheben und den Teig in eine ausgefettete, mit Mehl bestäubte Kastenform füllen. Bei 175 Grad in den Backofen stellen und 70 bis 75 Minuten backen.

Blätterteigtörtchen „Osterei“

Sind schnell fertig und schmecken mit und ohne Sahne!

12 Stück à 160 Kalorien = 672 Joule

1 Päckchen tiefgekühlter Blätterteig, 1 große Dose Aprikosen oder andere Kompottfrüchte
125 g Marzipan
1 Eßlöffel Puderzucker
1 Eiweiß
etwas Aprikosenkonfitüre.

Den Blätterteig wie auf dem Päckchen empfohlen in etwa 3 Stunden auftauen lassen. Aprikosen oder andere Kompottfrüchte in ein Sieb schütten und gut abtropfen lassen. Marzipan mit Puderzucker und Eiweiß gut verrühren. Den aufgetauten Blätterteig $^1/_2$ cm dick ausrollen und eiförmige Plätzchen davon ausschneiden, je etwa 10 cm lang. Ein Backblech mit Wasser befeuchten, die Plätzchen darauflegen und mit der Marzipancreme bestreichen. Aprikosen oder andere Früchte darauflegen. Den Backofen auf 225 Grad vorheizen, das Gebäck hineingeben und etwa 18 Minuten backen. Noch heiß mit erwärmter Aprikosenkonfitüre bestreichen.

Zwetschgenkuchen

Einmal anders: mit Trocken-Zwetschgen

16 Stück à 355 Kalorien
= 1491 Joule

500 g große getrocknete Zwetschgen oder Pflaumen
¼ l Rotwein, 1 Zimtstange
1 gehäufter Eßlöffel Zucker
1 Päckchen Vanillinzucker
100 g Mandeln
100 g Margarine
100 g Zucker, 2 Eier
4 Eßlöffel Milch, 250 g Mehl
1 Beutel gehobelte Mandeln.

Zwetschgen oder Pflaumen 2 Stunden in kaltem Wasser einweichen, danach entsteinen. Rotwein, Zimtstange, Zucker und Vanillinzucker mit Zwetschgen 30 Minuten langsam kochen, abgießen, Saft dick einkochen. Mandeln schälen und fein reiben. Margarine und Zucker schaumig rühren. Eier und Milch nach und nach untermischen. Mehl und geriebene Mandeln unterkneten. Teig 1 Stunde kalt legen, danach ausrollen, ein rechteckiges Kuchenblech damit belegen, mit Gabel einstechen und mit den gut abgetropften Zwetschgen belegen. Mit gehobelten Mandeln bestreuen. Bei 200 Grad 35 Minuten backen. Sofort mit Zwetschgensirup beträufeln.

Französischer Apfelkuchen

Einfacher, als das Rezept vermuten läßt

12 Stück à 270 Kalorien
= 1134 Joule

75 g Margarine, 75 g Zucker
1 Päckchen Vanillinzucker
1 Ei, 1 Prise Salz
200 g Mehl, $1^1/_2$ kg Äpfel
50 g Butter, 100 g Zucker.

Margarine, Zucker, Vanillinzucker, Ei und Salz schaumig rühren. Das Mehl schnell unterkneten und den Teig 1 Stunde kalt stellen. Äpfel schälen, vierteln und entkernen. Butter in rundes Kuchenblech (Ø 29 cm) geben, auf Kochplatte stellen, aufschäumen lassen, vom Herd nehmen. Zucker einstreuen, Äpfel einlegen. Im vorgeheizten Backofen bei 180 Grad 20 Minuten backen. Backofen auf 220 Grad stellen. Runde Teigplatte auf die Äpfel decken, noch 20 Minuten backen. Die letzten 10 Minuten mit Alufolie abdekken. Blech 10 Minuten auf nasses Tuch stellen, kurz in den Backofen zurück, dann läßt sich der Kuchen leicht stürzen. Wird warm serviert.

Rhabarber-Meringe-Kuchen

Leckere Überraschung für Kaffeegäste

12 Stück à 305 Kalorien
= 1281 Joule

600 g Rhabarber
150 g Mehl, 75 g Speisestärke
1 1/2 Teelöffel Backpulver
150 g Margarine, 150 g Zucker
1 Päckchen Vanillinzucker
2 Eier, 1 Eigelb
3 Eiweiß, 1 Prise Salz
175 g Zucker
1 Teelöffel Zitronensaft.

Unabgezogenen Rhabarber in 3 cm lange Stücke schneiden. Mehl, Speisestärke und Backpulver sieben. Geschmeidige Margarine, Zucker und Vanillinzucker schaumig rühren. Eier und Eigelb nach und nach mit je 1 Eßlöffel Mehlgemisch unterrühren. In eine gefettete Springform füllen. Rhabarber auf den Teig legen und bei 180 Grad 45 Minuten backen. Dann das Eiweiß mit Salz zu steifem Schnee schlagen, zuletzt Zucker gut unterschlagen und Zitronensaft unterrühren. Kuchen nach 25 Minuten Backzeit herausnehmen und mit Eischnee bespritzen. Den Kuchen noch 20 Minuten weiter backen.

Johannisbeer-Windbeutel

Delikat für die Kaffeestunde am Wochenende

4 Portionen à 330 Kalorien = 1386 Joule

1/8 l Milch, 25 g Margarine
1 Prise Salz, 75 g Mehl
2 Eier
375 frische rote Johannisbeeren
2 Eßlöffel Zucker
1/8 l frische Sahne.

Milch, Margarine und Salz aufkochen, das gesiebte Mehl hineinschütten und mit dem Holzlöffel rühren, bis sich der Teig als Kloß vom Boden löst. 1 Ei sofort hineinmischen, das zweite in den ausgekühlten Teig. Ein Backblech mit Wasser benetzen, kleine Teighäufchen (6 Stück) daraufspritzen. Bei 220 Grad unten in den Backofen schieben, 30 Minuten backen, noch 5 Minuten bei offener Tür darinlassen. Auf dem Kuchengitter mit einer Schere aufschneiden. Die Johannisbeeren waschen, abstreifen und einzuckern, die Sahne steifschlagen. Die Windbeutel mit Sahne und Johannisbeeren füllen.

Windbeutel mit Vanillecreme

Lecker als Dessert und für die Kaffeestunde

4 Portionen à 500 Kalorien = 2100 Joule

40 g Butter oder Margarine
etwas Salz, 80 g Mehl
2 Eier, 2 Eigelb
30 g Mehl, 75 g Zucker
1/4 l Milch
1/2 Tafel Schokolade halbbitter.

Butter oder Margarine, Salz und 1/8 l Wasser aufkochen. Das Mehl hineinschütten und rühren, bis sich ein Kloß vom Topfboden löst. Schnell 1 Ei hineinrühren, 10 Minuten abkühlen lassen, das zweite Ei dazurühren, den Teig in einen Spritzbeutel füllen und walnußgroße Häufchen auf ein gefettetes Backblech spritzen. Bei 225 Grad 25 Minuten backen und abkühlen lassen. 2 Eigelb mit Mehl, Zucker und 3 Eßlöffel Milch verquirlen. Die übrige Milch aufkochen, die verquirlten Zutaten hineinrühren und einmal aufwallen lassen. Kalt in die aufgeschnittenen Windbeutel füllen und mit (auf schwacher Hitze!) zerlassener Schokolade übergießen.

Zutaten:
6 Eier, 6 Eßl. heißes Wasser, 150 g Zucker, 1 Päckchen Vanillinzucker, 100 g Mehl, 75 g Speisestärke, 1 gestr. Teel. Backpulver, 1 Dose Tiefkühl-Orangensaft (konzentriert), Saft von 2 Zitronen, 4 Eßl. Zucker, 3—4 kernlose Orangen, 1/4 l süße Sahne, mit 1 Päckchen sahnesteif oder 4 Teel. san-apart steifschlagen, 1 Eßl. Zucker, Geleehimbeeren.
Pro Stück ca. 465 Kalorien = ca. 1945 Joule

Orangentorte

Eine erfrischende „Vitamin-Torte"

Eigelb mit heißem Wasser, Zucker und Vanillinzucker weiß-schaumig schlagen. Den steifen Eischnee daraufgeben, das mit Backpulver vermischte Mehl und Speisestärke darübersieben, locker vermischen. Eine Springform mit Pergamentpapier auslegen, nicht fetten, Teig einfüllen, am Rand 2 cm hoch streichen und diesen Biskuit bei 180 Grad ca. 35 Minuten backen. Tiefkühl-Orangensaft mit Zitronensaft, 1/2 Tasse Wasser und Zukker erhitzen, die quer halbierte Biskuittorte innen mit diesem Saft beträufeln und zusammensetzen. Die Außenfläche mit Orangensirup bestreichen, ringsum mit gut geschälten Orangenscheiben belegen. Orangentorte mit gezuckerter Sahne und Geleehimbeeren garnieren.

Zutaten: 250 g Mehl, 175 g Butter oder Margarine, 1 Prise Salz, 6 Eßl. Eiswasser, gut 1 kg mürbe Äpfel, Saft und Schale 1 Zitrone, 2 gehäufte Eßl. Zucker, 1 Päckchen Vanillinzucker, je 1 Löffelspitze Zimt und Ingwer, 50 g Sultanien, 2 gehäufte Teel. Speisestärke, Aprikosenmarmelade, Puderzucker. Pro Stück ca. 280 Kalorien = ca. 1170 Joule

Apfel-Pie

Wichtig fürs Gelingen: Eiswasser verwenden

Mehl, Fett und Salz mit einer Gabel zu Streuseln verarbeiten. Eiswasser untermischen, nur kurz verkneten. 1 größere und 1 kleinere Teigplatte rund auswellen. Tortenform mit größerer Teigplatte auslegen, Teigboden mehrmals mit Gabel einstechen. Geschälte, entkernte Apfelspalten mit Zitronensaft, Zucker, Vanillinzucker, Zimt, Ingwer, Sultaninen, Speisestärke mischen. Teigboden füllen, mit der kleineren Teigplatte belegen, Ränder fest andrücken. Den Apfel-Pie bei 200 Grad ca. 40 Minuten backen. Noch heiß mit erhitzter Aprikosenmarmelade bepinseln, abgekühlt mit Puderzuckerglasur versehen.

Apfelkuchen

Mit Zucker, Zimt und Mandeln überstreut

Zutaten:
200 g Butter oder Margarine, abgeriebene Zitronenschale, 200 g Zucker, 1 Päckchen Vanillinzucker, 4 Eier, 275 g Mehl, ca. 1 kg Äpfel, 2 Eßl. Zucker, 1/2 Teel. Zimt, 1 Beutel gehobelte Mandeln, Puderzucker.
1 Stück ca. 350 Kalorien = ca. 1465 Joule

Das geschmeidige Fett mit Zitronenschale schaumig rühren, Zucker, Vanillinzucker und die Eier nach und nach unterrühren, zuletzt das Mehl kurz untermischen. Den Teig auf ein mit Pergamentpapier belegtes großes Kuchenblech flach aufstreichen und reihenweise mit den in kleine Spalten geschnittenen Äpfeln belegen, mit Zucker und Zimt bestreuen und bei 200 Grad ca. 30 Minuten backen. Zuletzt die Mandeln überstreuen, mit Puderzucker bestäuben und in gleichmäßige Stücke schneiden.

Früchte im Rumteig

Rasch zubereitet und geschmacklich delikat

Zutaten für 4 Portionen:
$^1/_4$ l Milch, 2 Likörgläser Rum, 1 Löffelspitze Salz, 2 Eßl. Zucker, 8 gehäufte Eßl. Mehl, 1 gestrichener Teel. Backpulver, 2 Eßl. Öl, $^1/_2$ Dose Ananas, $^1/_2$ Dose Pfirsiche, Backfett.
Pro Portion ca. 500 Kalorien = ca. 2090 Joule

Die Milch mit Rum, Salz und Zucker verrühren, das Mehl mit dem Backpulver sieben, schnell in die Milch einrühren und 2 Eßlöffel Öl zufügen. Ananas und Pfirsiche gut abtropfen lassen und mit einem Tuch etwas abtrocknen, mit einer Gabel in Teig tauchen und in heißem Fett knusprig ausbacken. Die Früchte anrichten, nach Belieben mit etwas Zimt und Zucker oder Vanillinzucker bestreuen. Als Soße kann man dazu den Ananas- und Pfirsichsaft aufkochen, mit 1—2 Teelöffel kalt angerührter Speisestärke binden, kalt stellen und nach Belieben etwas rote Fruchtmarmelade, mit Rum und Zitronensaft verfeinert, untermischen.

Zutaten:
4 Eier, abger. Schale von 1/2 Zitrone, 1 Päckchen Vanillinzucker, 1/2 Fl. Bittermandelöl, Salz, 100 g Zucker, 200 g süße, geriebene Mandeln, 1/2 Teel. Zimt, 1 geh. Eßl. Mehl, 1 gestr. Teel. Backpulver, Schlagsahne zum Überziehen, kandierte Veilchen und geröstete Mandeln.
Pro Stück ca. 170 Kalorien = ca. 710 Joule

Frühlingstorte

Kandierte Veilchen kaufen Sie in Konditoreien

Eigelb, Zitronenschale, Vanillinzucker, Bittermandelöl und 50 g Zucker schaumig schlagen. Eiweiß und 1 Prise Salz steifschlagen. Zucker darunterschlagen und den Schnee auf die Eigelbcreme geben. Mandeln mit Zimt, Mehl und Backpulver mischen, auf den Eischnee geben und mit einem Schneebesen locker darunterheben. Eine Kuchenform einfetten, mit Zucker ausstreuen und den Teig hineinstreichen. Bei 180 Grad etwa 40 Minuten backen. Vor dem Servieren mit Eiweißglasur oder Schlagsahne überziehen und mit kandierten Veilchen und Mandeln garnieren.

Zutaten:
175 Butter oder Margarine, 175 g Zucker, 5 Eier, 2 Eßl. Marmelade (möglichst Erdbeer oder Himbeer), 175 g Schokolade, 175 g Mehl, 1 gestrichener Teel. Backpulver, 50 g gemahlene Mandeln. — Für die Creme: 250 g Butter oder Margarine, 250 g Puderzucker, 2 Eigelb, 1/2 Tel. geriebene Orangenschale, 1 Eßl. Pulverkaffee, Pistazien.
Pro Stück ca. 620 Kalorien. = ca. 2590 Joule

Englische Mokkatorte

Mit Pistazien garniert, sieht sie besonders hübsch aus

Fett und Zucker schaumig rühren, das Eigelb nach und nach daruntergeben und die Marmelade und die im heißen Wasserbad geschmolzene Schokolade hineinrühren. Mehl und Backpulver sieben, die gemahlenen Mandeln und das sehr steif geschlagene Eiweiß unter die Fett-Ei-Masse heben. Eine Kuchenform am Boden ausfetten, den Teig einfüllen und ca. 50 Minuten backen. Für die Creme das geschmeidige Fett, Zucker und Eigelb schaumig rühren und die abgeriebene Orangenschale und den Pulverkaffee untermischen. Die Torte zweimal durchschneiden, mit der Creme füllen und ringsum bestreichen, mit gehackten Pistazien garnieren.

Zutaten:
5 Eier, 175 g Zucker, 1 Teel. Zimt, 200 g gem. Haselnüsse, 2 geh. Eßl. Mehl, 2 gestr. Teel. Backpulver, 1 Dose Mandarinen, 2 Eßl. Zucker.
Tip: Sie können die Torte auch in einer Springform backen: 50 Minuten bei 180 Grad.
Pro Stück ca. 247 Kalorien = ca. 1035 Joule

Mandarinen-Haselnuß-Torte

Eine saftige Torte, die in der Pfanne gemacht wird

Eier, Zucker und Zimt gut schaumig rühren, Haselnüsse und das mit dem Mehl gemischte Backpulver daruntermischen. Eine Automatik-Kochplatte auf Stufe 7 einstellen, eine kunststoffbeschichtete Pfanne (24 cm ∅) daraufstellen, mit etwas Butter ausstreichen und den Teig hineinfüllen. Den Deckel aufsetzen, die Torte etwa 55 Minuten backen, dann auf ein Gitter stürzen und abkühlen lassen. Die Mandarinenstücke darauflegen und den Saft mit Zucker 5 Minuten kochen. Die Mandarinen mit dem Zuckersirup bestreichen und die Torte eventuell mit Schlagsahne und Haselnüssen schmücken.

Erdbeer-Quark-Torte

Unser Rezept zum Muttertag und für schöne Feste

Zutaten:
1 Biskuit-Tortenboden,
4 Blatt helle Gelatine,
250 g Magerquark, 75 g Zucker, 2 Päckchen Vanillinzucker, Saft und Abgeriebenes von 1 Orange, 1/4 l süße Sahne, 750 g Erdbeeren.
Pro Stück ca. 290 Kalorien = ca. 1215 Joule

Den Tortenboden auf eine Tortenplatte setzen und die Gelatine in kaltes Wasser legen. Quark mit Zucker, Vanillinzucker, Saft und abgeriebener Orangenschale schaumig rühren. Sahne steifschlagen und unter die Quarkcreme heben. Die Gelatine auflösen, schnell mit dem Schneebesen unter die Quarkcreme rühren und die Creme auf den Tortenboden streichen. Den Kuchen etwa 1 Stunde kalt stellen. Die Erdbeeren waschen, gut abtropfen lassen, entstielen, halbieren und die Torte damit belegen. Ganz nach Wunsch mit oder ohne Schlagsahne servieren.

Frankfurter Kranz

Für den großen Appetit nach einem Spaziergang

16 Stück à 670 Kalorien = 2814 Joule

150 g Margarine, 150 g Zucker
4 Eier, 175 g Mehl
75 g Speisestärke
3 gestrichene Teelöffel Backpulver, 250 g Butter
1 Päckchen Tortencremepulver
½ l Milch, 1 Likörglas Rum
1 Eßlöffel Butter, 4 gehäufte Eßlöffel Zucker
75 g Mandelsplitter.

Margarine und Zucker rühren und die Eier dabei einzeln hinzufügen. Mehl mit Speisestärke und Backpulver mischen und löffelweise darunterrühren. Den Teig in eine gefettete Kranzform geben und bei 175 Grad 45 bis 50 Minuten backen. Aus 250 g Butter, Tortencremepulver und Milch wie empfohlen eine Creme zubereiten, Rum hinzufügen. 1 Eßlöffel Butter und Zucker erhitzen und dabei rühren, bis die Masse goldgelb ist. Die Mandeln darin goldbraun rösten, auf eine eingeölte Platte geben, erkalten lassen und zerkrümeln. Den Kuchen waagrecht in 2 Teile schneiden, mit der Tortencreme füllen und bestreichen, mit Mandelkrokant bestreuen.

Osterroulade

Ohne Ostereier jederzeit ein Festtagskuchen

12 Stück à 325 Kalorien = 1365 Joule

4 Eier, 4 Eßlöffel kaltes Wasser
1 Prise Salz, 1 Teelöffel Zitronensaft
175 g Zucker, 50 g Kakao
50 g Speisestärke, 75 g Mehl
1½ gestrichene Teelöffel Backpulver, ½ l frische Sahne
2 Tütchen ‚sahnesteif'
4 gehäufte Eßlöffel Puderzucker
½ Paket Marzipan
250 g rote Marmelade.

Eiweiß, Wasser, Salz und Zitronensaft steifschlagen, Zucker unterschlagen und die Eigelb locker untermischen. Kakao, Speisestärke, Mehl und Backpulver sieben und darunterheben. Auf gefettetes Pergamentpapier streichen und bei 225 Grad 12 Minuten backen. Auf ein Tuch stürzen und das Papier abziehen und in ein Tuch einrollen. Die Sahne schlagen und dabei ‚sahnesteif' hinzufügen, zuletzt den Puderzucker. Die aufgerollte Teigplatte mit Marzipan, Marmelade und ⅔ Sahne bestreichen. Mit Hilfe des Tuchs aufrollen, mit der restlichen Sahne bestreichen und mit Marzipaneiern garnieren.

Osterkuchen

Gugelhupf im Frühlingskleid

16 Stück à 380 Kalorien = 1596 Joule

**175 g Butter, 175 g Zucker
1 Päckchen Vanillinzucker, abgeriebene Schale 1 unbehandelten Zitrone, 6 Eier, 200 g Mehl
50 g Speisestärke, 3 gestrichene Teelöffel Backpulver, 4 Eßlöffel Johannisbeergelee, 4 cl Weinbrand, 1 Päckchen Tortencremepulver (Zitronengeschmack)
1/8 l Milch, Saft von 1/2 Zitrone
60 g Butter oder Margarine
1–2 Tropfen Pistaziengrün
einige Tropfen Fruchtrot
Zuckerblüten (vom Konditor).**

Geschmeidiges Fett, Zucker, Zitronenschale schaumig rühren. Eier einzeln unterrühren. Mehl, Speisestärke und Backpulver sieben und löffelweise unterrühren. In gefettete, bemehlte Gugelhupfform füllen und im auf 175 Grad (Gas Stufe 2) vorgeheizten Ofen 50 Minuten backen. Erkaltet einmal quer halbieren und mit Johannisbeergelee, mit Weinbrand verrührt, füllen. Tortencremepulver nach Vorschrift mit Milch und Zitronensaft bereiten, zerlassenes Fett nach und nach unterschlagen. 2 Eßlöffel Creme abnehmen und grün färben. Rest rosé färben und Torte damit bestreichen. Mit grüner Creme umspritzen und mit Blüten besetzen. Evtl. mit Blumen schmücken.

Mandelherz

Süße Überraschung zum Muttertag

12 Stück à 390 Kalorien = 1 638 Joule

Zutaten: Für den Teig:
100 g Butter oder Margarine
150 g Zucker, 2 große Eier
150 g Mehl, 2 gestrichene Teelöffel Backpulver
100 g gemahlene Mandeln.
Für die Füllung:
1 Päckchen Tortencremepulver
½ l Milch, 250 g Butter oder Margarine, 1 Eßlöffel Rum, Saft von 1 Zitrone
einige Tropfen rote Speisefarbe
Zuckerperlen und Pistazien.

Fett schaumig rühren. Zucker und Eier unterrühren. Mehl und Backpulver dazusieben, Mandeln beifügen, verrühren. Hälfte des Teiges in gefettete, bemehlte Herzbackform füllen. Bei 180 Grad 30 Minuten backen. Stürzen. Restlichen Teig genauso backen. Tortencremepulver mit Milch verrühren. Fett schaumig rühren, Creme löffelweise untermischen. Mit Rum und Zitronensaft abschmecken. Herzen mit Creme bestreichen, aufeinandersetzen. Ringsum mit Creme bestreichen. Übrige Creme rosa färben und garnieren. Cremeblüten: Tüte aus Pergament rollen, spitz aufschneiden, Creme einfüllen, Blüten spritzen. Mit Zuckerperlen und Pistazienscheibchen verzieren.

Osterbrötchen

Am Vortag backen, zum Frühstück kurz aufbacken

25 Stück à 145 Kalorien
= 609 Joule

500 g Mehl, 1 Päckchen Hefe
knapp 1/4 l lauwarme Milch
75 g Zucker, 2 Eier
125 g Butter oder Margarine
1/2 Teel. Salz, 1 Teel. Zimt
etwas Kardamom
150 g Sultaninen und Korinthen
1 Eigelb (mit etwas Milch verquirlt)
2 Eßlöffel Hagelzucker.

Mehl in eine Schüssel geben und warm stellen. Hefe, 5 Eßlöffel Milch und 1 Teelöffel Zucker verrühren, zudecken und 15 Minuten stehen lassen. Hefemilch, übrige Milch, Zucker, Eier, 50 g weiches Fett, Salz, Zimt und Kardamom zum Mehl geben und den Teig mit den Knethaken des Handmixers ganz glatt rühren. Zudecken, 1 Stunde gehen lassen. Das übrige Fett in Würfel schneiden, ins Gefrierfach geben. Mit den gewaschenen Sultaninen oder Korinthen unter den Teig kneten. Tomatengroße Häufchen auf ein gefettetes Backblech setzen, die Brötchen gehen lassen, mit Eigelb bestreichen, mit Hagelzucker bestreuen und bei 200 Grad 30 Minuten backen.

Gewürztörtchen

Ein feines Gebäck für die Teestunde

12 Stück à 290 Kalorien = 1218 Joule

175 g Butter oder Margarine
175 g Zucker, 3 Eier
150 g Mehl, 1 gestr. Teelöffel Backpulver
100 g gemahlene Mandeln
1 Fläschchen Bittermandel-Aroma
2 gestrichene Teelöffel Zimt
½ gestrichener Teelöffel gemahlene Nelken
abgeriebene Schale von 1 Zitrone.

Butter oder Margarine und Zucker gut schaumig rühren, die Eier einzeln dazugeben. Das Mehl mit Backpulver sieben und zusammen mit den Mandeln löffelweise unter die Buttercreme rühren. Dann Bittermandelaroma, Zimt, Nelken und Zitronenschale daruntermischen und den Teig in kleine gefettete und mit Mehl bestäubte Förmchen geben. Bei 175 Grad in den Backofen geben und etwa 30 Minuten backen. Mit einem Hölzchen prüfen, ob die Törtchen durchgebakken sind. Dann stürzen und vielleicht noch mit Rumglasur bepinseln, die Sie aus Puderzucker, etwas lauwarmem Wasser und Rum oder Weinbrand zusammengerührt haben.

Gefüllter Bienenstich

Hefekuchen immer ganz frisch essen!

16 Stück à 360 Kalorien = 1512 Joule

1 Paket tiefgekühlter Hefeteig
100 g Butterfett
150 g geschälte, gehackte Mandeln
150 g Zucker, $^1/_2$ l Milch
100 g Zucker, 1 Prise Salz
1 Päckchen Vanillepuddingpulver
3 Eier, 125 g Butter
2 Eßlöffel Rum.

Den aufgetauten Teig gut durchkneten, rund ausrollen, in eine Springform legen und gehenlassen. Butterfett, Mandeln, Zucker und 2 Eßlöffel Milch aufkochen und lauwarm auf den Teig streichen. Noch etwas gehenlassen und dann bei 200 Grad etwa 25 Minuten backen. Puddingpulver, wenig Milch und Eigelb verrühren. Milch, Zucker und Salz aufkochen, das Puddingpulver hineinrühren und einmal aufkochen, sofort steifen Eischnee unterschlagen. Butter schaumig rühren und die kalte Puddingcreme mit Rum löffelweise hinzufügen. Den abgekühlten Bienenstich durchschneiden und füllen.

Käsekuchen mit Streuseln

Das wird Ihr bester Streuselkuchen!

20 Stück à 310 Kalorien = 1302 Joule

Zutaten: 250 g Mehl, 15 g Hefe knapp $^{1}/_{8}$ l lauwarme Milch 40 g zerlassene Margarine 1 gehäufter Eßlöffel Zucker 1 Prise Salz, 2 Eier 150 g Margarine, 125 g Zucker 1 Päckchen Vanillinzucker Schale und Saft von 1 Zitrone 750 g Magerquark, 2 gestrichene Eßlöffel Speisestärke 125 g zerlassene Butter 200 g Mehl, 125 g Zucker $^{1}/_{2}$ Teelöffel gemahlener Zimt.

Mehl sieben, Hefe mit Milch verrührt in die Mitte gießen, verrühren, mit Mehl bestäuben, zudecken und $^{1}/_{2}$ Stunde gehenlassen. Margarine, Zucker und Salz zugeben und den Teig glattkneten. Auf einem Kuchenblech, 35x25 cm breit, ausrollen und bei 50 Grad im etwas offenen Backofen gehenlassen. Eier, Margarine, Zucker und Vanillinzucker schaumig rühren. Zitronenschale und -saft, Quark und Speisestärke hineinrühren. Aus Butter, Mehl, Zucker und Zimt Streusel machen. Die Käsecreme auf den Teig streichen und mit Streuseln bestreuen. Bei 200 Grad 35–45 Minuten backen.

Rosenkuchen

In Ostfriesland als Schneckenkuchen geschätzt

12 Stück à 420 Kalorien = 1764 Joule

325 g Mehl, 20 g Hefe knapp 1/8 l lauwarme Milch 50 g Zucker, 1 Prise Salz 75 g zerlassene Butter oder Margarine, 1 Ei. Füllung: 175 g grobgehackte Haselnüsse, 50 g eingeweichte Sultaninen, feinabgeriebene Schale von 1 Zitrone, 1 Päckchen Vanillinzucker, 75 g Zucker, 1 Ei, 2 Eßlöffel Rum zum Bestreichen: Aprikosenmarmelade.

Mehl in eine Schüssel sieben. Hefe, mit Milch verrührt, in die Mitte gießen, verrühren. Mit Mehl bestäuben und zugedeckt gehenlassen, bis die Hefe rissig ist. Zucker, Salz, Fett und Ei dazugeben und rühren, bis der Teig glatt ist. Dann ausrollen, in 3 cm breite Streifen schneiden, mit Füllung (Zutaten einfach mischen!) bestreichen, aufrollen und in eine gefettete Springform setzen. Bei 50 Grad im etwas geöffneten Backofen 30 Minuten gehenlassen, bei 200 Grad 30 Minuten backen. Abkühlen lassen und mit erwärmter Aprikosenmarmelade bepinseln oder mit Puderzukkerglasur bestreichen.

Marmorkuchen

Mandeln und Zimt sind das Besondere daran

16 Stück à 410 Kalorien
= 1722 Joule

225 g Butter oder Margarine
250 g Zucker
1 Päckchen Vanillinzucker
5 bis 6 Eier, 450 g Mehl
1 Päckchen Backpulver
50 g gemahlene Mandeln
knapp 1/8 l Milch
3 gehäufte Eßlöffel Kakao
2 gehäufte Eßlöffel Zucker
1 Löffelspitze Zimt
3 bis 4 Eßlöffel Milch.

Butter oder Margarine, Zucker und Vanillinzucker gut schaumig rühren, die Eier dabei einzeln hinzufügen. Das Mehl mit Backpulver und Mandeln mischen und löffelweise unter die Buttercreme rühren. Dann die Milch nach und nach dazugeben. 2/3 des Teiges in eine ausgefettete Napfkuchenform füllen und den restlichen Teig mit Kakao, Zucker, Zimt und 3 bis 4 Eßlöffel Milch verrühren. Auf den hellen Kuchenteig geben und mit einer Gabel leicht darunterrühren. Den Kuchen bei 175 Grad in den Backofen stellen und backen, bis an einem hineingesteckten Hölzchen kein Teig mehr hängenbleibt. Das dauert etwa 50 bis 60 Minuten.

Prinzregententorte

Zum Festtagskaffee

16 Stück à 350 Kalorien = 1470 Joule

Teig: 150 g Butter, 3 Eier 150 g Zucker, 1 Päckchen Vanillinzucker, 250 g Mehl 75 g Speisestärke, 1/2 Päckchen Backpulver, 1 Prise Salz 1/2 Tasse Milch. Füllung: 150 g Blockschokolade, 15 g Kokosfett 1 Päckchen Tortencreme mit Vanillegeschmack, 180 ccm kalte Milch, 100 g Butter 1 Likörglas Rum. Guß: 25 g Kokosfett, 2 Eßlöffel Wasser 250 g Schokoladenpulver.

Fett schaumig rühren, Eigelb, Zucker, Vanillinzucker unterrühren. Mehl, Backpulver und Speisestärke zur Hälfte auf Creme sieben. Vermischen. Milch unterrühren, restliches Mehl zugeben. Geschlagenes Eiweiß unter die Teigmasse heben. In Springform bei 180 Grad 6 Böden backen, dafür jeweils 1 cm Teig eingießen. 12 Minuten goldgelb backen. Blockschokolade mit Kokosfett im Wasserbad zerlassen. Creme nach Vorschrift zubereiten. Zerlassenes Fett zugeben. 4 Eßlöffel von der Creme für die Garnitur nehmen. Schokolade und Rum unter restliche Creme rühren. Böden mit Creme aufeinandersetzen. Kokosfett und Wasser in Schüssel zerlassen. Schokoladenpulver unterrühren. Torte damit überziehen.

Rum-Mandel-Torte

Die schönste Torte für den Muttertag

12 Stück à 460 Kalorien = 1932 Joule

Boden: 3 Eier, 3 Eßlöffel warmes Wasser, 150 g Zucker 1 Päckchen Vanillinzucker 100 g Mehl, 2 gestrichene Teelöffel Backpulver, 1 Beutel Mandel-Puddingpulver.
Füllung und Garnitur: 250 g Butter oder Margarine 2 Eigelb, 150 g Puderzucker 4 Likörgläser Rum, 6 Eßlöffel Himbeer-Konfitüre, 12 rote Marzipanrosen (beim Konditor kaufen), 1 Eßlöffel Pistazien 1 Beutel gehobelte Mandeln.

Boden: Eigelb mit Wasser, Zucker und Vanillinzucker weißschaumig rühren. Geschlagenes Eiweiß auf Eigelbcreme geben, darüber Mehl und Backpulver sieben, mit Puddingpulver locker vermischen. Springform (24 cm ∅) mit Pergamentpapier auslegen, Teig einfüllen und im auf 175 Grad vorgeheizten Backofen 25 Minuten backen. **Füllung:** Butter schaumig rühren. Eigelb und Puderzucker nach und nach unterrühren. Zuletzt Rum untermischen. Abgekühlte Torte zweimal waagrecht durchschneiden, mit Himbeer-Konfitüre, mit Rum vermischt, bestreichen, zusammensetzen. Außen mit Creme bestreichen. Mit Röschen, abgezogenen Pistazien und gerösteten Mandeln garnieren.

Hefe-Butter-Gebäck

Schmeckt ofenfrisch am besten

32 Stück à 110 Kalorien = 460 Joule

500 g Mehl, 1 Päckchen Bäckerhefe (ca. 40 g) oder 1 Beutel Dauerbackhefe (nach Vorschrift zubereitet)
1/8 l Milch, 75 g Zucker
125 g geschmeidige Butter
1 Prise Salz, etwas Muskat
abgeriebene Schale von 1 Zitrone
3 Eigelb, 1 Eßlöffel Kondensmilch,
2 Eßlöffel Hagelzucker.

Zerbröckelte Bäckerhefe mit lauwarmer Milch, 2 Eßlöffel Mehl und 1 Teelöffel Zucker verrühren. 15 Minuten warm stellen. Zucker, Butter, Salz, Muskat, Zitronenschale, 2 Eigelb und gesiebtes Mehl zugeben. Mit dem Knethaken Teig bearbeiten, bis er sich von der Schüssel löst. Eventuell noch 1–2 Eßlöffel Mehl unterkneten. Mit Tuch bedeckt 30 Minuten im Warmen gehen lassen. Teig zu Brötchen oder – bleistiftdünn ausgerollt – zu Brezeln, Schnecken und Zöpfchen formen. Mit Eigelb-Kondensmilch-Mischung bestreichen und mit Hagelzucker bestreuen. 15 Minuten gehen lassen und bei 180 Grad, Gas-Backofen Stufe 2, 20 Minuten backen.

Hefe-Waffeln

Beim Waffelnbacken macht die ganze Familie mit

8 Stück à 400 Kalorien
= 1674 Joule

1 Päckchen Dauerbackhefe
75 g Zucker, 1/4 l Milch
350 g Mehl, 4 Eier
1 Prise Salz, abgeriebene Schale von 1 ungespritzten Zitrone
150 g Butter oder Margarine.

Hefe mit 1 Teelöffel Zucker und 5 Eßlöffel lauwarmer Milch verrühren. 15 Minuten stehen lassen. Mehl in Schüssel sieben. Zucker, Eier, Salz, Zitronenschale und zerlassenes Fett zugeben. Restliche erwärmte Milch gut unterrühren. Zuletzt die angesetzte Hefe untermischen und den Teig 1 Stunde gehen lassen. Portionsweise im leicht gefetteten Waffeleisen ausbakken. Sie können dazu Kompott reichen, Marmelade draufstreichen oder aber Puderzucker, vermischt mit Vanillinzucker, darüberstäuben.

Zürcher Eieröhrli

Eieröhrli wollen dünn ausgerollt werden

Zutaten: ca. 300 g Mehl, 3 Eier, 2 gehäufte Eßl. Zucker, 25 g Butter oder Margarine, 5 Eßlöffel Kondensmilch oder süße Sahne, 1 Prise Salz, Backfett, Puderzucker. Pro Stück ca. 90 Kalorien = ca. 375 Joule

Eier mit Zucker schaumig rühren, zuerst das zerlassene Fett, danach Kondensmilch oder Sahne langsam unterrühren, gut schaumig schlagen. Das gesiebte Mehl unterkneten, den Teig 1 Stunde kalt stellen, zu einer Rolle formen, walnußgroße Stücke schneiden und diese auf bemehltem Brett sehr dünn ausrollen. Die Teigblätter mit den Händen wie einen Strudelteig auseinanderziehen. Teigscheiben — mehrere zusammen — schwimmend im Fett ausbacken, damit sie etwas wellig werden, auf Serviette abtropfen lassen, mit Puderzucker bestäuben.

Alemannische Schenkeli

Bitte achtgeben: Das Fett nicht zu heiß werden lassen

Zutaten: 400 g Mehl, 75 g Butter oder Margarine, 200 g Zucker, 3 Eier, 1 Prise Salz, 1 Likörglas Kirschwasser, Zwetschgenwasser oder Rum, etwas abgeriebene Zitronenschale, Backfett.
Pro Stück ca. 130 Kalorien = ca. 545 Joule

Das geschmeidige Fett mit Zucker und den Eiern gut schaumig rühren, Salz, Kirschwasser und Zitronenschale untermischen. Das gesiebte Mehl unter diese Masse kneten, den Teig auf Pergamentpapier oder Folie geben und zu einer 5 cm breiten und 2 cm hohen Platte formen und in das Papier gut einwickeln. Den 1 Stunde kalt gestellten Teig in 1 cm breite Stücke schneiden, mit den bemehlten Händen zu kleinen, an den Enden zugespitzten Röllchen formen und diese in nicht zu heißem Fett (ca. 175 Grad) backen. Die Schenkeli müssen dabei etwas aufspringen.

Petits fours

Klassisches Feingebäck aus Frankreich

10 Stück à 105 Kalorien = 439 Joule

Zutaten: Teig: 4 Eier 125 g Zucker, 4 Eßlöffel heißes Wasser, 50 g Mehl 75 g Speisestärke ½ Teelöffel Backpulver. Füllung: 1 Päckchen Rohmarzipan (250 g) 2 Likörgläser Kirschwasser ½ Glas rote Frucht-Konfitüre ⅓ Eiweiß, 125 g Puderzucker 3–4 Tropfen Zitronensaft 125 g Schokoladen-Fettglasur Liebesperlen, kandierte Veilchen.

Eigelb, Zucker und Wasser schaumig rühren. Eischnee auf Eigelbcreme geben. Mehl, Speisestärke und Backpulver darübersieben, locker unterheben. Auf ein mit Pergamentpapier belegtes Backblech streichen. Bei 200 Grad, Gas-Backofen Stufe 3, ca. 15 Minuten backen. Stürzen, in 3 gleich große Streifen schneiden. Füllung: Marzipan mit 1 Likörglas Kirschwasser verrühren, auf 1. Streifen streichen, darauf 2. Streifen legen. Mit Konfitüre bestreichen, 3. Streifen darauflegen. In 3 cm große Würfel schneiden. Eiweiß mit Kirschwasser, Puderzucker und Zitronensaft verrühren. Gebäckstücke abwechselnd damit und mit flüssiger Schokolade überziehen. Garnieren.

Ofenfrisches Gebäck zum Kaffee

Schillerlocken

8 Stück à 375 Kalorien = 1569 Joule

1 Päckchen tiefgekühlter Blätterteig, 1 Eigelb 25 g Hagelzucker, 1/4 l süße Sahne, 1 Päckchen sahnesteif, 2 Päckchen Vanillinzucker.

Aufgetauten Blätterteig 1/2 cm dick und 50 cm lang auswellen. In 3 cm breite Streifen rädeln. Formen für Schillerlocken mit Wasser befeuchten, Teigstreifen von der Spitze beginnend spiralförmig um die Rollen wickeln. Auf mit Wasser benetztes Blech setzen, mit verdünntem Eigelb bepinseln, mit Hagelzucker bestreut im vorgeheizten Backofen bei 225 Grad 25 Minuten backen.

Schweinsöhrchen

12 Stück à 120 Kalorien = 502 Joule

1 Päckchen tiefgekühler Blätterteig 50 g Zucker.

Aufgetauten Blätterteig 1/2 cm dick und 30 cm breit ausrollen. Mit Zucker bestreuen. Von den schmalen Seiten her jeweils bis zur Mitte locker zusammenrollen. Mit nassem, scharfem Messer in 1 1/2 cm dicke Scheiben schneiden. Auf mit Wasser benetztem Blech im Backofen bei 225 Grad 20 Minuten backen.

Knabbergebäck für die Feiertage

Marzipanmakrönchen

Insges. 3190 Kalorien = 13334 Joule

500 g Marzipan, 3 Eiweiß, 200 g Puderzucker
1 Eßlöffel Rum oder Rosenwasser.

Marzipan verrühren, Eiweiß nach und nach hinzufügen, dann Puderzucker und Rum oder Rosenwasser darunterrühren. Den Teig in einen Spritzbeutel füllen und kleine Häufchen auf ein mit Pergament belegtes Backblech spritzen. Bei 170 Grad etwa 18 Minuten backen. Abkühlen lassen und füllen oder garnieren.

Gebrannte Zimtmandeln

Insges.: 3426 Kalorien = 14320 Joule

375 g Mandeln, 250 g Zucker
1/8 l Rosenwasser, 2 gestrichene Teelöffel Zimt.

Die ungeschälten Mandeln in den warmen Backofen geben und ganz trocken werden lassen. Zucker mit Rosenwasser und Zimt 3 Minuten kochen, die Mandeln hineingeben, 1 Minute kochen und dabei umrühren. Dann auf eine große Porzellanplatte geben, erkalten lassen und in mundgerechte Stücke brechen.

Für die weihnachtliche Kaffeestunde

Herzoginplätzchen

90 Plätzchen à 30 Kalorien = 126 Joule

125 g Haselnüsse, 50 g Mandeln, 1 Löffelspitze Zimt, 4 Eiweiß, 1 Prise Salz, 150 g Zucker
3 gestrichene Eßlöffel Mehl, 50 g Butter
1 Tafel Halbbitter-Schokolade

Gemahlene Nüsse und Mandeln mit Zimt mischen. Eiweiß mit Salz steif schlagen, dabei den Zucker dazugeben. Nüsse, Mehl und zerlassene Butter daruntermischen. Häufchen auf ein gefettetes Backblech setzen, bei 170 Grad hellgelb backen. Die Schokolade zerlassen, die kalten Plätzchen damit zusammensetzen.

Schokoladenkugeln

100 Kugeln à 30 Kalorien = 126 Joule

200 g Mandeln, 200 g Kuvertüre
100 g Puderzucker, 2 frische Eigelb
1 Likörgläschen Rum.

Die Mandeln ungeschält durch die Mandelmühle drehen, die Kuvertüre auch. Beides mit Puderzucker, Eigelb und Rum mischen und glattkneten. Etwa 2 cm große Bällchen daraus rollen und diese nachher in Kokosraspeln, Schokoladenstreuseln oder Kakao wälzen. Und die Kugeln zum Adventskaffee reichen.

Badener Kräbeli

40 Stück à 45 Kalorien = 189 Joule

250 g Mehl, 200 g Zucker, 2 Eier
1 Beutel Anis, 1 Löffelspitze Hirschhornsalz.

Zucker und Eier 15 Min. weißschaumig rühren. Anis und Triebmittel unter erwärmtes Mehl mischen, mit der Ei-Zucker-Masse verkneten. Auf gemehlter Platte zu fingerdicken Rollen formen, in 5 cm lange Stücke, viermal seitlich geschlitzt, teilen. Hufeisenförmig biegen und auf gefettetes Blech setzen. In der Küche über Nacht trocknen. Nach 25 Minuten Backzeit (140 Grad) zeigt das Gebäck die typische Füßchenform.

Anisplätzchen

70 Stück à 20 Kalorien = 84 Joule

250 g Mehl, 4 Eier à 50 g, 250 g Zucker
1 Beutel Anis, 1 Löffelspitze Hirschhornsalz.

Mehl sieben, bei 50 Grad im offenen Ofen vorwärmen. Zucker und Eier 15 Min. schaumig rühren. Anis und Triebmittel unter das Mehl mischen, mit der Ei-Zucker-Masse verkneten. Blech fetten, mehlen und den Teig mit einem Spritzbeutel zu Plätzchen von etwa 3 cm Durchmesser aufspritzen. Über Nacht in warmem Raum trocknen lassen. Am nächsten Tag bei 140 Grad etwa 25 Minuten backen.

Allerlei Weihnachtsgebäck

aus einem Grundteig mit 5 Abwandlungen

45 Stück à 50 Kalorien = 210 Joule

Grundteig: 80 g Butter
200 g Zucker, 2 Päckchen Vanillinzucker
1 Ei, 1 Prise Salz
1 Eßlöffel süße Sahne
200 g Mehl, 1 Teelöffel Backpulver.

Zubereitung: Butter, Zucker und Vanille schaumig rühren, Ei, Salz und Sahne zugeben, mit Backpulver und gesiebtem Mehl verrühren. Plätzchen bei 175 Grad 10 Minuten backen.

Vanilleplätzchen: Teig löffelweise auf gefettetes Blech setzen. Für *Kaffeeplätzchen:* 1 Teelöffel Pulverkaffee zum Teig geben, mit Kaffeebohnen garnieren. *Kokosplätzchen:* 75 g Kokosraspeln unter den Teig mischen. *Schoko-Aprikosen-Plätzchen:* Teig mit 10 g Kakao und 1/2 Teelöffel Zimt zu Kugeln formen, mit dem Finger eindrücken, backen, dann mit Aprikosenmarmelade füllen. *Schoko-Sesam-Plätzchen:* 10 g Kakao und je 50 g geriebene Schokolade und Nüsse mitrühren. Kugeln formen, in Sesam rollen, backen. *Cornflakesplätzchen:* Dem Teig 50 g Korinthen und 3 Eßlöffel Cornflakes beigeben. Auf gefettetes Blech oder – noch besser – auf runde Oblaten setzen.

Schokoladengebäck

Vier Plätzchensorten aus einem Grundteig

Zutaten für den Grundteig:

350 g Butter, 2 Eier, 250 g Puderzucker
75 g Kakao, 500 g Mehl, abger. Schale 1 Zitrone
1 Prise Salz, 1 Teel. Zimt, 1 Fl. Arrak-Backaroma.

Fett, Eier, Zucker cremig rühren, übrige Zutaten unterkneten. Teig 1 Stunde kalt stellen. Aus diesem Grundteig können Sie backen:

Mandel-Schokoladen-Taler: Teig zur Rolle formen. 75 g geschälte, gehackte Mandeln mit 50 g Zucker mischen. Rolle damit gut „panieren". 1 Stunde ins Gefrierfach stellen. In 1 cm dicke Scheiben schneiden und bei 180 Grad 12 Minuten backen. 110 Stück à 60 Kalorien = 252 Joule.

Schokoladenbrötchen: 125 g Marzipan mit 1 Eigelb, je 50 g feingehacktem Orangeat und Zitronat und 1 Eßlöffel Rum mischen. Hälfte des Grundteigs 1/2 cm dick ausrollen. Hälfte mit Marzipanmasse bestreichen. 2. Hälfte darüberschlagen, Ränder zusammendrücken. Bei 180 Grad 20 Minuten backen. Danach mit Rumglasur bepinseln. Erkaltet in Quadrate schneiden. 50 Stück à 80 Kalorien = 336 Joule.

Schokoladenplätzchen: Grundteig auswellen, ovale Plätzchen ausstechen, bei 180 Grad 12 Minuten backen. Erkaltet mit erwärmter Aprikosenmarmelade, danach mit Schokoladenglasur überziehen. Mit Puderzuckerglasur verzieren. 100 Stück à 65 Kalorien = 273 Joule.

Schoko-Kirsch-Plätzchen: Grundteig auswellen, große und kleine Plätzchen ausstechen und bei 180 Grad 12 Minuten backen. Größere Plätzchen mit Kirschwasserglasur bestreichen. Darauf jeweils ein mit Schokoladenglasur überzogenes kleines Plätzchen legen. 50 Stück à 130 Kal. = 546 Joule.

Mandelgebäck

Vier Plätzchenvariationen aus Mandelteig

Zutaten für den Grundteig:

350 g Mehl, 250 g Butter, 125 g Puderzucker 250 g Marzipan, 1 Ei, 1 Eigelb, $^1/_2$ gestr. Teel. Hirschhornsalz, 1 Pck. Vanillinzucker 1 Prise Salz, 1 Fl. Bittermandel-Backaroma.

Mehl in Schüssel sieben, kaltes Fett in Würfeln zugeben, zu Streuseln verarbeiten. Übrige Zutaten (Eigelb mit Hirschhornsalz im Mörser zerreiben) zugeben, gut verkneten. Teig 1 Stunde kalt stellen. Aus dem Teig können Sie backen:

Aprikosenplätzchen: Grundteig auswellen, runde Plätzchen und Ringe ausstechen. Bei 180 Grad (Gas Stufe 2) 8–10 Minuten backen. Mit erwärmter Aprikosenmarmelade zusammensetzen. Mit Kirschwasserglasur bestreichen. 40 Stück à 135 Kal. = 567 Joule.

Orangenplätzchen: Unter $^1/_4$ des Grundteigs 50 g gehacktes Orangeat, 1 Teel. feingeriebene Orangenschale und 1 Eßl. Rum kneten. Rolle formen. $^1/_4$ des Grundteigs vom Schokoladengebäck (s. S. 180) herstellen, zu $^1/_2$ cm dicker Platte ausrollen. Mit Milch bestreichen und Mandelteig hineinrollen. 1 Stunde ins Gefrierfach legen, in 1 cm dicke Scheiben schneiden, bei 180 Grad 8–10 Min. backen. 30 Stück à 95 Kalorien = 399 Joule.

Mandel-Schoko-Küchlein: $^1/_4$ vom Grundteig mit 50 g geschälten, gehackten Mandeln und 50 g Schokoladenstreuseln verkneten. Walnußgroße Kugeln formen, etwas flachdrücken. Bei 180 Grad 8–10 Min. backen. 30 St. à 65 Kal. = 273 Joule.

Haselnußplätzchen: $^1/_4$ vom Grundteig 1 cm dick ausrollen, Plätzchen ausstechen (3 cm ∅), mit Milch bestreichen. Mit 75 g feingeschnittenen Haselnüssen, vermischt mit 1 Eßl. Rosenwasser und 50 g Zucker, belegen. Bei 180 Grad 8–10 Min. backen. 30 St. à 65 Kal. = 273 Joule.

Zimtsterne

60 Stück à 65 Kalorien = 273 Joule

4 Eiweiß, 250 g Puderzucker, 325 g gemahlene Haselnüsse oder Mandeln, 2 schwach gehäufte Teelöffel Zimt.

Geschlagenes Eiweiß mit Puderzucker kräftig mischen. 4 Eßlöffel davon beiseite stellen. Nüsse und Zimt unter die übrige Masse geben. Backbrett mit grobkörnigem Zucker bestreuen, darauf Teig 1 cm dick auswellen. Sterne ausstechen, auf leicht gefettetem Blech 1–2 Stunden trocknen lassen. Mit Eischnee bestreichen, im auf 160 Grad vorgeheizten Backofen 25 Minuten backen.

Buttergebäck

90 Stück à 55 Kalorien = 231 Joule

3 Eier, 250 g Butter, 2 Eigelb, 250 g Zucker 2 Päckchen Vanillinzucker, 500 g gesiebtes Mehl 2 Eßl. Kondensmilch.

Eier hartkochen, Eigelb durch ein Haarsieb streichen, mit Butter, 1 rohen Eigelb, Zucker und Vanillinzucker schaumig rühren. Mehl unterkneten, 1–2 Stunden kalt stellen. Auf bemehltem Backbrett $^{1}/_{2}$ cm dick auswellen, mit Förmchen ausstechen, auf gefettetem Blech mit 1 Eigelb, verrührt mit Kondensmilch, bestreichen. Im vorgeheizten Backofen (175 Grad) ca. 18 Min. backen.

Vanillekipferln „Ingrid"

60 Stück à 65 Kalorien = 273 Joule

300 g Butter oder Margarine, 100 g Zucker 3 Päckchen Vanillinzucker, abgeriebene Schale 1/2 unbehandelten Zitrone, 1 Ei, 150 g gemahlene Haselnüsse, 400 g Mehl, etwas Puderzucker.

Fett mit Zucker, Vanillinzucker, Zitronenschale und Ei schaumig rühren. Nüsse und Mehl unterkneten, Teig 1–2 Stunden kalt stellen, zu einer Rolle formen, walnußgroße Stücke abschneiden, zu Kipferln rollen. Auf gefettetes Backblech setzen und im auf 175 Grad vorgeheizten Backofen ca. 15 Minuten backen.

Haselnußmakronen

80 Stück à 50 Kalorien = 210 Joule

6 Eiweiß, 375 g Zucker, 2 Päckchen Vanillinzucker, 375 g gemahlene Haselnüsse.

Eiweiß zu steifem Schnee schlagen, Zucker und Vanillinzucker kurz unterrühren und die gemahlenen Nüsse unterheben. Von dieser Masse Häufchen auf kleine Backoblaten setzen. Makronen auf ein Backblech geben und im auf 160 Grad (Gas Stufe 1) vorgeheizten Backofen ca. 20 Minuten backen.

Schokoladenschäumchen

80 Stück à 25 Kalorien = 105 Joule

4 Eiweiß, 200 g Puderzucker, 75 g Mehl 125 g geriebene Schokolade, 2 Päckchen Vanillinzucker, je 1/2 Teelöffel Kardamom und Zimt.

Eiweiß zu sehr steifem Schnee schlagen. Zucker und Mehl daraufsieben, Schokolade, Vanillinzucker und Gewürze zufügen und alles locker vermischen. Auf mit Back- oder Pergamentpapier belegtes Blech mit einem Teelöffel kleine Häufchen setzen. Im auf 160 Grad (Gas Stufe 1) vorgeheizten Backofen ca. 18 Minuten backen.

Wiener Pfaffenhütchen

60 Stück à 80 Kalorien = 336 Joule

200 g Butter oder Margarine, 2 Eier, 3 Eigelb 250 g Puderzucker, 500 g Mehl, 1/2 Päckchen Lebkuchengewürz, 1/2 Tasse Pflaumenmus 1 Eigelb zum Bestreichen.

Fett cremig rühren, Eier, Eigelb und Puderzucker untermischen. Mehl dazusieben und mit Lebkuchengewürz unterkneten. 1–2 Stunden kalt stellen, auswellen und Dreiecke ausschneiden, mit Pflaumenmus belegen, Ecken darüberschlagen. Mit Eigelb bepinseln, auf bemehltes Backblech im auf 175 Grad vorgeheizten Backofen ca. 18 Minuten backen.

Gefüllte Halbmöndchen

80 Stück à 55 Kalorien = 231 Joule

250 g Butter, 2 Eier, 1 Prise Salz, abgeriebene Schale 1 unbehandelten Zitrone, 1 Teelöffel Zimt, 125 g Puderzucker, 1 Päckchen Vanillinzucker, 375 g Mehl, 50 g Kakao 2 Eßlöffel Aprikosenmarmelade, Schokoladen-Fettglasur, ca. 40 geschälte, halbierte Mandeln.

Fett mit Eiern, Salz, Zitronenschale, Zimt, Puderzucker und Vanillinzucker cremig rühren. Mehl und gesiebten Kakao unterkneten. 1 Stunde kalt stellen, auswellen, Halbmonde ausstechen und auf gefettetem Backblech im auf 160 Grad vorgeheizten Backofen ca. 12 Minuten backen. Je zwei Halbmonde mit Marmelade zusammenkleben, Fettglasur auftragen, mit Mandeln garnieren.

Neapolitaner

90 Stück à 50 Kalorien = 210 Joule

250 g Butter, 250 g Zucker, 1 Päckchen Vanillinzucker, 3 Eier, 250 g Mehl, 50 g Kakao 2 Eßlöffel Johannisbeergelee, etwas heller Zuckerguß.

Fett cremig rühren, Zucker, Vanillinzucker und Eier gut unterrühren. Mehl und Kakao dazusieben, untermischen. Etwa 1-DM-Stück große Häufchen auf gefettetem Backblech im auf 160 Grad vorgeheizten Backofen ca. 15 Minuten backen. Johannisbeergelee mit 1 Eßl. Zucker aufkochen, je 2 Plätzchen mit Gelee zusammenkleben, mit Zuckerguß garnieren.

Nuß-Lebkuchen

Weihnachtsgebäck mit Tradition

60 Stück à 105 Kalorien = 441 Joule

250 g feingemahlene Haselnüsse
300 g grob gehackte Mandeln
200 g Mehl, 1 Pck. Lebkuchengewürz, 1 schwach gehäufter Teel. Natron, 1 Fläschchen Bittermandel-Backaroma
je 50 g Zitronat und Orangeat
200 g Honig, 200 g Zucker
40 g Butter oder Margarine
Saft von einer Zitrone
2 Eßlöffel Weinbrand, 1 Ei.

Mehl, Lebkuchengewürz, Natron, Backaroma, Zitronat und Orangeat unter Nüsse und Mandeln mischen. Honig, Zucker, Fett, Zitronensaft und Weinbrand in einer Schüssel auf der Kochplatte erwärmen. Trockene Mischung und das Ei mit den Knethaken des Handrührgerätes unter den Honig arbeiten. Teig auf gefettetes Backblech geben, mit Haushaltsfolie bedekken und in halber Größe des Backbleches auswellen. Folie abziehen. Alufolienstreifen als 4. Rand vor den Teig gelegt, verhindert das Auseinanderlaufen. Teig über Nacht trocknen lassen, bei 180 Grad 25 Min. backen. Abgekühlt in Würfel schneiden. In Blechdose aufbewahren.

Pfeffernüsse

40 Stück à 60 Kalorien = 252 Joule

275 g Mehl, 1 Teel. Zimt, je 1/2 Teel. weißer Pfeffer, gemahlene Nelken und Ingwer, 2 Eier 1 Eigelb, 175 g Zucker. Guß: 100 g Puderzucker mit 1 Teel. Zitronensaft und warmem Wasser verrührt.

Mehl und Gewürze zweimal sieben. Eier und Eigelb mit Zucker weißschaumig rühren, Mehl untermischen. Teig 10 Minuten ruhen lassen. Zu 2 Rollen formen, in walnußgroße Stücke schneiden. Auf ein gefettetes Blech legen und bei 180 Grad 30 Min. backen. Mit Puderzuckerguß bestreichen.

Hildabrötchen

30 Stück à 90 Kalorien = 378 Joule

50 g Speisestärke, 200 g Mehl, 1 Ei, 75 g Zucker abgeriebene Schale von 1/2 Zitrone, 1 Eßl. Rum 150 g Butter, rote Marmelade. Guß: 50 g Puderzucker, mit etwas Zitronensaft und warmem Wasser verrührt.

Aus Speisestärke, Mehl, Ei, Zucker, abgeriebener Zitronenschale, Rum und in Flöckchen dazugegebener Butter Teig kneten. 1 Std. kühl stellen. Ausrollen. Plätzchen und Ringe ausstechen, etwa 8 Min. bei 220 Grad backen. Plätzchen mit Marmelade bestreichen, Ringe daraufsetzen. Gebäck glasieren.

Schokoladen-Weihnachtstorte

Überraschung für eine heißgeliebte „süße" Tante

16 Stück à 340 Kalorien
= 1428 Joule

4 Eier, 4 Eßlöffel heißes Wasser
1 Päckchen Vanillinzucker
100 g Zucker
200 g geriebene Mandeln
50 g Mehl, 1 gestrichener Teelöffel Backpulver
1 Teelöffel Zimt, 1 gehäufter Teelöffel Pulverkaffee
200 g Schokoladen-Fettglasur
100 g Marzipan-Rohmasse
50 g Puderzucker.

Eigelb, Wasser, Vanillinzucker und Zucker weißschaumig rühren. Eiweiß zu Schnee schlagen, auf Eigelbmasse geben. Mandeln, Mehl, Backpulver, Zimt und Pulverkaffee vermischen und auf den Eischnee geben. Alles locker unterheben. In gefettete, bemehlte Backform füllen. Bei 180 Grad (Gas Stufe 2) 40 Minuten backen. Warm stürzen. Abgekühlt mit Glasur überziehen. Marzipan mit Puderzucker verkneten, dünn ausrollen. Formen ausstechen und Torte damit garnieren.

Linzer Torte

„Linzer Tort'" gehört im Badischen zur Weihnacht'

12 Stück à 520 Kalorien = 2184 Joule

250 g geschmeidige Butter oder Margarine, 250 g Zucker
1 Ei, 1 Likörglas Kirschwasser
250 g Mandeln, Haselnüsse oder Walnußkerne, 250 g Mehl
1 gehäufter Eßlöffel Kakao
1 Teelöffel Zimt
1 Päckchen Vanillinzucker
1 Löffelspitze gemahlene Nelken, 1 Eigelb
½ Glas rote Johannisbeer- oder Himbeermarmelade.

Fett, Zucker, Ei und Kirschwasser mit Knethaken vermischen. Gemahlene Mandeln oder Nüsse, Mehl, Kakao, Zimt, Vanillinzucker, Nelken untermischen. Teig 1 Stunde kalt stellen. ⅔ des Teiges in gefettete Springform von 24 cm ∅ geben, mit Haushaltsfolie bedecken und zu einem Boden mit 2 cm hohem Rand ausdrücken. Folie abziehen. Teigboden mit Marmelade bestreichen. Teigrest ausrollen, mit Wasserglas Halbmonde und daraus Blättchen ausstechen. Torte mit einem Gitterwerk dieser Blätter belegen, Rand schuppenförmig mit den Teigblättchen belegen. Eigelb mit 1 Teelöffel Wasser verquirlen, Teigblättchen damit bestreichen. Torte bei 180 Grad 1 Stunde backen.

Weiße Nürnberger Lebkuchen

Süße Spezialität zum Weihnachtsfest

20 Stück à 130 Kalorien = 546 Joule

**350 g ungeschälte Mandeln
1 gestrichener Teelöffel Zimt, 1 Prise Muskat, 1 Löffelspitze gemahlene Nelken
50 g Zitronat und Orangeat gemischt, 4 Eiweiß, 1 Prise Salz, 250 g Puderzucker, runde Backoblaten (∅ 9 cm).
Glasur: 50 g Puderzucker
1 Eßlöffel heißes Wasser
einige Tropfen Zitronensaft.**

Mandeln fein reiben, Zimt, Muskat, Nelken und feingehacktes Zitronat und Orangeat untermischen. Eiweiß ohne Eigelbspuren in fettfreier Schüssel mit einer Prise Salz zu steifem Schnee schlagen. Zucker 5 Minuten mit Handrührgerät gut unterschlagen. Mandel-Gewürz-Mischung unterheben. Die Masse auf Backoblaten hügelförmig aufstreichen (in der Mitte etwa 2 cm hoch), auf Bleche setzen und über Nacht trocknen lassen. Danach im Elektro-Backofen bei 150 Grad, Gas-Backofen Stufe 1, etwa 40 Min. backen. Glasur bereiten, Lebkuchen damit bepinseln. Mit Mandeln oder kandierten Früchten garnieren.

Springerle

Weihnachtsgebäck als Christbaumschmuck

30–35 Stück à 100 Kalorien = 420 Joule

450 g Mehl, 1/2 Beutel Anis gut 1 Löffelspitze Hirschhornsalz, 300 g Zucker 3 Eier.

Zucker und Eier weißschaumig rühren. Hirschhornsalz und Anis unter erwärmtes Mehl mischen, verkneten, 1 Stunde kalt stellen. Teig 1 cm dick auswellen. Gut bemehlten Holzmodel darauflegen, ausschneiden, wenden und Teig in Model drücken, damit sich das Bild abzeichnet. Aus der Form klopfen, auf gefettetes Blech setzen. Über Nacht trocknen. Bei 140 Grad 25 Min. trocknen. Tip: Wenn Sie die Springerle als Nascherei verschenken wollen, nicht bemalen. Wollen Sie Baumschmuck daraus machen, malen Sie sie mit (nicht genießbaren!) Tempera-Farben an.

Zutaten: 500 g Mehl, 25 g Hefe, 1 Prise Salz, gut 1/8 l Milch, 75 g Zucker, 150 g Margarine, 2 Eigelb, etwas abgeriebene Zitronenschale, 1/3 Teel. Kardamom, 175 g geschälte, gehackte oder in Streifen geschnittene Mandeln, 125 g Sultaninen, 125 g Orangeat und Zitronat gemischt, 150 g Butter, Puderzucker.
25 Stück à ca. 171 Kalorien = ca. 715 Joule

Christstollen

Lassen Sie sich Zeit bei Hefegebäck, um so besser wird's

Gesiebtes Mehl warm stellen, die Hefe in die Mitte des Mehls bröckeln und mit der lauwarmen Milch zu einem Teig verrühren, mit etwas Mehl bestäuben und mit einem Tuch bedeckt in der lauwarmen Röhre ca. 20 Minuten gehen lassen. Zucker, zerlassene Margarine, Eigelb, Gewürze unter Mehl und Hefestücke mischen, verkneten. Mandeln, Sultaninen, Orangeat und Zitronat unter den Teig kneten und diesen zu einer ovalen, ca. 4 cm dicken Platte auswellen. 1/3 der Teigplatte in der Länge überschlagen. Stollen auf das Blech setzen, bei 50 Grad in die Röhre schieben. Ist der Stollen aufgegangen, die Temperatur auf 190 Grad stellen, ca. 1 Stunde backen. Mit zerlassener Butter bepinseln, Puderzucker überstäuben.

Getränke

Zwei Drinks mit Cola

Herrlich eisgekühlt und richtig aufmunternd!

Pro Glas ca. 220 Kalorien = 924 Joule

Erdbeer-Drink

3 oder 4 Kugeln Erdbeereiscreme in ein hohes Becherglas geben, dazu den Saft von 1/4 Zitrone. Eventuell noch 1/2 Scheibe Ananas aus der Dose und einige Maraschinokirschen hinzufügen. Vorsichtig, weil es dabei stark schäumt, mit ganz kaltem Cola auffüllen. Mit langem Löffel servieren und gleich genießen.

Pro Glas ca. 165 Kalorien = 693 Joule

Vermouth-Drink

1 oder 2 Likörgläser Vermouth Dry in ein hohes Becherglas geben. Den Saft von 1/2 Zitrone durch ein Sieb hinzufügen und 2 bis 3 Eiswürfel in das Glas legen. Das Getränk mit kaltem Cola auffüllen und eine Orangenscheibe auf den Rand stecken. Und ein anderes Mal statt Vermouth einen guten Rum nehmen.

Gemixt mit Orangensaftgetränk

Fürs Plauderstündchen auf der Terrasse

Pro Glas ca. 210 Kalorien = 882 Joule

Eiscreme-Drink

Zuerst 2 oder 3 Kugeln Vanilleeiscreme in ein hohes Becherglas geben, dazu 2 bis 3 Eßlöffel gezuckerte Johannisbeeren oder Himbeeren. Mit kaltem Orangensaftgetränk (Cappy) auffüllen und nach Wunsch noch mit etwas Orangenlikör oder Rum verfeinern. Dann sofort mit einem langen Barlöffel servieren.

Pro Glas ca. 185 Kalorien = 777 Joule

Gin-Orange

1 bis 2 Likörgläser Gin in ein hohes Glas geben. Den Saft von 1/4 Zitrone und 3 oder 4 Eiswürfel hinzufügen und das Getränk mit Orangensaftgetränk (Cappy) auffüllen. Den Gin ganz nach Wunsch auch durch Wodka oder Whisky ersetzen. Gin-Orange mit einer halben Orangenscheibe auf dem Glasrand servieren.

Zutaten:
$^3/_8$ l Buttermilch, Saft von 2 Orangen, 125 g Himbeeren, 2 Eßl. Zucker.
Pro Glas ca. 110 Kalorien = ca. 460 Joule

Himbeer-Orangen-Milch (1)

Die Buttermilch mit Orangensaft, Beeren und Zucker im Mixer gut vermischen und in Gläser seihen. Eventuell mit Orangenschale garnieren.

Zutaten:
$^1/_2$ l Milch, 2 Eßl. Zucker, 1 Päckchen Vanillinzucker, 50 g geschälte Mandeln, einige Erdbeeren oder Himbeeren, 4 Kugeln Frucht-eiscreme.
Pro Glas ca. 260 Kalorien = ca. 1085 Joule

Mandelmilch (2)

Die Milch mit Zucker, Vanillinzucker und Mandeln im Mixer gut vermischen, in Gläser füllen und mit Früchten und Eiscreme garnieren. Die Mandeln werden besonders fein gemahlen, wenn Sie dieselben zuerst in den Mixer geben.

Beerenflip

In einen Mixbecher 4—5 Eiswürfel, 1 frisches ganzes Ei, 1 gehäuften Teelöffel Puderzucker und 2 1/2 Likörgläser Fruchtsaftlikör (schwarze Johannisbeere, Brombeere) geben und gut schütteln. Den Flip sofort in ein Glas seihen und mit geriebener Muskatnuß bestäuben. Der Flip kann auch an Stelle von Fruchtsaftlikör mit Sherry oder Portwein bereitet werden. Tip: Ein Kaffeeflip wird mit 2 Likörgläsern Portwein, 1 Likörglas Weinbrand, 1 Teelöffel Puderzucker und einem Eigelb bereitet. Er hat seinen Namen durch die kaffeebraune Farbe.

Pro Glas ca. 210 Kalorien
= ca. 880 Joule

„Cantaloup“

Drink für den Abend

Pro Glas 125 Kalorien = 525 Joule

1 Zuckermelone (etwa 500 g)
8 Likörgläser weißer Rum
2 gekühlte Ginger Ale.

Die Melone vierteln, entkernen, schälen und in 2 cm dicke Spalten schneiden. In 4 Gläser verteilen und den Rum über die Früchte gießen. Die Eiswürfel hinzufügen und den Drink mit dem eiskalten Ginger Ale füllen. Sofort mit einem langen Löffel servieren; dazu nach Wunsch süßen, knuspriges Gebäck reichen.

Himbeer-Zitrone

Erfrischend und belebend

Pro Glas 220 Kalorien = 924 Joule

500 g Himbeeren, 2 Gläser Apfelsaft
1 Glas Zitronenlimonade, 4 Eiswürfel, Saft von
1 Zitrone, 3 Likörgläschen weißer Rum, Zucker.

Die Himbeeren waschen und durch den Entsafter treiben oder mit dem Passierstab des Handmixers durch ein Sieb drücken. Apfelsaft, Zitronenlimonade, Eiswürfel, Zitronensaft und Rum hinzufügen, gut umrühren und mit Zucker abschmecken. In 4 Gläser geben und mit schönen großen Himbeeren garnieren.

„Black Pear"

Vitaminreicher Drink

Pro Glas ca. 130 Kalorien = 546 Joule

375 g schwarze Johannisbeeren
375 g reife Birnen, 1 gehäufter Eßlöffel Puderzucker, ½ Teelöffel Ingwerpulver
2 Gläser Mineralwasser, 1 Eiweiß, 1 Prise Salz
1 Eßlöffel Zucker.

Johannisbeeren von den Stielen zupfen, die Birnen von Stiel und Blüte befreien und beides im Mixer pürieren. Durchseihen, mit Zucker und Ingwerpulver abschmecken, in 4 Gläser geben. Eiweiß mit einer Prise Salz steif schlagen, mit Zucker mischen und auf den Drink geben.

„Red Apple"

Mit etwas Zimt überstäubt

Pro Glas ca. 125 Kalorien = 525 Joule

750 g rote Johannisbeeren
1 gehäufter Eßlöffel Trauben- oder Puderzucker
2 Gläser Apfelsaft
3 Likörgläser weißer Rum
4 Eiswürfel, etwas Zimt.

Die Beeren waschen, von den Stielen streifen, entsaften oder im Mixer pürieren und mit dem Passierstab des Handmixers durch ein Sieb drücken. Den Saft mit Zucker, Apfelsaft und Rum mischen und in 4 Gläser verteilen. Die Eiswürfel hineingeben, etwas Zimt darüberstäuben.

Apfel-Pfirsich-Bowle

Viel Erfrischung mit wenig Alkohol

18 Gläser à 95 Kalorien = 399 Joule

3 Pfirsiche, 3 Äpfel
Saft von 3 Zitronen
1 Weinglas Weinbrand oder Calvados, 3 Flaschen Apfelsaft
Melissen- oder Pfefferminzzweige.

Pfirsiche in heißes Wasser tauchen, Haut abziehen, halbieren, entkernen und würfeln. Äpfel entkernen und in Würfel schneiden. Früchte mit Zitronensaft und Weinbrand zugedeckt im Kühlschrank 2–3 Stunden kalt stellen. Mit eiskaltem Apfelsaft auffüllen und mit Melissen- oder Pfefferminzzweigen garnieren.

Tip: Apfelsaftbowlen können auch mit Aprikosen, Erdbeeren, Himbeeren oder Brombeeren bereitet werden. Dann werden die kleingeschnittenen, mit Alkohol marinierten Früchte nur 1 bis 2 Stunden vor dem Servieren kalt gestellt.

Sommerzeit – Bowlenzeit

Himbeerbowle

18 Gläser à 185 Kalorien
= 777 Joule

750 g Himbeeren
1 Päckchen Vanillinzucker
100 g Zucker
1/2 Weinglas Grand Marnier
1 Stück ungespritzte Orangenschale
2 Liter Weißwein
1 Flasche Sekt Rosé.

Die Beeren sauber verlesen, nicht waschen. In Bowlengefäß geben, Vanillinzucker, Zucker, Grand Marnier und Orangenschale zugeben. Zugedeckt 2 Stunden kalt stellen. Danach Orangenschale entfernen, gut gekühlten Weißwein zugießen, verrühren. Zuletzt mit Sekt auffüllen.

Tip: Schöne, nicht zerdrückte Früchte verwenden. Auch mit einem Schuß Himbeergeist kann aromatisiert werden. Schmücken Sie das Bowlengefäß mit grünen Blättern und Blüten. Das wirkt festlich und erhöht Stimmung und Genuß.

Erdbeerbowle

Am besten schmeckt sie mit frischen Walderdbeeren!

20 Gläser à 110 Kalorien = 462 Joule

1 kg frische Erdbeeren
1 Orange, 150 g Zucker
2 l Rotwein, 1/2 l Mineralwasser.

Die Erdbeeren ganz schnell und sehr vorsichtig waschen. Dann verlesen, entstielen und in eine Bowle geben. Die Orange gründlich waschen, in Scheiben schneiden und dazugeben. Die Früchte mit dem Zucker bestreuen und mit 1 l Rotwein übergießen. So 1 Stunde kalt stellen und dann den übrigen Rotwein und das Mineralwasser hinzufügen.
Tip: Sie können die eingezuckerten Früchte auch mit 1 oder 2 Weingläsern Orangenlikör oder Maraschino übergießen und so 1 Stunde kalt stellen. Dann erst mit dem gesamten Rotwein (gut ist leichter deutscher Rotwein!) und Mineralwasser übergießen, servieren.

Brombeerbowle

Süffiges für laue Sommernächte

18 Gläser à 160 Kalorien = 672 Joule

750 g frische Brombeeren
6 Eßlöffel Zucker
1 Weinglas Rum oder Kirschwasser
1 Weinglas Orangenlikör
2 Flaschen Weißwein
1 Flasche Mineralwasser oder 1 Flasche Sekt, 1 Zitrone.

Die Brombeeren sorgfältig verlesen, kurz waschen und in einem Sieb gut abtropfen lassen. In ein Bowlengefäß schütten und mit dem Zucker überstreuen. Rum oder Kirschwasser und Orangenlikör darübergeben und etwa 2 Stunden kalt stellen. Gleichzeitig Weißwein und Mineralwasser oder Sekt vorkühlen. Danach die Bowle mit dem Wein und Mineralwasser oder Sekt auffüllen und erst kurz vor dem Servieren die in dünne Scheiben geschnittene (ungespritzte!) Zitrone dazugeben. Mit Löffeln servieren.

Waldmeisterbowle

Diese herrliche Bowle gibt es nur im Frühling

16 Gläser à 180 Kalorien = 756 Joule

2 Bund Waldmeister (nicht blühend, am Tag vorher gepflückt)
2 l Weißwein, 200 g Zucker
1 Orange, 1 Flasche Sekt.

Den Waldmeister waschen und gut abgetropft über Nacht liegen lassen. Gut gekühlten Weißwein mit dem Zucker in ein Bowlengefäß geben und so lange rühren, bis sich der Zucker gelöst hat und der Wein wieder klar ist. Den Waldmeister an einem Bindfaden so in die Bowle hängen, daß die Stiele nicht in die Flüssigkeit tauchen, und etwa 30 bis 45 Minuten ziehen lassen. Waldmeister herausnehmen, Orangenscheiben und den Sekt zur Bowle geben und servieren.

Gurkenbowle

Eine Bowle, die jedem schmeckt

16 Gläser à 160 Kalorien = 672 Joule

1 Salatgurke, je 1 Weinglas Weinbrand und Aprikosenlikör
2 gehäufte Eßlöffel Puderzucker
2 Flaschen Weißwein
1 Zitrone, 1 Orange
1 Teelöffel Angostura-Bitter
0,7 l Ginger Ale (alkoholfreies Ingwerbier)
1 Flasche Sekt Rosé
frische Pfefferminzzweige.

Die Gurke waschen, entkernen und in dünne Scheiben schneiden. In Gefäß geben und mit Weinbrand, Aprikosenlikör, Puderzucker und 1 Flasche Wein 1 Stunde kalt stellen. Bowlenansatz durchseihen, dabei Gurken gut ausdrücken. Restlichen, gutgekühlten Wein, Zitronen- und Orangenscheiben, Angostura und Ginger Ale zu der Flüssigkeit geben. Zuletzt mit Sekt Rosé auffüllen und mit Pfefferminzzweigen garnieren. Als Garnitur: Eine längs in Viertel geteilte, entkernte Gurke in die Bowle geben.

Spanische Rotweinbowle

„Sangria" ist der Name für dieses erfrischende Getränk

8 Gläser à 140 Kalorien = 588 Joule

1 Zitrone, 2 Orangen, 1 Apfel
1 Banane, 2 gehäufte Eßlöffel Zucker, 4 Nelken
1 Stange Zimt
2 Likörgläser Weinbrand
1 l spanischer Rotwein
Eiswürfel, 1/2 Flasche Mineralwasser.

Die Zitrone dünn so schälen, daß die Schale eine lange Spirale ist. Die Orangen gründlich waschen, abtrocknen, in Scheiben schneiden und entkernen. Den Apfel in feine Spalten schneiden, schälen und entkernen. Zitronenschale, Orangenscheiben, Apfelspalten und Bananenscheiben in einen großen Glaskrug geben, mit Zucker bestreuen. Nelken, Zimt, Weinbrand und Rotwein hinzufügen. 1 Stunde kalt stellen, dann die Eiswürfel hineinschütten, umrühren und die Bowle mit eiskaltem Mineralwasser auffüllen.
Tip: Sie können für dieses Bowlenrezept auch einen anderen kräftigen Rotwein verwenden.

Kalte Ente

Sie paßt zu allen Festlichkeiten

Pro Glas 150 Kalorien = 630 Joule

2 ungespritzte Zitronen
50 g Zucker, 2 Liter Weißwein
1 Flasche Sekt
$^1/_2$ Flasche Mineralwasser.

Zitronen spiralförmig dünn an einem Stück abschälen. Zucker mit kaltem Weißwein in Krug geben. Rühren, bis der Zucker gelöst und der Wein klar ist. Zitronenspiralen 20 Minuten einhängen, dabei den Krug kalt stellen. Mit eiskaltem Sekt und Mineralwasser auffüllen.

Tip: Wein und Sekt immer eiskalt zur Bowle gießen. Bowlen niemals mit Eiswürfeln kühlen!

Mokka-Flip

Flüssige Nascherei, gehaltvoll und nahrhaft

Pro Glas 300 Kalorien = 1260 Joule

Pro Glas in einen Shaker 1 Eigelb, 1 schwach gehäufter Teel. Puderzucker, 2 Likörgläser Mokka-Likör, 2 Eßl. süße Sahne und 2 bis 3 Eiswürfel geben. Gut schütteln und in ein Glas seihen. Mit etwas geriebener Muskatnuß bestäuben.

Eden Rocks

Spritzige Variation zum Thema „Sektfrühstück"

Pro Glas 200 Kalorien = 840 Joule

In einen Sektkelch 1 Teel. Himbeersirup, $1^1/_2$ Likörgläser Kirschwasser und 2 Maraschinokirschen geben. Mit eisgekühltem Sekt auffüllen. Das Glas mit einer dünnen Orangenscheibe garnieren.

Red Velvet

„Samtweicher" Drink

Pro Glas ca. 145 Kalorien = 609 Joule

Pro Glas in einen Shaker je 1 Likörglas Kirschlikör, Kirschwasser und Vermouth rosso sowie 2–3 Eiswürfel geben. Schütteln und in eine Sektschale gießen. Mit 1 Maraschinokirsche servieren.

Cherry Blossom

Cocktail mit fruchtiger Süße

Pro Glas ca. 115 Kalorien = 483 Joule

Pro Glas in einen Shaker je 1 Likörglas Orangensaft, Kirschlikör und Weinbrand sowie 2–3 Eiswürfel geben. Kräftig schütteln und dann in eine Sektschale gießen. Mit einer Maraschinokirsche servieren.

Brandy Flip (1)

Favorit unter den süßen Flips

Pro Glas 220 Kalorien = 924 Joule

Pro Glas 1 Eigelb, 1 schwach gehäufter Teelöffel Puderzucker, 3 Likörgläser Weinbrand und 3 Eiswürfel in den Shaker geben. Kurz schütteln, in ein Glas seihen und mit geriebener Muskatnuß bestäuben.

Charles' Cocktail (2)

Schmeckt auch ungekrönten Häuptern

Pro Glas 145 Kalorien = 609 Joule

Pro Glas je 2 Likörgläser Weinbrand und Vermouth Rosso sowie 4 Eiswürfel in einen Rührbecher geben. Etwa 2 Spritzer Angostura beifügen und alles mit einem langstieligen Löffel gut verrühren. Cocktail in ein Glas seihen, mit Minzblättchen garnieren.

Blue Lady (1)

Ein Cocktail, gut aber nicht leicht

Pro Glas 245 Kalorien = 1029 Joule

Pro Glas $^1/_2$ Eiweiß, 2 Likörgläser Blue Curaçao, 1 Likörglas Weinbrand, den Saft $^1/_2$ Zitrone und 3–4 Eiswürfel in einen Shaker geben. Gut schütteln und in ein Glas seihen. Glas mit einer Zitronenspirale garnieren.

Blue Day (2)

Ein Drink, der's in sich hat

Pro Glas 280 Kalorien = 1176 Joule

Je 2 Likörgläser Blue Curaçao und Wodka mit 4 Eiswürfeln in den Shaker geben. Kräftig schütteln und in ein mit Eiswürfeln vorgekühltes Glas seihen. Das Glas mit Silberzwiebel am Cocktailspießchen servieren.

Martini-Cocktails

Vor und nach Tisch — beliebte Drinks

a) Martini-Medium. In ein Mixglas 3 bis 4 Eiswürfel, 1 Spritzer Angostura Bitter oder Orange Bitter und jeweils schwach 1 Likörglas Gin, Vermouth-Dry und Vermouth-Rosso geben und mit dem Rührlöffel gut verrühren, sofort in ein Glas seihen und mit etwas Zitronenschale abspritzen. Mit gefüllter Olive garnieren.

b) Martini-Dry. In das Mixglas 3—4 Eiswürfel, 1 Spritzer Angostura Bitter und jeweils schwach $1^1/_2$ Likörgläser Gin und Vermouth-Dry geben, sehr gut rühren, in ein Glas seihen und mit etwas Zitrone abspritzen, Olive beifügen.

c) Martini-Sweet. In ein Rührglas 3—4 Eiswürfel, 1 Spritzer Grenadine-Sirup, 1 Likörglas Gin und 2 Likörgläser Vermouth-Rosso geben, rühren, in ein Glas seihen, eine Kirsche zugeben.

Pro Glas ca. 110 Kalorien
= ca. 460 Joule

Zwei, die den Durst löschen

Sie brauchen dafür Eiswürfel

Fruchtiger Teepunsch (links): Sie brauchen dafür $^1/_4$ l starken schwarzen Tee, der ganz kalt sein muß. Füllen Sie ihn in einen großen Glaskrug und geben Sie dazu den Saft von 3 Orangen und 1 Zitrone, $^1/_8$ l Himbeersirup und 1 Eßlöffel Zucker. Gut umrühren, 8 Eiswürfel hineingeben und $^1/_2$ Flasche Mineralwasser dazugießen. Nach Wunsch noch $^1/_4$ l Ananassaft oder $^1/_2$ Dose kleingehackte Ananasstücke hineingeben.
Pro Glas ca. 78 Kalorien
= ca. 325 Joule

Grenadine-Soda (rechts): Ein hohes Stielglas zurechtstellen, drei kleingeschlagene Eiswürfel hineingeben, dazu den Saft von $^1/_2$ Zitrone und 3 Eßlöffel Grenadine-Sirup. Mit einem Löffel umrühren und das Glas mit Sodawasser oder Mineralwasser füllen. Das Getränk mit einer Maraschinokirsche schmücken und eventuell mit einigen Spritzern Angostura würzen. Übrigens: Grenadine ist der Sirup von Granatäpfeln.
Pro Glas ca. 60 Kalorien
= ca. 250 Joule

Hot Scotch

Dieser Drink läßt keinen kalt

Pro Glas ca. 130 Kalorien = 546 Joule

In ein Grogglas 1 gehäuften Teelöffel Zucker geben, 2 Eßlöffel heißes Wasser zugießen, gut verrühren, bis sich der Zucker aufgelöst hat. 2 Likörgläser schottischen Whisky und 1 Zitronenscheibe zufügen und mit kochendem Wasser auffüllen (dabei einen Silberlöffel ins Glas stellen, damit es nicht zerspringt).

Jamaica-Boy

Das Richtige zum „Einheizen“, wenn's draußen friert

Pro Glas ca. 170 Kalorien = 714 Joule

In ein Grogglas Saft 1/2 Zitrone, 2 Likörgläser Rum und 1 gehäuften Teelöffel Zucker geben, gut verrühren, bis sich der Zucker aufgelöst hat. 2 Nelken und 1 kleines Stück Zimtstange zugeben und mit kochendem Wasser auffüllen (einen Silberlöffel ins Glas stellen, damit es nicht zerspringt).

Hot Kiss

Wärmendes, würziges Rotwein-Getränk für kalte Wintertage

Pro Glas ca. 300 Kalorien = 1260 Joule

Pro Glas 1/8 l Rotwein, 2 Likörgläser Rum, 3 Stücke Würfel- oder Kandiszucker, 1 ungeschälten Apfelschnitz mit 3 Nelken besteckt in einem Topf erhitzen. Nicht kochen lassen! In ein Glas mit Silberlöffel (damit das Glas nicht zerspringt) gießen.

Chinatown

Heißer Punsch mit würzigem Aroma des China-Martini

Pro Glas ca. 160 Kalorien = 672 Joule

Pro Glas 1/8 l frisch gepreßten Orangensaft, 1 kleines Stück Zimtstange und 2–3 Likörgläser China-Martini im Topf erwärmen. Nicht kochen lassen! In ein Glas mit Silberlöffel (damit das Glas nicht zerspringt) gießen. Mit Orangenspirale garnieren.

Feuerzangenbowle

Zutaten: 2 Flaschen Rotwein, 2 Orangen, 6 Nelken, 1 Zimtstange, 1 Zuckerhut, 1/2 Flasche Rum, 54 %. Pro Glas ca. 146 Kalorien = ca. 610 Joule

Rotwein, mit Nelken besteckte Orangenscheiben und Zimtstange in einen Kupferkessel geben und auf dem Herd erhitzen, aber nicht zum Kochen kommen lassen. Danach den Kessel auf ein Rechaud stellen. Feuerzange mit Zuckerhut auflegen und mit 1/3 des Rums begießen. Eine Schöpfkelle halb mit Rum füllen, an der Rechaudflamme erhitzen und entzünden und den Zuckerhut damit begießen. Mit der Schöpfkelle weiter Rum nachgießen, bis er verbraucht ist.

Dubonnet-Punsch

Zutaten: 1 Flasche Weißwein, 1 Flasche Rotwein, 2 Zitronen, 150 g Zucker, 1/2 Flasche Dubonnet oder Byrrh.
Pro Glas ca. 100 Kalorien = ca. 420 Joule

Den Wein mit Zucker und den in Scheiben geschnittenen Zitronen bis zum Siedepunkt erhitzen, aber nicht kochen lassen. Dubonnet oder Byrrh zugießen und den Punsch in ein vorgewärmtes feuerfestes Gefäß geben. Hierzu beliebiges süßes Gebäck reichen. Tip: Dubonnet oder Byrrh sind französische Aperitifweine von ausgeprägtem Charakter.

Apfelpunsch (1)

Hochprozentiger „Apfelsaft“

Pro Glas 305 Kalorien = 1281 Joule

Pro Glas je $^{1}/_{8}$ l Apfelsaft und Wasser mit 1 Stückchen Zimtstange und 1 Zitronenscheibe erhitzen. 3 Likörgläser Rum und 1 Apfelschnitz zugeben und in ein vorgewärmtes Glas gießen. Das Glas mit einer Spirale aus Apfelschale garnieren.

Ananaspunsch (2)

Exotisches Heißgetränk mit „Schuß“

Pro Glas 325 Kalorien = 1365 Joule

Pro Glas je $^{1}/_{8}$ l Weißwein und Ananassaft sowie 1 Scheibe Ananas im Mixer zerkleinern. Mischung mit dem Saft $^{1}/_{4}$ Zitrone und 1 Stück Sternanis erhitzen, zuletzt 2–3 Likörgläser Rum zufügen. Den Punsch im vorgewärmten Glas heiß servieren.

Heiße Orangeade (1)

Wärmendes aus Saft mit Korn

Pro Glas ca. 295 Kalorien = 1239 Joule

Pro Glas $^{1}/_{4}$ l Orangensaft mit dem Saft von 1 Zitrone und 1 Eßlöffel Honig erhitzen. 2–3 Likörgläser Korn zugeben und den Drink in ein vorgewärmtes Glas füllen.

Kirschpunsch (2)

Ein „Eisbrecher"

Pro Glas ca. 265 Kalorien = 1113 Joule

Pro Glas $^{1}/_{8}$ l Kirschsüßmost mit $^{1}/_{8}$ l Rot- oder Weißwein erhitzen. Eine mit 5 Nelken besteckte Zitronenscheibe, 1 Stückchen Stangenzimt, den Saft von 1 Zitrone und 2–3 Likörgläser Korn zufügen. Den Kirschpunsch mit Zitronenscheibe und Zimt in ein vorgewärmtes Glas geben.

Irish Coffee

Whisky-Soda im Sommer; „Whiskey-Kaffee" im Winter

Zutaten für 4 Gläser:
$^3/_8$ l starker heißer Kaffee,
1 Tasse Schlagsahne,
10 Likörgläser irischer Whiskey, 4 gehäufte Teelöffel Zucker.
Pro Glas ca. 230 Kalorien = ca. 960 Joule

Gekühlte Sahne mit dem Schneebesen nur leicht schaumig schlagen. Irish-Coffee-Gläser mit heißem Wasser ausspülen und je $2^1/_2$ Likörgläser Whiskey hineinfüllen. Je 1 Teelöffel Zucker darin verrühren und die Gläser $^3/_4$ mit heißem Kaffee füllen. Die geschlagene Sahne — über einen Teelöffel gießend — hinzufügen.

Rumgrog

Stecken Sie die Nelken in Zitronenscheiben

Zutaten für 4 Gläser:
3 Zitronen, 8 Nelken, 8 Teelöffel Puderzucker,
8 Likörgläser Rum, etwas Zimt, Wasser.
Pro Glas ca. 125 Kalorien = ca. 525 Joule

2 Zitronen auspressen und 1 Zitrone in Scheiben schneiden und die Scheiben mit den Nelken bestecken. Zitronensaft mit Zucker, Rum, Zimtstange und 3/4 l frischem Wasser erhitzen und kurz vor dem Aufkochen in Gläser füllen und mit den Zitronenscheiben servieren. Vor dem Eingießen des Grogs einen silbernen Löffel oder eine silberne Gabel in die Gläser stellen, um die Hitze abzuleiten.

Kalorien auf einen Blick

Fleisch, je 100 g	Kalorien	Joule
Kalbsfilet	105	440
Kalbsschulter	140	585
Kalbsschnitzel	108	450
Schweinskeule	362	1515
Schweinekotelett	358	1498
Schweinehaxe	207	866
Schweineleber	144	648
Schweinenieren	132	552
Rumpsteak	254	1063
Rinderroulade (Bug)	151	632
Rinderkeule	205	860
Rindfleisch (Hochrippe)	297	1243
Hackfleisch, gemischt	316	1320
Fisch, je 100 g		
Kabeljau	44	185
Goldbarsch	155	480
Seezunge	65	270
Forelle	52	215
Geflügel, Schinken, Wurst, je 100 g		
Brathuhn	144	648
Poularde	200	837
Schinken, gekocht	282	1180
Räucherspeck	605	2532
Wiener Würstchen	264	1105
Bratwurst	345	1445
Gemüse, Salat, je 100 g		
Artischocken	60	251
Blumenkohl	28	115
Chicorée	16	67
Feldsalat	14	60
Gurke	10	40
Gourgette	11	46
Kartoffeln	85	355
Kohlrabi	14	60
Kopfsalat	15	60
Möhren	35	145
Paprika	28	115
Porree	38	160
Rotkohl	26	108
Sellerie	38	160
Spargel	20	85

	Kalorien	Joule
Tomaten	19	80
Weißkohl	26	108
Zwiebeln	45	188
Obst, je 100 g		
Ananas, Dose	95	395
Äpfel	52	215
Bananen	90	375
Birnen	59	246
Erdbeeren	39	165
Himbeeren	40	165
Pfirsich	46	192
Milch, Milchprodukte, Eier		
1/8 l Trinkmilch	76	320
1/8 l Sahne, süß	377	1578
1/8 l Sahne, sauer	158	661
100 g Emmentaler (45% Fett i. Tr.)	417	1745
100 g Quark (10% Fett i. Tr.)	106	445
20 g Parmesan (1 geh. Eßlöffel)	80	334
1 Ei	84	350
1 Eigelb	68	285
1 Eiweiß	16	67
Brot, Fett		
1 Scheibe Toast (30 g)	78	325
1 Brötchen	126	525
1 Scheibe Graubrot (45 g)	110	470
1 Scheibe Vollkornbrot (45 g)	110	470
1 Scheibe Knäckebrot (8–10 g)	35	145
1 Eßlöffel Butter	150	627
1 Eßlöffel Margarine	152	636
1 Eßlöffel Öl (15 g)	92	385
1 Eßlöffel Salatmayonnaise (50% Fett i. Tr.)	75	315
Nährmittel, je 100 g		
Haferflocken	402	1682
Eierteigwaren	390	1635
Grieß	370	1548
Reis	368	1540
Mehl	368	1540
Mehl (1 Eßlöffel)	37	154
Zucker	395	1655
Zucker (1 Eßlöffel)	60	250

Küchen-Abc

Ablöschen Zugießen von Flüssigkeit zu Bratensatz oder Mehlschwitze. Zu heißer Mehlschwitze kalte, zu abgekühlter Mehlschwitze heiße Flüssigkeit gießen.

Abschrecken: (Teigwaren, Spinat, Eier) Übergießen von frischgekochten Lebensmitteln mit kaltem oder warmem Wasser.

Backen Garen von Backwaren, süßen und salzigen Aufläufen in trockener Heißluft (Backofen) bei 100°–250°. Backofen immer vorheizen, wenn nicht anders angegeben. Backen im Fettbad = Fritieren.

Beize siehe Marinade.

Binden Andicken von Soßen, Cremes, Eintöpfen, Ragouts durch Bindemittel. Speisestärke immer mit etwas kalter Flüssigkeit anrühren und in die heiße Speise einrühren. Bindung durch Eigelb = Legieren.

Braten
1. von kleinen Fleisch-, Fischstücken, Gemüse, Kartoffeln und Teigwaren: auf dem Herd in einer Pfanne oder einem Bratentopf bei 160°–200°.
2. von großen Fleisch-, Fischstücken: im Backofen in trockener Heißluft bei 140°–275°.

Backofen immer vorheizen, wenn nicht anders angegeben.

Dämpfen Garen von Gemüsen und Fisch über kochendem Wasser in geschlossenem Topf. Gargut liegt auf Siebeinsatz und kommt mit kochendem Wasser nicht in Berührung.

Dressieren
1. in Form bringen von Geflügel durch Umwickeln oder Durchziehen (mit einer Dressiernadel) mit Garn.
2. Fleischröllchen (Rouladen) mit Garn umwickeln oder mit Metallklammern, Holz- oder Metallspießchen feststecken.

Druckgaren Garen im Dampfdrucktopf (Schnellkochtopf) bei 111°–123°. Genaue Gebrauchsanweisung beachten. Besonders vorteilhaft beim Garen von Schmor-, Sauerbraten, Ragouts, Kochfleisch und Hülsenfrüchten. Zeitersparnis ca. die Hälfte der normalen Garzeit.

Dünsten Garen von Fisch und Gemüse in sehr wenig Flüssigkeit oder im eigenen Saft.

Eindicken von Soßen, Sirup, Fruchtsaft durch Kochen ohne Deckel.

Fritieren schwimmend in Fett bei 170° bis 200° garen. Bei kurzer Garzeit in sehr heißem Fett, bei längerer Garzeit in heißem Fett (170°) garen.

Garziehen Pochieren Garen von Eiern, Kalbshirn, Kalbsbries in heißer Flüssigkeit (ca. 90°) unter dem Kochpunkt.

Gratinieren Überbacken von Toasts und mit Käse überstreuten Gerichten unter einem Grill.

Grillen
1. Garen in einer Grillpfanne aus schwerem Gußstahl mit Rillen.
2. Garen zwischen zwei Grillplatten im Elektro-Kontaktgrill.
3. Garen unter glühenden Grillstäben im Elektro- oder Gasherd oder -gerät. Gerät nie schließen!
4. Garen auf Grillstäben über Holzkohlenglut.

Kochen Garen in viel Flüssigkeit bei 100°.

Legieren Einrühren von Eigelb, verquirlt mit etwas Sahne, in heißes Frikassee, Suppen, Eintöpfe oder Flammeris. Speisen dürfen danach nie mehr kochen, sonst gerinnt das Eigelb.

Marinieren Einlegen von Fleisch und Fisch in säurehaltige, würzige Flüssigkeit zur Verbesserung von Zartheit und Geschmack.

Panieren Wenden von Fleisch- oder Fischstücken nacheinander in Mehl (Instant-Mehl), verquirltem Ei und Semmelbröseln oder geriebenem Käse oder zerkleinerten Mandeln.

Parieren Zurechtschneiden von Fleisch oder Fisch und Entfernen von Sehnen und Fett.

Passieren Streichen von weichen Nahrungsmitteln durch ein Haarsieb.

Rösten Grillen.

Schmoren Anbraten in Fett bei 180°, ablöschen mit Flüssigkeit und Fertiggaren in geschlossenem Kochgeschirr.

Tranchieren Schneiden von gegartem Fleisch, Wild und Geflügel zum Servieren.

Küchen-SOS

Äpfel, verschrumpelte – einige Zeit in Wasser legen, bis die Oberfläche glatt wird.

Angebrannte Speisen – Suppen in einen anderen Topf umgießen. Braten, verbranntes Stück abschneiden. Kartoffeln wegwerfen.

Angebrannter Topf – Topf mit Wasser und Spülmittel erhitzen, mit Topfbürste säubern.

Eier, geplatzte – in Alufolie wickeln und weiterkochen.

Fett, verbranntes – ist gesundheitsschädlich, wegschütten.

Fisch, zerfallener – den Fisch von den Gräten lösen und mit einer pikanten Soße überdecken oder Fischsalat daraus machen.

Flammeri, flüssiges – dem heißen Flammeri Eischnee unterziehen oder (in kaltem Wasser eingeweichte und in wenig heißem Wasser aufgelöste) Gelatine beigeben.

Gelatine, verklumpte – Auflöseflüssigkeit neu erwärmen, dabei gut umrühren.

Gemüse, verkochtes – Wasser abschütten, Gemüse mit Kartoffelbrei vermischen und als Erbsen-, Möhren- o. a. Püree servieren oder Gemüsesuppe daraus machen.

Kartoffeln, keimende – enthalten in geringen Mengen (dicht unter der Schale) Giftstoffe. Die Kartoffeln dicker abschälen als sonst üblich und das Kartoffelwasser wegschütten.

Kartoffeln, zerfallene – als Kartoffelbrei weiterverwenden.

Klöße, zu harte – kleingeschnittene Klöße mit etwas Fett in der Pfanne anbraten, geröstete Zwiebeln und Speck dazugeben. Bei süßen Klößen statt Zwiebeln und Speck Vanillinzucker oder Zucker mit Zimt über die Klöße streuen, mit süßer Soße oder Kompott servieren.

Klöße, zerfallene – durch ein Sieb geben und als Suppeneinlage verwenden.

Klöße, die zu zerkochen drohen – Kochwasser schnell mit etwas (mit Wasser angerührtem) Mehl binden.

Klümpchen	– Speise mit dem Schneebesen glattrühren, falls das nicht mehr hilft, Speise durch ein Sieb schütten, mit etwas Wasser oder Fett in einem neuen Topf wieder erhitzen.
Kuchen, in der Backform angebacken	– einige Minuten ein feuchtes Tuch auf die umgestülpte Kuchenform legen. Bei graden Formen (Kastenform) Rand mit Messer ringsum lösen.
Kuchen, verbrannter	– die dunkle Außenschicht des Kuchens reibt man (nicht bei Obst- oder Käsekuchen) nach dem Erkalten mit einer Reibe ab und überzieht den Kuchen mit einer Schicht Puderzucker oder Schokoladenguß.
Kuchen, dessen Oberfläche beim Backen zu stark bräunt	– Kuchen mit gefettetem Pergamentpapier abdecken.
Kuchen, beim Backen zerfallen	– kann als Auflauf weiterverwendet werden. Kleinschneiden, mit Milch verrühren oder zerstampfen, in eine gefettete Auflaufform geben und die Oberfläche mit Butterflöckchen belegen. Dazu eine süße Soße reichen.
Käse, der beim Überbacken verbrannt ist	– Käse vorsichtig von der Speise abheben und eine neue Käsescheibe auf die Speise legen. Nochmal überbacken.
Nudeln, zerkocht	– als Suppeneinlage weiterverwenden. Oder das Kochwasser abgießen, Eigelb unter die Nudeln rühren und in der Pfanne braten. Süß oder pikant abschmecken.
Reis, matschig	– in der Fettpfanne anbraten, in den warmen Backofen schieben und den Reis trocknen lassen.
Süße Sahne, die sauer wurde	– wie saure Sahne weiterverwenden.
Salat, welker	– einige Minuten in kaltes Wasser legen.
Schlagsahne, die nicht steif wird	– als Kaffeesahne benutzen.
Soße und Suppe, verwürzte	– mit etwas Milch, Brühe oder Sahne verlängern (Flüssigkeit nach und nach zugeben), Soße dabei nicht zu flüssig werden lassen.
Versalzene Speisen	– die Speisen mit Milch, Sahne, Brühe oder Wasser verlängern.

Alphabetisches Inhaltsverzeichnis